Der „Dividendenverzicht“ des Aktionärs

Europäische Hochschulschriften
Publications Universitaires Européennes
European University Studies

Reihe II
Rechtswissenschaft

Série II Series II
Droit
Law

Bd./Vol. 4028

PETER LANG
Frankfurt am Main · Berlin · Bern · Bruxelles · New York · Oxford · Wien

Oliver Maximilian Kirschner

Der „Dividendenverzicht" des Aktionärs

Ein Beitrag zur Gestaltung disquotaler Gewinnausschüttungen in der Aktiengesellschaft

PETER LANG
Europäischer Verlag der Wissenschaften

Bibliografische Information Der Deutschen Bibliothek
Die Deutsche Bibliothek verzeichnet diese Publikation in der Deutschen Nationalbibliografie; detaillierte bibliografische Daten sind im Internet über <http://dnb.ddb.de> abrufbar.

Zugl.: Mainz, Univ., Diss., 2003

D 77
ISSN 0531-7312
ISBN 3-631-53101-X

www.peterlang.de

Für Doris und Helmuth

Vorwort

Die vorliegende Arbeit ist von der Johannes Gutenberg-Universität Mainz im Jahr 2003 als Dissertation angenommen worden. Rechtsprechung und Literatur konnten bis Anfang 2004 berücksichtigt werden.

Besonderer Dank gilt meinem Doktorvater, Herrn Prof. Dr. Matthias Habersack, für die hervorragende Betreuung. Er hat mir bei dieser Arbeit großen Freiraum gewährt und stand stets als Gesprächspartner zur Verfügung. Ihm und Herrn Prof. Dr. Meinrad Dreher, dem Zweitgutachter, danke ich für die äußerst zügige Durchsicht der Arbeit.

Weiterhin möchte ich Herrn Dr. Dirk Verse, Hamburg, Frau Dr. Katharina Drope, Kassel, und Herrn Martin Wolf, Hamburg, für die Korrektur der Arbeit und die vielen anregenden Gespräche sowie Hong für die schöne und unbeschwerte gemeinsame Zeit als Doktoranden danken.

Düsseldorf 2004 — Oliver Kirschner

Inhaltsverzeichnis

Literaturverzeichnis ____ 11

Abkürzungsverzeichnis ____ 21

Einführung ____ 25
A. Die einzelfallbezogene disquotale Gewinnbeteiligung in der Diskussion ____ 25
B. Motive einer punktuellen disquotalen Gewinnbeteiligung ____ 27
C. Konkretisierung des Untersuchungsgegenstands ____ 29
D. Gang der Untersuchung ____ 31

1. Kapitel: Grundlagen ____ 33
A. Das Gewinnbeteiligungsrecht des Aktionärs ____ 33
I. Bedeutung des Gewinnbeteiligungsrechts als Vermögensrecht des Aktionärs ____ 33
II. Der Grundsatz der Gleichbehandlung bei der Gewinnbeteiligung ____ 34
III. Zusammenfassung ____ 35
B. Die Gewinnverwendung in der Aktiengesellschaft ____ 36
I. Herleitung und Begriff des Bilanzgewinns ____ 36
II. Verfahren und Arten der Gewinnverwendung ____ 38
1) Verfahren der Gewinnverwendung ____ 38
2) Arten der Gewinnverwendung ____ 39
(1) Einschränkungen hinsichtlich der Ausschüttung des Bilanzgewinns ____ 40
(2) Einschränkung hinsichtlich der Bildung weiterer Gewinnrücklagen ____ 41
III. Zusammenfassung ____ 42

2. Kapitel: Das Recht des Gesellschafters auf Gewinnbeteiligung ____ 43
A. Vorbemerkung ____ 43
B. Mitgliedschaftliches Gewinnbeteiligungsrecht ____ 44
I. Meinungsstand ____ 44
1) Literatur ____ 44
2) Rechtsprechung ____ 46
3) Zusammenfassung ____ 47

II. Begründung einer Untergliederung des mitgliedschaftlichen Gewinnbeteiligungsrechts 47
1) Vorbemerkung 47
2) Bedeutung und Inhalt des mitgliedschaftlichen Rechts auf Gewinnausschüttung 48
(1) Nach der Aktienrechtsreform von 1931 48
(2) Nach dem In-Kraft-Treten des AktG 1937 49
(3) Nach In-Kraft-Treten des AktG 1965 52
3) Vergleich der Rechtspositionen vor und nach der Feststellung des Jahresabschlusses 53
C. Der schuldrechtliche Dividendenanspruch 56
D. Zusammenfassung 56

3. Kapitel: Der Verzicht des Aktionärs auf das Gewinnbeteiligungsrecht 57
A. Vorbemerkung 57
B. Verzicht auf das mitgliedschaftliche Recht auf Gewinnbeteiligung 57
I. Meinungsstand 58
1) Befürwortende Stimmen 58
2) Ablehnende Stellungnahmen 60
3) Zusammenfassung und weiterer Gang der Untersuchung 61
II. Der Verzicht 62
III. Verzicht auf das allgemeine mitgliedschaftliche Gewinnbeteiligungsrecht 65
IV. Verzicht auf das konkrete mitgliedschaftliche Recht auf Gewinnbeteiligung 67
1) Behandlung in der Literatur 67
2) Verzichtsfähigkeit des konkreten mitgliedschaftlichen Gewinnbeteiligungsrechts 67
(1) Verfügungsmacht des Aktionärs 68
a) Zwingende Satzungsänderung 68
b) Aufhebung nur nach den „Regeln des Aktienrechts“ 69
c) Vorrang des Gewinnverwendungsbeschlusses der Hauptversammlung 70
d) Ausschluss der Verfügungsmacht aufgrund Unselbständigkeit des Rechts 70
(2) Verstoß gegen den Gleichheitsgrundsatz 71
(3) Verstoß gegen § 60 Abs. 3 AktG 72
(4) Keine allgemeinen Verzichtsverbote 72
(5) Zusammenfassung 73
3) Rechtsgeschäftliche Umsetzung 73
(1) Meinungsstand 73
(2) Stellungnahme 74

a) Notwendigkeit eines Verzichtsvertrags 74
b) Anforderungen an die Verzichtserklärung 80
(a) Empfangsbedürftige Willenserklärung 80
(b) Bestimmtheitsgebot 81
(c) Form 81
(3) Zusammenfassung 81
4) Rechtsfolgen 81
5) Bestimmung der Verwendung des frei werdenden Betrags durch den verzichtenden Aktionär 82
(1) Meinungsstand 82
(2) Eigene Stellungnahme 83
a) Ausschüttung 83
b) Thesaurierung 84
(3) Zusammenfassung 85
V. Zwischenergebnis 85
C. Verzicht auf den schuldrechtlichen Dividendenanspruch 86
I. Grundlagen 86
II. Rechtsgeschäftliche Umsetzung 86
III. Rechtsfolgen 87
IV. Bestimmung der Verwendung des frei werdenden Betrags durch den verzichtenden Aktionär 90
V. Zwischenergebnis 90
D. Ergebnis 91

4. Kapitel: Disquotale Gewinnausschüttung aufgrund kurzfristiger Satzungsänderung 93
A. Gesellschaftsrechtliche Zulässigkeit einer disquotalen Gewinnbeteiligung durch Satzungsänderung 93
B. Praktische Umsetzung einer disquotalen Gewinnbeteiligung durch Satzungsänderung 95
I. Befristete Satzungsänderung 95
II. Rückwirkende Satzungsänderung 95
1) Thesaurierung 96
2) Ausschüttung 98
C. Zusammenfassung 100

5. Kapitel: Disquotale Gewinnausschüttung durch Hauptversammlungsbeschluss 101
A. Vorbemerkung 101
B. Zulässigkeit eines Gewinnverteilungsbeschlusses der Hauptversammlung 102
C. Rechtsfolgen des unzulässigen Gewinnverteilungsbeschlusses 104
I. Meinungsstand 104

II. Eigene Stellungnahme 105
1) Vorbemerkung 105
2) Beschlussmängel eines Gewinnverteilungsbeschlusses 105
3) Rechtsfolgen der Beschlussmängel 106
(1) Eingriff in den Kernbereich der Mitgliedschaft 106
(2) Verstoß gegen gesetzliche oder statutarische Gewinnverteilungsschlüssel 106
III. Zusammenfassung 109
D. Gewinnverteilung durch satzungsdurchbrechenden Beschluss 110
I. Vorbemerkung 110
1) Begriff und Problematik von satzungsdurchbrechenden Beschlüssen 110
2) Satzungsdurchbrechender Beschluss und disquotale Gewinnausschüttung 111
II. Zulässigkeit und Wirksamkeitsvoraussetzungen einer Satzungsdurchbrechung 112
1) Meinungsstand 112
(1) Rechtsprechung 112
(2) Literatur 113
2) Eigene Stellungnahme 115
III. Zusammenfassung und Bewertung für die Praxis 116
E. Gewinnverteilungsbeschluss aufgrund einer Öffnungsklausel 117
I. Begriff der Öffnungsklausel 117
II. Bedeutung für die Gestaltung der disquotalen Gewinnausschüttung 117
III. Öffnungsklausel bei der Gewinnverteilung 118
1) Meinungsstand im GmbH-Recht 118
(1) Rechtsprechung 118
(2) Literatur 120
2) Meinungsstand im Aktienrecht 121
3) Stellungnahme und Entwicklung einer eigenen Lösung 122
(1) Öffnungsklausel als Verstoß gegen allgemeines Delegationsverbot 122
(2) Fehlende Handelsregistereintragung der Öffnungsklausel 124
a) Registerpublizität 124
b) Registergerichtliche Rechtmäßigkeitskontrolle 126
(3) Mehrheitserfordernis 126
(4) Unzulässigkeit wegen Eingriffs in Organkompetenzen 127
(5) Vereinbarkeit mit § 60 Abs. 3 AktG 127
a) Verstoß gegen den Wortlaut des § 60 Abs. 3 AktG 127
b) Schutzzweck des § 60 Abs. 3 AktG 128
(6) Zwischenergebnis 129
(7) Inhaltliche Anforderungen an einen Ausnahmevorbehalt 129
4) Zusammenfassung 130

F. Abschließende Zusammenfassung 130

6. Kapitel: Steuerliche Behandlung der disquotalen Gewinnausschüttung 133
A. Vorbemerkung 133
B. Besteuerung der Dividende auf der Ebene der Gesellschafter 134
I. Vorbemerkung 134
II. Tatbestand der Erzielung von Einkünften, Zurechnung und Zufluss 135
III. Höhe und Durchführung der Besteuerung 137
C. Gegenwärtige Diskussion über die steuerliche Behandlung der disquotalen Gewinnausschüttung 137
I. Urteil des I. Senats zur Zulässigkeit des Schütt-aus-Hol-zurück-Verfahrens 138
1) Missbrauch der rechtlichen Gestaltungsmöglichkeiten nach § 42 Abs. 1 S. 1 AO 139
(1) Zulässigkeit der disquotalen Gewinnausschüttung 139
(2) Zulässigkeit der disquotalen Wiedereinlage 140
(3) Verknüpfung von Ausschüttung und Wiedereinlage unter Ausschöpfung des Verlustvortrags 141
2) Zurechnung aufgrund schuldrechtlicher Abtretung des Gewinnanspruchs 142
3) Zurechnung aufgrund Zuwendung des Ausschüttungsanspruchs an eine „nahestehende" Person 142
4) Ergebnis 143
II. Reaktionen auf die Rechtsprechung des BFH in der Literatur 143
1) Zustimmende Stellungnahmen 143
2) Ablehnende Stellungnahmen 143
III. Der Nichtanwendungserlass des BMF 146
IV. Kritische Stellungnahmen zum Nichtanwendungserlass in der Literatur 147
1) Vorbemerkung 147
2) Kein grundsätzlicher Gestaltungsmissbrauch bei disquotaler Gewinnausschüttung 148
3) Keine grundsätzliche quotale Zurechnung von Ausschüttungen bei einer disquotalen Gewinnausschüttung 149
4) Zusammenfassung 151
D. Eigene Stellungnahme 151
1) Kein allgemeiner Zwang zur quotalen Besteuerung disquotaler Gewinnausschüttungen 151
2) Die disquotale Gewinnausschüttung als grundsätzlich rechtmäßige Gestaltung 155
3) Zusammenfassung 159
E. Auswirkungen auf die gesellschaftsrechtliche Gestaltung der punktuellen disquotalen Gewinnausschüttung 160

I. Vorbemerkung 160
II. Punktuelle disquotale Gewinnausschüttung aufgrund Verzichts 160
1) Verzicht auf das konkrete mitgliedschaftliche Gewinnbeteiligungsrecht 160
2) Antizipierter Verzicht auf den schuldrechtlichen Dividendenanspruch 160
III. Punktuelle disquotale Gewinnausschüttung aufgrund einer Satzungsänderung mit Rückwirkung 161
IV. Punktuelle disquotale Gewinnausschüttung aufgrund eines Gewinnverteilungsbeschlusses der Hauptversammlung 162
1) Satzungsverletzende Beschlüsse 162
2) Satzungsdurchbrechende Beschlüsse 162
3) Gewinnverteilungsbeschluss aufgrund von Öffnungsklauseln 162
F. Zusammenfassung 163

Wesentliche Ergebnisse in Thesen 165

Literaturverzeichnis

Adler / Düring / Schmaltz: Rechnungslegung und Prüfung von Unternehmen, Teilband IV und V, 6. Aufl. 1997.

Armbrüster, Christian: Abtretung künftiger gesellschaftsrechtlicher Vermögensansprüche bei anschließendem Verlust der Gesellschafterstellung, NJW 1991, S. 606 f.

Arnold, Kurt: Das Recht auf die Dividende der Aktiengesellschaft, 1913.

Arnold, Michael: Der Gewinnauszahlungsanspruch des GmbH-Minderheitsgesellschafters, 2001.

Bartmuß, Ralph / Möser, Michael: Die inkongruente Gewinnausschüttung nach dem BMF-Erlass vom 07.12.2000, BB 2001, S. 1329 ff.

Baumbach/Hueck: AktG – Kommentar, 13. Aufl. 1968 mit Ergänzungsband Mai 1970.

Baums, Theodor: Der unwirksame Hauptversammlungsbeschluss, ZHR 142 (1978), S. 582 ff.

Beisel, Wilhelm: Das Dividendenrecht des Aktionärs, Bemerkung und Kritik zum Urteil des BGH vom 24.01.1957, AG 1957, S. 182 ff.

Bezzenberger, Gerold: „Dividendenverzicht" des Großaktionärs, Das Wertpapier 1967, S. 291 f.

Blumers, Wolfgang / Beinert, Stefanie / Witt, Sven-Christian: Individuell gesteuerter Gewinnfluss zur Gesellschafterebene bei Kapitalgesellschaften (Teil I), DStR 2002, S. 565 ff.

Blümich: hrsg. von Eblig, EStG / KStG / GewStG Kommentar, Loseblattsammlung, 80. Ergänzungslieferung Stand: Oktober 2003.

BMF: Schreiben vom 07.12.2000 - IV A 2 - S 2810 - 4/00, Nichtanwendungserlass zum BFH-Urteil vom 19.08.1999 I R 77 / 96, BStBl. I 2001, S. 47 f.

Boesebeck, Ernst: „Satzungsdurchbrechung" im Recht der AG und GmbH, NJW 1960, S. 2265 ff.

Braunberehns, von: Urteilsanmerkung zu BGHZ 23, 150 ff., AG 1957, S. 90 f.

Breuninger, Gottfried, E. / Krüger, Astrid: Tracking Stocks als Gestaltungsmittel im Spannungsfeld von Aktien- und Steuerrecht, in: FS für Welf Müller, 2001, S. 527 ff.

Brodmann, Erich: Aktienrecht – Kommentar, 1928.

Butzke, Volker (Hrsg.): Obermüller – Werner – Winden, Die Hauptversammlung der Aktiengesellschaft, 4. Aufl. 2001.

Carthaser, Paul: Das Anrecht des Aktionärs auf Dividende, 1911.

Coenen, Ernst: Die Rechtsnatur des aktienrechtlichen Dividendenanspruchs, zugleich eine Studie zur Aktienrechtsreform, DB 1958, S. 328 ff.

Cohn, L.: Erlass und Verzicht nach dem BGB, in: Beiträge zur Erläuterung des Deutschen Rechts, hrsg. von Gruchot, 47. Jahrgang 1903, S. 221 ff.

Dietsch, Antje Claudia: Anmerkung zu BayObLG, Beschluss vom 23.05.2001 – 3 Z BR 31/01, NotBZ 2001, S. 302 f.

Döllerer, Georg: Zum Gewinnbegriff des neuen Aktienrechts, in: FS für Ernst Geßler, 1970, S. 93 ff.

Dötsch / Eversberg / Jost / Witt: EStG Kommentar, Losblattsammlung.

Dötsch, Ewald: Standortsicherungsgesetz: Auseinanderfallen von Stammrecht und Dividendenschein – Dividenden-Stripping, DB 1993, S. 1842 ff.

du Chesne: Begriff und Arten des Verzichts, in: Archiv für Bürgerliches Recht, 42. Jahrgang 1916, S. 296 ff.

Düringer / Hachenburg: Handelsgesetzbuch vom 10.05.1897, Bd. III/ 1. Teil, 3. Aufl. 1934.

Ebenroth, Carsten Thomas: Kurzkommentar zu OLG Hamm, Urteil vom 06.07.1988 – 8 U 315/86, EWiR § 29 GmbHG 1/89, S. 267 f.

Eccius: Rechtsgeschäftlicher Verzicht auf Einreden, in: Beiträge zur Erläuterung des Deutschen Rechts, hrsg. von Gruchot, 50. Jahrgang 1906, S. 1 ff.

Eckardt, Ulrich: Satzungsänderungen auf Grund des neuen Aktiengesetzes, NJW 1967, S. 369 ff.

Eggert, J. G.: Das Dividendenbezugsrecht des Aktionärs, 2. Aufl. 1930.

Elser, Thomas: Warum die GmbH nur selten als Spardose taugt, BB 2001, S. 805 ff.

Emmerich, Volker/ Habersack, Mathias: Aktien- und GmbH-Konzernrecht, Kommentar §§ 15 - 22 und 291 - 328 AktG, 3. Aufl. 2003.

Erman: BGB, Kommentar Bd. I, 10. Aufl. 2000.

Esser, Josef / Schmidt, Eike: Schuldrecht, Bd. I, Allg. Teil, Teilb. 1, 8. Aufl. 2000.

Falterbaum, Hermann / Beckmann, Heinz / Bolk, Wolfgang: Buchführung und Bilanz, 17. Aufl. 1998.

Fischer, Robert: Rezension zu „Herbert Wiedemann: Die Übertragung und Vererbung von Mitgliedschaftsrechten bei Handelsgesellschaften, 1965“, ZHR 130 (1968), S. 359 ff.

Fleck, Hans-Joachim: Stimmrechstabspaltung in der GmbH? in: FS für Robert Fischer, 1979, S. 107 ff.

Flume, Werner: Allgemeiner Teil des Bürgerlichen Rechts, I. Bd., 1. Teil, Die Personengesellschaft, 1977; I. Bd., 2. Teil, Die juristische Person, 1983; II. Bd., Das Rechtsgeschäft, 3. Aufl. 1979.

Frey, Günther: Zur Problematik der aktienrechtlichen Gewinnverwendung, DB 1968, S. 275 ff.

Funke, Regine: Gestaltungsmöglichkeiten durch inkongruente Gewinnausschüttung, EStB 2000, S. 108 ff.

Gehrlein, Markus: Zum Gewinnbezugsrecht eines GmbH-Gesellschafters nach Einziehung seines Geschäftsanteils, DB 1998, S. 2355 ff.

Gernhuber, Joachim: Die Erfüllung und ihre Surrogate sowie Erlöschen des Schuldverhältnisses aus anderen Gründen, 2. Aufl. 1994.

Geßler, Ernst: Besprechung zu Baumbach/Hueck Aktiengesetz, DB 1969, S. 235 f.

–: Nichtigkeit von Hauptversammlungsbeschlüssen und Satzungsbestimmungen, ZGR 1980, S. 427 ff.

–: Bedeutung und Auslegung des § 23 Abs. 5 AktG, in: FS für Martin Luther, 1976, S. 69 ff.

Geßler, Ernst/ Hefermehl, Wolfgang/ Eckardt, Ulrich/ Kropff, Bruno: Aktiengesetz Kommentar Bd. I, §§ 1 - 75, 1984; Bd. III, §§ 148 - 178, 1974.

Gleichenstein, Freiherr v.: Satzungsmäßige Ermächtigung der Verwaltung einer Aktiengesellschaft zur Bildung freier Rücklagen, BB 1966, S. 1047 ff.

Godin, Freiherr v.: Der Anspruch der Aktionäre auf Gewinnausschüttung, ZHR 104 (1937), S. 266 ff.

Godin, Freiherr v./ Wilhelmi, Hans: Aktiengesetz Kommentar; 4. Auflage 1971, neubearbeitet von Sylvester Wilhelmi,: Bd. I. §§ 1 - 178; Bd. II §§ 179 - 410.

Gollers, Rolf / Tomik, Roland: Neue Ansätze zur Steueroptimierung für den Unternehmenskauf von mittelständischen Kapitalgesellschaften, DStR 1999, S. 1169 ff.

Görden, Ludwig: Gewinnausschüttung nach Anteilsveräußerung, GmbH-StB 2000, S. 120 f.

Gosch: Anmerkung zu BFH Urteil vom 19.08.1999, I R 77/96, DStR 1999, S. 1849 ff.

Groh, Manfred: Disquotale Gewinnverteilung in Kapitalgesellschaften – Ein Freibrief des BFH?, DB 2000, 1433 ff.

Großkommentar zum Aktiengesetz: Bearbeitet von W. Gadow, E. Heinichen, E. Schmidt, W. Schmidt, O. Weipert, 1. Aufl. 1939.

Großkommentar zum Aktiengesetz: Bearbeitet von Carl Hans Bers, Robert Fischer, Ulrich Klage, Konrad Melleroitz, Joachim Meyer Landruth, Wolfgang Schilling, Walter Schmidt, Bd. I §§ 1 - 144, 2. Aufl. 1961.

Großkommentar zum Aktiengesetz: Bearbeitet von Hartwig Henze, Markus Gehrlein, 15. Lfg., §§ 54 - 66 AktG, 4. Aufl. 2000.

Gschwendtner, Hubertus: Anmerkung zum BFH Urteil vom 28.03.2000 VIII R 68/96, DStR 2000, S. 1426 ff.

–: Anmerkung zu BFH Urteil vom 25.07.2000, VIII R 35/9, DStR 2001, S. 14 ff.

Gutbrod, Max B.: Vom Gewinnbezugsrecht zum Gewinnanspruch des GmbH-Gesellschafters, GmbHR 1995, S. 551 ff.

Habersack, Mathias: Die Mitgliedschaft – subjektives und sonstiges Recht, 1996.

–: Unwirksamkeit „zustandsbegründender" Durchbrechungen der GmbH-Satzung sowie darauf gerichteter schuldrechtlicher Nebenabreden, ZGR 1994, S. 355 f.

Hadding, Walther: Verfügungen über Mitgliedschaftsrechte, in: FS für Steinsdorff, 1990, S. 31 ff.

Haedicke, Maximilian: Der bürgerlich-rechtliche Verfügungsbegriff, JuS 2001, 966 ff.

Harle, Georg: Inkongruente Gewinnausschüttung und Schütt-aus-Hol-Zurück, GmbHR 2000, S. 321 ff.

Heck, Philipp: Grundriss des Schuldrechts, 1929.

Hefermehl, Wolfgang: Anm. zu BGHZ 23, 150 ff., MDR 1957, S. 417 f.

Heidemann, Otto: Inkongruente Gewinnausschüttungen als Gestaltungsinstrument für Gesellschafter einer GmbH, INF 2000, S. 333 ff.

Helmke, Britta: Satzungsdurchbrechung bei der GmbH, 2001.

Hengeler, Hans / Kreifels, Max: Absicht und Wirklichkeit im Referentenentwurf eines Aktiengesetzes, in: Beiträge zur Aktienrechtsreform, hrsg. von Hans Hengeler, 1959, S. 11 ff.

Henn, Günter: Die Gleichbehandlung der Aktionäre in Theorie und Praxis, AG 1985, S. 240 ff.

Herrmann / Heuer / Raupach: Kommentar zum EStG und KStG, 21. Aufl., Loseblattsammlung 207. Ergänzungslieferung, Stand: August 2002; Bd. 11, §§ 20-25 EstG.

Hermanns, Marc: Bestimmtheitsgrundsatz und Kernbereichslehre – Mehrheit und Minderheit in der Personengesellschaft – zugleich Anmerkung zu BGH ZIP 1994, S. 1942 ff., ZGR 1996, S. 103 ff.

Herrmann, Claus: Veräußerung einer Beteiligung – Mitverkauf von Gewinn oder Ausschüttung an den Veräußerer?, BB 1999, S. 2054 ff.

Hoffmann - Becking, Michael (Hrsg.): Münchener Handbuch des Gesellschaftsrechts, Band IV Aktiengesellschaft, 2. Aufl. 1999.

Hommelhoff, Peter: Auszahlungsanspruch und Ergebnisverwendung in der GmbH, in: FS für Heinz Rowedder, 1994, S. 171 ff.

Horbach, Matthias: Der Gewinnverzicht des Großaktionärs, AG 2001, S. 78 ff.

Hüffer, Uwe: Harmonisierung des aktienrechtlichen Kapitalschutzes, Die Durchführung der 2. EG-Richtlinie zur Koordinierung des Gesellschaftsrechts, NJW 1979, S. 1065 ff.

–: Aktiengesetz, 6. Aufl. 2004.

–: Verlust oder Ruhen von Aktionärsrechten bei Verletzung aktienrechtlicher Mitteilungspflichten, in: FS für Karl Heinz Boujong, 1996, S. 277 ff.

Jährig, Klaus: Die Rücklagenkompetenz des Vorstandes, des Aufsichtsrates und der Hauptversammlung, DB 1968, S. 1589 ff.

Kaufmann, Otto K.: Das Recht auf Dividende, Antrittsrede an der Handels-Hochschule St. Gallen, 1947.

Kipp, Theodor / Coing, Helmut: Erbrecht, 14. Bearbeitung 1990.

Kirchhof / Söhn / Mellinghoff: EStG Kommentar hrsg. von Paul Kirchhof, Hartmut Söhn, Rudolf Mellinghoff, Bd. 12, §§ 20, 21, 21a, 22, 23, 24a EStG.

Kirchhof, Paul (Hrsg.): Heidelberger Kommentar, EStG Kompakt Kommentar, 3. Aufl. 2003.

Klein: Abgabenordnung, Kommentar, 8. Aufl. 2003.

Knur, Alexander: Die Dividendenspaltung im Hinblick auf die Regelung in § 19 II KStG als gesellschaftsrechtliches und steuerrechtliches Problem, DB 1954, S. 544 ff.

Kölner Kommentar zum Aktiengesetz: hrsg. von Wolfgang Zöllner, Bd. I, 2. Aufl. 1988, §§ 1 - 75, Bd. II, 1. Aufl. 1985, §§ 148 - 290 AktG.

König, Jochen: Der Dividendenverzicht des Mehrheitsaktionärs – Dogmatische Einordnung und praktische Durchführung, AG 2001, S. 399 ff.

Kronstein, Heinrich / Claussen, Carsten Peter: Publizität und Gewinnverteilung im neuen Aktienrecht, 1960.

Kropf, Brunof: Textausgabe des Aktiengesetzes vom 06.09.1965 mit Begründung des RegE und Bericht des Rechtsausschusses des Dt. Bundestages, 1965.

Larenz, Karl: Lehrbuch des Schuldrechts, Bd. I, Allg. Teil, 14. Aufl. 1987.

Larenz, Karl/Wolf, Manfred: Allgemeiner Teil des Bürgerlichen Rechts, 8. Aufl. 1997.

Lawall, Lars: Satzungsdurchbrechende Beschlüsse im GmbH Recht, DStR 1996, S. 1169 ff.

Lehmann, Karl: Recht der Aktiengesellschaft, II. Bd., 1904.

Lempenau: Inkongruente Gewinnausschüttung und Wiedereinlage kein Gestaltungsmissbrauch, KFR F. 3, EStG § 20, 2/00, S. 97 f.

Lenz, Tobias: Steuerliche Gestaltung der Gewinnverteilung bei Anteilseräußerung, GmbHR 1999, S. 701 ff.

Littmann / Bitz / Pust: Das Einkommensteuerrecht, Bd. 4, §§ 18 - 32d EStG, Loseblattsammlung, 50. Ergänzungslieferung, Stand: Februar 2002.

Ludewig, Rainer: Möglichkeiten der Bilanzänderung, insbesondere bei Fehleinschätzung der wirtschaftlichen Entwicklung des Unternehmens, DB 1986, S. 133 ff.

Luther, Martin: § 23 Abs. 5 AktG im Spannungsfeld von Gesetz, Satzung und Einzelentscheidung der Organe der Aktiengesellschaft, in: Freundesgabe für Hans Hengeler, 1972, S. 167 ff.

Lutter, Marcus: Die entschlussschwache Hauptversammlung, in: Festschrift für Karl Heinz Quack, 1991, S. 301 ff.

–: Zur Europäisierung des deutschen Aktienrechts, in: FS für Murad Ferid, 1978, S. 599 ff.

–: Theorie der Mitgliedschaft, AcP 180 (1980), S. 84 ff.

Lutter, Marcus / Hommelhoff, Peter: GmbH-Gesetz Kommentar, 15. Aufl. 2000.

Marotzke, Wolfgang: Zwangsvollstreckung in Gesellschaftsanteile nach der Abspaltung der Vermögensrechte, ZIP 1988, S. 1509 ff.

Marsch, Rüdiger: Die rechtliche Problematik der Verwendung von Jahresüberschüssen deutscher Aktiengesellschaften unter besonderer Berücksichtigung der Kleinaktionärsinteressen, 1974.

Medicus, Dieter: Bürgerliches Recht, 18. Aufl. 1999.

–: Allgemeiner Teil des BGB, 7. Auflage, 1997.

Meilicke, Heinz: Der Anspruch des Aktionärs auf Reingewinn, AG 1959, S. 13 ff.

Mertens, Hans Joachim: Satzungs- und Organisationsautonomie im Aktien- und Konzernrecht, ZGR 1994, S. 426 ff.

Möhring-Schwartz: Die Aktiengesellschaft und ihre Satzung, 2. Aufl. 1966.

Mugdan, Benno: Die gesamten Materialien zum Bürgerlichen Gesetzbuch für das Deutsche Reich; Nachdruck 1979 der Ausgabe Berlin 1899, Bd. I, Einführungsgesetz und Allgemeiner Teil, Bd. II, Recht der Schuldverhältnisse.

Müller, Gerd: Vorausverfügung über gesellschaftsrechtliche Einzelansprüche und Übertragung der Mitgliedschaft, ZIP 1994, S. 342 ff.

Müller, Hans-Peter: Satzungsregelungen für die Bildung von Rücklagen durch die Hauptversammlung, WPg 1969, S. 245 ff.

Müller, Welf: Die Änderung von Jahresabschlüssen, Möglichkeiten und Grenzen, in: FS für Karlheinz Quack, 1991, S. 359 ff.

Münchener Kommentar zum AktG: hrsg. von Bruno Kropff, Johannes Semler, 2. Auflage des Geßler/Hefermehl/Eckhardt/Kropff, Bd. 1, §§ 1 - 53, 2000; Bd. 7, §§ 222 - 277, 2001; Bd. 8, §§ 278 - 328, 2000.

Münchener Kommentar zum BGB: hrsg. von Kurt Rebmann, Franz Jürgen Säcker, Roland Rixecker, Bd. 2a, Schuldrecht AT, §§ 241 - 432, 4. Aufl. 2003.

Münchener Kommentar zum HGB: hrsg. von K. Schmidt, Bd. I, §§ 1 - 104, 1996; Bd. IV, §§ 238 - 342a, 2001.

Nauss, Fritz: Probleme bei der Verwendung des Jahresüberschusses und des Bilanzgewinns nach dem Aktiengesetz von 1965, AG 1967, S. 127 f.

Noack, Ulrich: Gesellschaftervereinbarungen bei Kapitalgesellschaften, 1995.

Ott, Hans: Disquotale Gewinnausschüttung und Schütt-aus-Hol-zurück-Verfahren, StuB, 2000, S. 385 ff.

Palandt: Kommentar zum BGB, 63. Aufl. 2004.

Paus, Bernhard: Inkongruente Gewinnausschüttungen und Einlagen; Anmerkungen zu dem Urteil des BFH vom 19.08.1999 – I R 77/96, FR 2000, S. 197 ff.

Priester, Hans-Joachim: Die Gestaltung von GmbH-Verträgen, 5. Aufl. 1996.

–: Befreiung vom Wettbewerbsverbot und GmbH-Satzung – Öffnungsklausel oder konkrete Regelung, DB 1992, S. 2411 ff.

–: Öffnungsklausel zur Gewinnverteilung in der GmbH-Satzung, in: FS für Welf Müller, 2001, S. 113 ff.

–: Quotenabweichende Rücklagenzuordnung, in: Gedächtnisschrift für Brigitte Knobbe-Keuk, 1997, S. 293 ff.

–: Satzungsänderung und Satzungsdurchbrechung, ZHR 151 (1987), S. 40 ff.

–: Änderung von Gewinnverwendungsbeschlüssen, ZIP 2000, S. 261 ff.

Priester, Hans-Joachim / Mayer Dieter (Hrsg.): Münchener Handbuch zum Gesellschaftsrecht Bd. III GmbH, 2. Aufl. 2003.

Prinz, Ulrich: Leitgedanken zum Übergang des verwendbaren Eigenkapitals auf das neue Körperschaftsteuersystem und zur Ausschüttungspolitik, GmbHR 2001, S. 125 ff.

Protokolle: Bericht der Kommission der 2. Lesung des Entwurfs des BGB, Bd. I, Allg. Theil und Recht der Schuldverhältnisse Abschnitt I, Abschnitt II Lit. I, 1897.

Raiser, Thomas: Recht der Kapitalgesellschaften, 3. Aufl. 2001.

Reckinger, Gabriele: Vorzugsaktien in der Bundesrepublik, AG 1983, S. 216 ff.

Renkel, Günter: Der Gewinnanspruch der Gesellschafter einer GmbH nach der Neuregelung des § 29 GmbHG, DB 1986, S. 1108 ff.

RGRK: BGB, Kommentar mit besonderer Berücksichtigung der Rechtsprechung des RG und des BGH, 12. Aufl. 1976, Bd. II/1 §§ 241 - 413.

Ritter, Carl (Hrsg.): Aktiengesetz (1937); bearbeitet von Carl Ritter und Justus Ritter, 2. Aufl.1939.

Rose, Gerd: Zur steuerlichen Beurteilung einvernehmlicher inkongruenter Gewinnverteilungen in Personen- und Kapitalgesellschaften, FR 2002, S. 1 ff.

Rose, Gerd / Glorius-Rose, Cornelia: Zu den Rechtsfolgen einer Steuerumgehung, Probleme bei der Handhabung des § 42 S. 2 AO, DB 1999, S. 1673 ff.

–: Missbrauchsrechtsprechung des BFH in Bewegung, DB 2000, S. 1633 ff.

–: Bemerkungen zur Missbrauchs-Rechtsprechung (§ 42 AO) des BFH, DB 2003, S. 409 ff.

Rowedder, Heinz / Schmidt-Leithoff, Christian (Hrsg.): Gesetz betreffend die Gesellschaften mit beschränkter Haftung Kommentar, 4. Aufl. 2002.

Saljie, Peter: Urteilsanmerkung zu OLG Düsseldorf Urteil vom 14.09.1998 – II ZR 172/97, NZG 1998, S. 985 ff.

Scharff, Christian R.: Der Nießbrauch an Aktien im Zivil- und Steuerrecht,1982.

Schiffers, Georg: Steuersenkungsgesetz: Gewinnausschüttungspolitik in der Übergangsphase vom Anrechnungssystem zum Halbeinkünfteverfahren, GmbHR 2000, S. 901 ff.

Schlegelberger, Franz / Quassowski, Leo: Aktiengesetz – Kommentar, Gesetz über Aktiengesellschaften und Kommanditgesellschaften auf Aktien vom 30. Januar 1937, 3. Aufl. 1939.

Schmidt, Karsten: Handelsrecht, 5. Aufl. 1999.

–: Gesellschaftsrecht, 4. Aufl. 2002.

–: Mehrheitsregelungen in GmbH & Co.-Verträgen Verständnis oder Missverständnis des „Bestimmtheitsgrundsatzes", ZHR 158 (1994), S. 205 ff.

Schmidt, Ludwig: Einkommensteuergesetz, Kommentar, 22. Auflage 2003.

Scholtz, Rolf-Detlev: Kein eigener Besteuerungstatbestand für Beteiligungserträge, DStZ 1990, S. 547 ff.

Scholz: Kommentar zum GmbH-Gesetz, 9. Auflage, Band I, §§ 1 - 44, 2000; Band II, §§ 45 - 87, 2002.

Schön, Wolfgang: Der Nießbrauch am Gesellschaftsanteil, ZHR 158 (1994), S. 229 ff.

Schulze zur Wiesche, Dieter: Gewinnverteilungsvereinbarungen bei Körperschaften Teil I, II, III, DB 1973, S. 2363 ff., 2420 ff., 2479 ff.

Schwedhelm, Rolf / Binnewies, Burckhard: Realisierung von Körperschaftsteuerguthaben zum Systemwechsel – Anmerkung zum Nichtanwendungserlass des BMF vom 07.12.2000, DB 2001, S. 503 ff.

Schwedhelm, Rolf / Olbig, Klaus / Binnewies, Burckhard: Gestaltungsüberlegungen zum Jahreswechsel 2000/2001 rund um die GmbH, GmbHR 2000, S. 173 ff.

Seibold, Felix: Der Tatbestand der Einnahmenerzielung unter besonderer Berücksichtigung der Einkünfte aus Kapitalvermögen, StuW 1990, S. 165 ff.

Staubs Kommentar zum Handelsgesetzbuch: Bearbeitet von Heinrich Koenige, Albert Pinner, Felix Bondi, Bd. II, §§ 178 - 342, 12. und 13. Aufl. 1926.

Staub Großkommentar zum Handelsgesetzbuch: hrsg. von Claus – Wilhelm Canaris, Wolfgang Schilling, Peter Ulmer, Bd. 1, Einleitung, §§ 1 - 104, 4. Auflage 1995.

Staudinger: Kommentar zum BGB; 2. Buch, Recht der Schuldverhältnisse §§ 328 - 361 b, 14. Bearbeitung 2001; 2. Buch, Recht der Schuldverhältnisse §§ 397 - 432, 13. Bearbeitung 1999.

Strauß, Walter: Die Rechtsstellung des Aktionärs, in: Marburger Aussprache zur Aktienrechtsreform, 1959, S. 15 ff.

Sudhoff, Heinrich: Gewinnanspruch und Gesellschaftsvertrag, GmbHR 1961, S. 118 ff.

Teichmann, Robert / Koehler, Walter: Aktiengesetz (1937), Kommentar, 3. Aufl. 1950.

Thiel, Jochen: Die verdeckte Gewinnausschüttung im Spannungsfeld zwischen Zivil- und Steuerrecht, DStR 1993, S. 1801 ff.

Thiele, Wolfgang: Die Zustimmung in der Lehre vom Rechtsgeschäft, 1966.

Tieves, Johannes: Satzungsverletzende und satzungsdurchbrechende Gesellschafterbeschlüsse, ZIP 1994, S. 1341 ff.

Tipke, Klaus / Kruse, Heinrich Wilhelm / Seer, Roman / Brandis, Peter: Abgabenordnung und Finanzgerichtsordnung, Kommentar zur AO und FGO, 16. Auflage, Loseblattsammlung, 102. Ergänzungslieferung, Stand: November 2003.

Tipke, Klaus/ Lang, Joachim: Steuerrecht, 17. Auflage, 2002.

Tuhr, Andreas v.: Der Allgemeine Teil des Deutschen Bürgerlichen Rechts, II. Band, Erste Hälfte, 1957, unveränderter Nachdruck der 1914 erschienen ersten Auflage.

Tonner, Martin: Tracking Stocks, Zulässigkeit und Gestaltungsmöglichkeiten von Geschäftsbereichsaktien nach deutschem Recht, 2002.

Ulmer, Peter: Zur Bedeutung des gesellschaftsrechtlichen Abspaltungsverbots für den Nießbrauch am OHG (KG) – Anteil, in: Festschrift für Hans-Joachim Fleck, 1988, S. 383 ff.

Walsmann, Hans: Der Verzicht – Allgemeine Grundlagen einer Verzichtslehre und Verzicht im Privatrecht, 1912.

Wassermeyer, Franz: Zum Besteuerungsgegenstand der Einkünfte aus Kapitalvermögen, StuW 1988, S. 283 ff.

Westermann, H.P.: Sachenrecht, 7. Aufl. 1998.

Wichmann, Gerd: Die Bedeutung des § 20 Abs. 2 a EStG für die Zurechnung von Gewinnausschüttungen bei Übergang von GmbH-Anteilen, GmbHR 1995, S. 426 ff.

Winnefeld, Robert: Bilanz-Handbuch, 3. Aufl. 2002.

Würdinger, Hans: Aktienrecht und das Recht der verbundenen Unternehmen, 4. Aufl. 1981.

Zenthöfer, Wolfgang / Schulze zur Wiesche, Dieter: Einkommensteuer, 5. Aufl. 1999.

Abkürzungsverzeichnis

A

A. A., a. A.	Anderer Ansicht
Abs.	Absatz
AcP	Archiv für die civilistische Praxis
a. E.	am Ende
a. F.	alte Fassung
AG	Aktiengesellschaft
AG	Die Aktiengesellschaft
AktG	Aktiengesetz
Anm.	Anmerkung
AO	Abgabenordnung
ArchBürgR	Archiv für Bürgerliches Recht
AT	Allgemeiner Teil
Aufl.	Auflage

B

BayObLG	Bayerisches Oberstes Landesgericht
BB	Der Betriebs-Berater
Bd.	Band
BFH	Bundesfinanzhof
BFH/NV	Sammlung amtlich nicht veröffentlichter Entscheidungen des Bundesfinanzhofs
BGB	Bürgerliches Gesetzbuch
BGBl.	Bundesgesetzblatt
BGH	Bundesgerichtshof
BGHZ	Entscheidungen des Bundesgerichtshofes in Zivilsachen
BMF	Bundesministerium der Finanzen
BR	Bürgerliches Recht
BStBl.	Bundessteuerblatt
BT-Drucks.	Bundestagsdrucksache
bzgl.	bezüglich
bzw.	beziehungsweise

D

DB	Der Betrieb
ders.	derselbe
diesselb.	dieselben

DStR	Deutsches Steuerrecht
DStZ	Deutsche Steuer-Zeitung
E	
EFG	Entscheidungen der Finanzgerichte
Einf.	Einführung
EG	Einführungsgesetz
ErbStR	Erbschaftsteuerrichtlinie
ESt	Einkommensteuer
EStB	Der Ertrags-Steuer-Berater
EStG	Einkommensteuergesetz
EStR	Einkommensteuerrichtlinie
EWiR	Entscheidungen zum Wirtschaftsrecht
F	
F.	Fach
f.	folgende (Seite)
ff.	folgende
FG	Finanzgericht
FR	Finanzrundschau
FS	Festschrift
G	
GbR	Gesellschaft bürgerlichen Rechts
ggf.	gegebenenfalls
GmbH	Gesellschaft mit beschränkter Haftung
GmbHR	GmbH-Rundschau
GmbH-StB	Der GmbH-Steuerberater
Großkomm.	Großkommentar
GrS	Großer Senat
H	
HHR	Herrmann/Heuer/Raupach
h. M.	herrschende Meinung
HGB	Handelsgesetzbuch
Hrsg.	Herausgeber
HS.	Halbsatz
I	
i. E.	im Ergebnis
i. e. S.	im engeren Sinne
InsO	Insolvenzordnung
INF	Die Information über Steuer und Wirtschaft
i. R. d.	im Rahmen des
i. S. d.	im Sinne des
i. V. m.	in Verbindung mit

InvZulG	Investitions- Zulagengesetz
J	
JuS	Juristische Schulung
K	
Kap.	Kapitel
KapESt	Kapitalertragsteuer
KFR	Kommentierte Finanzrechtsprechung
Komm.	Kommentar
KSt	Körperschaftsteuer
KStG	Körperschaftsteuergesetz
L	
LG	Landgericht
M	
M. E.	Meines Erachtens
m. w. N.	mit weiteren Nachweisen
Mü. Hdb. GesR.	Münchener Handbuch für Gesellschaftsrecht
MüKo	Münchener Kommentar
N	
n. F.	neue Fassung
NJW	Neue Juristische Wochenschrift
NotBZ	Zeitschrift für die notarielle Beratungs- und Beurkundungspraxis
Nr.	Nummer
O	
o. g.	oben genannten
OLG	Oberlandesgericht
P	
Prot.	Protokolle
R	
RegBegr.	Regierungsbegründung
RG	Reichsgericht
RGBl.	Reichsgesetzblatt
RGZ	Entscheidungen des Reichsgerichtshofes in Zivilsachen
Rn.	Randnummer
S	
S.	Satz
S.	Seite
scil.	scilicet, nämlich
sog.	sogenannten
StandOG	Standortsicherungsgesetz
StÄndG	Steueränderungsgesetz
StSenkG	Steuersenkungsgesetz

StuB	Steuer- und Bilanzpraxis
StuW	Steuern und Wirtschaft
T	
TVG	Tarifvertragsgesetz
U	
u. a.	unter anderem
UmwG	Umwandlungsgesetz
V	
v.	von
Var.	Variante
vgl.	vergleiche
W	
WPg	Die Wirtschaftsprüfung
Z	
z. B.	zum Beispiel
ZGR	Zeitschrift für Unternehmens- und Gesellschaftsrecht
ZHR	Zeitschrift für das gesamte Handelsrecht und Wirtschaftsrecht
ZIP	Zeitschrift für Wirtschaftsrecht

Einführung

A. Die einzelfallbezogene disquotale Gewinnbeteiligung in der Diskussion

Eine disquotale Gewinnbeteiligung liegt vor, wenn die dem Aktionär zugerechnete Gewinnbeteiligung außer Verhältnis zu seiner Beteiligung am Grundkapital steht.[1] Die disquotale Gewinnbeteiligung ist in der Aktiengesellschaft grundsätzlich zulässig. Das Gesetz eröffnet in §§ 58 Abs. 4, 60 Abs. 3 AktG die Möglichkeit, eine disquotale Gewinnbeteiligung statutarisch festzuschreiben. Dass das Gesetz für die Regelung einer disquotalen Gewinnbeteiligung an die Satzung anknüpft, lässt darauf schließen, dass der Gesetzgeber davon ausgegangen ist, Gewinnverteilung und disquotale Gewinnbeteiligung würden für einen längeren Zeitraum im Voraus festgelegt. Wie ohne andauernde Auswirkungen auf die Verfassung der Gesellschaft eine disquotale Gewinnbeteiligung im Einzelfall, d. h. ausschließlich für ein bestimmtes Geschäftsjahr, erfolgen kann, ist gesetzlich nicht geregelt.

Auch die gesellschaftsrechtliche Literatur hat sich mit diesem Thema – soweit ersichtlich – über lange Zeit hinweg nicht näher auseinandergesetzt. Lediglich zwei ältere Aufsätze behandeln den „Dividendenverzicht" des Aktionärs.[2] Beide Autoren sind sich darüber einig, dass ein Dividendenverzicht des Aktionärs grundsätzlich zulässig und möglich ist und zu einer disquotalen Gewinnbeteiligung führt. Nicht abschließend geklärt wurde jedoch die Frage, wie der Verzicht des Aktionärs auf seine Dividende in der Praxis umzusetzen ist.[3] Trotzdem beschäftigte sich das Schrifttum zunächst nicht mehr mit dem Dividendenverzicht oder – weiter gefasst – mit der Fragestellung, ob und wie Aktionäre eine einzelfallbezogene disquotale Gewinnbeteiligung erreichen können.

Zwar wurden in jüngerer Zeit sogenannte „Tracking Stocks"–Strukturen diskutiert. Aufgrund der Spartengebundenheit der einzelnen Aktien soll auch hier eine disquotale Gewinnausschüttung erreicht werden. Die Zulässigkeit derartiger Tracking Stocks ist jedoch nach wie vor umstritten. Verankert werden Tracking Stocks zudem im Rahmen einer auf Dauer angelegten Satzungsregelung.[4] Tracking Stocks stellen daher kein Beispiel für eine einzelfallbezogene disquotale Gewinnbeteiligung, sondern vielmehr eine weitere Form einer dauerhaften statutarisch geregelten disquotalen Gewinnbeteiligung dar.

---

1 Teilweise wird auch der Begriff einer „inkongruenten" oder „disproportionalen" Gewinnbeteiligung gebraucht.

2 *Knur*, DB 1954, S. 544 ff.; *G. Bezzenberger*, Das Wertpapier 1967, S. 291 f.

3 So zutreffend *Hoffmann-Becking*, in: Mü. Hdb. GesR. AG, § 46 Rn. 25. Zu der auch ansonsten unübersichtlichen Lage in der Kommentarliteratur vgl. 3. Kapitel B. I.

4 Vgl. insbesondere *M. Tonner*, Tracking Stocks, S. 60 f.

Erst nachdem in Folge einer aufsehenerregenden feindlichen Übernahme der neue Hauptaktionär einen Dividendenverzicht ausgesprochen hatte[5], rückte die rechtliche Gestaltung eines derartigen Verzichts wieder in den Blickwinkel der gesellschaftsrechtlichen Diskussion. Im jüngeren Schrifttum zum Aktienrecht wurde in zwei Aufsätzen der Versuch einer dogmatischen Absicherung des Dividendenverzichts und seiner Rechtsfolgen unternommen.[6] Andere gesellschaftsrechtliche Gestaltungsmöglichkeiten einer einzelfallbezogenen disquotalen Gewinnbeteiligung wurden hierbei allerdings nicht vertieft untersucht.

Für das GmbH-Recht wurde des Weiteren erörtert, ob die Gesellschafterversammlung aufgrund einer Öffnungsklausel im Gesellschaftsvertrag mit der Zustimmung des betroffenen Gesellschafters beschließen könne, den Gewinn im Ausnahmefall disquotal auszuschütten.[7] Ausgelöst wurde diese Diskussion durch eine Entscheidung des BayObLG[8], in der ein entsprechender Ausnahmevorbehalt als zulässig erachtet wurde. Inwieweit diese Entscheidung auf das Aktienrecht übertragen werden kann, ist in der gesellschaftsrechtlichen Literatur bisher noch nicht näher untersucht worden.

Im Steuerrecht wiederum entstand in Folge einer Entscheidung des BFH ein Streit darüber, wie eine einzelfallbezogene disquotale Gewinnausschüttung steuerlich zu behandeln ist. Der BFH hatte entschieden, dass eine gesellschaftsrechtlich zulässige disquotale Gewinnverteilung auch steuerlich anzuerkennen ist.[9] Der BFH beschränkte diese Feststellung nicht ausdrücklich auf andauernde statutarische Gewinnverteilungsregeln nach § 60 Abs. 3 AktG oder entsprechende Satzungsregelungen nach § 58 Abs. 4 AktG.[10]

Das BMF reagierte auf das vorgenannte Urteil mit einem im steuerrechtlichen Schrifttum viel beachteten Nichtanwendungserlass. Es stellt sich demnach die Frage, ob und unter welchen Voraussetzungen eine disquotale Gewinnausschüttung für den Einzelfall steuerlich anzuerkennen ist.

Um vor diesem Hintergrund Ziel und Gegenstand der Untersuchung näher bestimmen zu können, soll zunächst auf die wirtschaftlichen Motive für eine punktuelle disquotale Gewinnbeteiligung eingegangen werden.

---

5 Vodafone AirTouch Plc., vgl. Börsenzeitung vom 06.06.2000, S. 9; Frankfurter Allgemeine Zeitung vom 06.06.2000, S. 20.

6 *Horbach*, AG 2001, S. 78 ff.; *König*, AG 2001, S. 399 ff.

7 Vgl. *Priester*, in: FS für Welf Müller, 2001, S. 113 ff.

8 DB 2001, S. 1981 f.

9 BStBl. II 2001, S. 43, 44 f. Zu den Einzelheiten noch im 6. Kapitel.

10 BStBl. II 2001, S. 43, 44. Aus dem Zusammenhang ergibt sich des Weiteren, dass die disquotale Gewinnausschüttung – wohl aufgrund einer sogenannten Öffnungsklausel – auf einem einzelfallbezogenen Gewinnverteilungsbeschluss der Gesellschafterversammlung beruhte. Zu den Einzelheiten vgl. 6. Kapitel.

B. Motive einer punktuellen disquotalen Gewinnbeteiligung

Allgemein stellt sich die Frage, weshalb ein Aktionär freiwillig auf seine Gewinnbeteiligung verzichten sollte. Was macht eine disquotale Gewinnbeteiligung für ihn im Einzelfall attraktiv, obwohl dabei sein Dividendenanspruch ausgeschlossen wird? Diese Frage ist vor allem mit Blick auf den Kleinaktionär berechtigt, der die Aktie ausschließlich als Kapitalanlage hält. Sobald der Aktionär mit seiner Beteiligung an einer Aktiengesellschaft jedoch ein strategisches oder unternehmerisches Interesse verfolgt, kann die Beteiligung am Bilanzgewinn[11] an Bedeutung verlieren.

So ist zuweilen der Verzicht auf die Gewinnbeteiligung aus steuerlichen Gründen für den einzelnen Aktionär interessant. Grundsätzlich sind Dividenden gemäß § 20 Abs. 1 Nr. 1 EStG zu versteuern. Greifen die in §§ 43 ff. EStG vorgesehenen Steuerbefreiungen nicht ein und würde infolge der steuerlichen Belastung die Dividende erheblich vermindert, kann es dem Interesse des Aktionärs entsprechen, seinen Teil am zur Ausschüttung bestimmten Bilanzgewinn in der Gesellschaft zu belassen.[12] Dies gilt insbesondere dann, wenn auf die Thesaurierung von Gewinnen, also ihre Einstellung in Rücklagen, bereits § 23 Abs. 1 KStG n. F.[13] Anwendung findet. Nach dem Wegfall des gespaltenen Körperschaftsteuersatzes für thesaurierte und ausgeschüttete Gewinne ist das Einkommen der Gesellschaft gemäß § 23 Abs. 1 KStG mit einem einheitlichen Steuersatz von 25 % zu versteuern. Während es nach der alten Rechtslage steuerlich nachteilig war[14], kann es nunmehr steuerlich vorteilhaft sein, Gewinne zu thesaurieren.[15] Dies folgt daraus, dass

11 Zu der genauen Bedeutung dieses Begriffs noch später unter 1. Kapitel.

12 So etwa bei der Übernahme von Vodafone AirTouch Plc., vgl. Börsenzeitung vom 06.06.2000, S. 9; Frankfurter Allgemeine Zeitung vom 06.06.2000, S. 20. Bei Vodafone AirTouch Plc. wäre die Dividende gemäß § 20 Abs. 1 Nr. 1 EStG i. V. m. §§ 43 Abs. 1 Nr. 1, 44 Abs. 1 S. 1 EStG i. V. m. Art. VI Abs. 1 DBA Großbritannien mit einer Quellensteuer von 15 % belastet worden. Die Befreiung nach § 44 d Abs. 1 EStG (in der Fassung des Gesetzes vom 23.06.1998, BGBl. I 1998, S. 1496) griff nicht ein, da Vodafone AirTouch Plc. die Unternehmensbeteiligung im Zeitpunkt der Hauptversammlung weniger als ein Jahr hielt, vgl. § 44 d Abs. 2 S. 2 EStG. Vodafone AirTouch Plc. erklärte daraufhin den „Verzicht“ auf die Dividende. Der Vorstand änderte im Anschluss daran den Gewinnverwendungsvorschlag dahingehend, dass der auf Vodafone AirTouch Plc. entfallende Betrag für die Dotierung der Rücklagen und den damit anfallenden zusätzlichen Steueraufwand genutzt wurde. Der verbleibende Betrag wurde hingegen an die außenstehenden Aktionäre ausgeschüttet, deren Dividende sich hierdurch im Ergebnis nicht änderte (0,61 € plus 0,26 € Steueranrechnungsguthaben pro Aktie).

13 In der Fassung des Art. 3 Nr. 8 StSenkG vom 23.10.2000, BGBl. I 2000, S. 1433, 1453. Zuvor hatte der Körperschaftsteuersatz für thesaurierte Gewinne 40 %, für ausgeschüttete Gewinne hingegen 30 % betragen, vgl. § 23 Abs. 1 KStG a. F. i. V. m. §§ 27Abs. 1 , 28 KStG a. F.

14 Weshalb eine Thesaurierung oft über den Umweg des Schütt-Aus-Hol-Zurück-Verfahrens erfolgte.

15 So genannter „Lock-In-Effekt“.

thesaurierte Gewinne der Körperschaftsteuer (25 %) und der Gewerbesteuer unterliegen, was durchschnittlich zu einer Besteuerung von 38,5 % führt.[16] Soweit der individuelle Einkommensteuersatz des dividendenberechtigten Anteilseigners nach dem Halbeinkünfteverfahren über diesem Prozentsatz liegt und damit die Besteuerung der ausgeschütteten Dividende über der des thesaurierten Bilanzgewinns liegt, kann es für den Anteilseigner günstiger sein, den Gewinn als Rücklage in der Gesellschaft zu belassen.[17] Aus diesem Grund wurde die Kapitalgesellschaft auch schon als „Steuerspardose" bezeichnet.[18] Falls der Aktionär auf die Ausschüttung des Bilanzgewinns im Einzelfall nicht angewiesen ist, wird er es daher unter Umständen vorziehen, den Gewinn in der Gesellschaft zu belassen.

Des Weiteren kann für die Gesellschaft und ihre Gesellschafter eine Ausschüttung ausschließlich an einen Aktionär erstrebenswert sein, wenn bei diesem die Dividende nicht zu versteuern ist. Dies ist beispielsweise der Fall, wenn neben natürlichen Personen eine Kapitalgesellschaft an der Gesellschaft beteiligt ist. Nach § 8 b Abs. 1 KStG[19] unterliegen an Kapitalgesellschaften ausgekehrte Dividenden nicht der Körperschaftsteuer. Legt die begünstigte Kapitalgesellschaft den ausgeschütteten Betrag wieder (disquotal) in die Gesellschaft ein, profitieren auch die übrigen Gesellschafter mittelbar von der damit insgesamt steuerneutrale Erhöhung des Eigenkapitals.[20]

Neben diesen steuerlichen Aspekten können auch unternehmerische Gründe für einen Dividendenverzicht sprechen. So mag es im Interesse des Großaktionärs[21] liegen, die Eigenkapitalausstattung des Unternehmens zu stärken, ohne die Dividende der übrigen Gesellschafter herabzusetzen.[22] Unter bestimmten Voraussetzungen wird dem Großaktionär auch daran gelegen sein, die Dividende der übrigen Gesellschafter zu seinen Lasten zu er-

---

16 Vgl. *Priester*, in: FS für Welf Müller, 2001, S. 113, 116, Fn. 12.

17 *Priester*, in: FS für Welf Müller, 2001, S. 113, 116; *Blumers/Beinert/Witt*, DStR 2002, S. 565. Um nicht durch die mit der Thesaurierung herbeigeführte disquotale Gewinnbeteiligung benachteiligt zu sein, wird dies mit einer disquotalen Zuordnung der Rücklangen verbunden werden, vgl. insoweit *Priester*, in: Gedächtnisschrift für Knobbe-Keuck, 1997, S. 293 ff.

18 Wobei insbesondere *Elser*, BB 2001, S. 805 f., die Grenzen solcher Überlegungen aufgezeigt hat.

19 I. d. F. des Art. 4 des Gesetzes zur Änderung des InvZulG 1999 vom 20.12.2000, BGBl. I 2000, S. 1850, 1854.

20 Ein solcher Fall lag der Entscheidung des BFH Urteil vom 19.08.1999 I R 77/96, BStBl. II 2001, S. 43 ff. zugrunde. Vgl. zu den Einzelheiten das 6. Kapitel.

21 Die disquotale Gewinnbeteiligung hängt rechtstechnisch – dies sei an dieser Stelle betont – nicht von der Größe des Anteils ab, den der Aktionär an der Gesellschaft hält. Gleichwohl zeigt die Praxis, dass die hinter einer disquotalen Gewinnbeteiligung stehenden Zielsetzungen vor allem für Aktionäre mit größerer Unternehmensbeteiligung interessant sind. Daher wird im Folgenden der Aktionär, auf dessen Betreiben eine disquotale Gewinnbeteiligung erfolgt, allgemein als Großaktionär bezeichnet. Eine besondere rechtliche Aktionärskategorie soll damit weder geschaffen noch impliziert werden.

22 *Horbach*, AG 2001, S. 78. So zuletzt die Großaktionäre der Eurohypo AG, vgl. Frankfurter Allgemeine Zeitung vom 10.03.2004.

höhen, z. B. wenn seine Beteiligung am Bilanzgewinn die Dividende pro Aktie erheblich schrumpfen lässt, so dass für den Kleinaktionär das Engagement an der Gesellschaft insgesamt unattraktiv wird. In diesem Fall kann eine Ausschüttung allein an die Kleinaktionäre sinnvoll sein, um sie von der Veräußerung ihrer Anteile abzuhalten.[23] Häufig wird eine erhöhte Ausschüttung an die Kleinaktionäre ferner dann erwogen, wenn der Großaktionär bestimmte, zunächst ertragsmindernde Strukturmaßnahmen in der Hauptversammlung durchsetzen will. Hier ist die Zusage einer erhöhten Dividende ein Mittel, die Beziehung zu den Kleinaktionären zu verbessern und das Anfechtungsrisiko zu vermindern.[24]

Als Motive für eine disquotale Gewinnbeteiligung lassen sich daher zusammenfassend die Verwirklichung steuerlicher Vorteile, die Stärkung der Eigenkapitalaustattung der Gesellschaft sowie die aus geschäftspolitischen Gründen wünschenswerte Erhöhung der Dividende der Minderheitsgesellschafter aufführen. Um diese Ziele zu erreichen, muss der an sich auf den Großaktionär entfallende Teil des Bilanzgewinns entweder thesauriert oder an die übrigen Aktionäre ausgeschüttet werden.

C. Konkretisierung des Untersuchungsgegenstands

Nachdem vorstehend die Motive für eine disquotale Gewinnbeteiligung und den damit verbundenen Verlust des Gewinnbeteiligungsrechts dargestellt wurden, soll nunmehr eine Konkretisierung und Begrenzung des Untersuchungsgegenstandes erfolgen.

Zunächst gilt es herauszuarbeiten, ob zur rechtlichen Umsetzung einer Thesaurierung oder Ausschüttung des frei werdenden Betrags an das Verhältnis der Aktionäre untereinander oder des einzelnen Aktionärs zur Gesellschaft anzuknüpfen ist. Unstreitig ist zunächst, dass die Gesellschafter vereinbaren können, den ausgeschütteten Gewinn abweichend von den gesetzlichen oder statutarischen Regelungen untereinander zu verteilen.[25] Im Rahmen solcher Vereinbarungen bleiben die Gewinnrechte der einzelnen Aktionäre gegenüber der Gesellschaft unverändert.[26] Aus der Sicht der Gesellschaft kommt es daher zu einer quotalen Gewinnausschüttung. Erst in einem weiteren Schritt wird aufgrund der zusätzlichen Absprache unter den Gesellschaftern die disquotale Gewinnbeteiligung erreicht. Eine solche Vorgehensweise ermöglicht jedoch weder eine Thesaurierung noch eine direkte disquotale Ausschüttung der an sich auf den Großaktionär entfallenden Dividende. Ferner sind mit derartigen schuldrechtlichen Verteilungsabreden offensichtliche steuerliche Nachteile verbunden. Da der Großaktionär die Dividende zunächst vereinnahmt und dann an seine Mitgesellschafter weiterleitet ist die Dividende gemäß § 20

23 Vgl. *Schulze zur Wiesche*, DB 1973, S. 2363 f., der insoweit von der „Belohnung" der Aktionäre für ihre Treue spricht.

24 *Horbach*, AG 2001, S. 78; *G. Bezzenberger*, Das Wertpapier 1967, S. 291.

25 Zu den unterschiedlichen gestalterischen Möglichkeiten vgl. nur *Schulze zur Wiesche*, DB 1973, S. 2363, 2367; *Noack*, Gesellschaftervereinbarungen bei Kapitalgesellschaften, S. 324 f.

26 *Noack*, Gesellschaftervereinbarungen bei Kapitalgesellschaften. S. 325 f.

Abs. 1 Nr. 1 EStG von ihm zu versteuern.[27] Der Großaktionär müsste folglich Steuern für einen Vermögenszuwachs zahlen, der im Ergebnis gerade nicht bei ihm erfolgen soll.[28] Um dies zu vermeiden, muss eine disquotale Gewinnbeteiligung schon mit der Ausschüttung realisiert werden, d. h. sie muss spätestens im Zeitpunkt des Gewinnverwendungsbeschlusses bindend feststehen. Hieraus folgt wiederum, dass die hier zu untersuchenden Gestaltungen direkt an das Verhältnis des Gesellschafters zur Gesellschaft anzuknüpfen haben.

Aber auch nicht jede disquotale Gewinnbeteiligung, die ihre Grundlage im Verhältnis des Gesellschafters zur Gesellschaft hat, ermöglicht eine Thesaurierung oder disquotale Ausschüttung. Dies gilt insbesondere für Gewinnabführungsverträge gemäß § 291 Abs. 1 S. 1 Alt. 2 AktG. Bei diesen wird zwar eine disquotale Gewinnbeteiligung erreicht. Begünstigter ist jedoch der Großaktionär. Der Gewinn fließt in diesen Fällen zudem bereits als besonderer Aufwand im Rahmen der Gewinn- und Verlustrechnung und damit bei der Ermittlung des Jahresüberschusses ab[29]. Die Hauptversammlung kann den Gewinn daher nicht mehr im Rahmen ihres Gewinnverwendungsbeschlusses thesaurieren oder an die übrigen Gesellschafter ausschütten.

Auch eine sogenannte „verdeckte Gewinnausschüttung“ scheidet zumindest bei der Aktiengesellschaft als Gestaltungsmöglichkeit für eine einzelfallbezogene disquotale Gewinnbeteiligung aufgrund des strikten Ausschüttungsverbotes nach § 57 Abs. 3 AktG und der Sanktionsfolge des § 62 AktG aus.[30]

Fraglich ist demnach, wie der Ausschluss des Gewinnbeteiligungsrechts des Großaktionärs im Verhältnis zur Gesellschaft zu gestalten ist, um eine disquotale Gewinnausschüttung bzw. Thesaurierung zu ermöglichen. Mit Blick auf die eingangs dargestellten Motive des Großaktionärs für den Verzicht auf seine Gewinnbeteiligung (steuerliche und unternehmerische Aspekte) soll in einem Zwischenschritt zunächst näher untersucht werden, welchen besonderen Anforderungen der Ausschluss der Gewinnbeteiligung aus seiner Sicht gerecht werden muss. In erster Linie ist für den Großaktionär von Bedeutung, dass die disquotale Gewinnbeteiligung möglichst kurzfristig umgesetzt werden kann. Dem Großaktionär liegen regelmäßig erst gegen Ende des Geschäftsjahres die für seine Ent-

---

27 Falls nicht die bereits genannten Befreiungen zu seinen Gunsten greifen.

28 *Horbach*, AG 2001, S. 78, 79.

29 *Lutter*, in: Kölner Komm. AktG, § 58 Rn. 88.

30 Vgl. *Flume*, ZHR 144 (1980), S. 18, 25 f. Zur u. U. abweichenden Rechtslage im Rahmen eines Beherrschungs- und Gewinnabführungsvertrages gemäß § 291 Abs. 3 AktG i. V. m. 308 AktG vgl. *Flume*, ZHR 144 (1980), S. 18, 21 m. w. N. Zur abweichenden Rechtslage in der GmbH, bei der eine verdeckte Gewinnausschüttung unter besonderen Umständen zulässig sein kann, vgl. *Emmerich*, in: Scholz GmbHG Komm., § 29 Rn. 101 ff.; *Lutter/Hommelhoff*, GmbHG, § 28 Rn. 50 ff.; *Pentz* in: Rowedder GmbHG Komm., § 29 Rn. 164. Zu den steuerlichen Auswirkungen bzgl. einer GmbH, *Thiel*, DStR 1993, S. 1801 ff.

scheidung ausschlaggebenden Daten vor.[31] Die disquotale Gewinnbeteiligung muss daher rechtstechnisch so flexibel sein, dass sie in dem kleinen Zeitfenster zwischen Ende des Geschäftsjahres und Gewinnverwendungsbeschluss der Hauptversammlung realisiert werden kann.

Des Weiteren sollte es dem Großaktionär möglich sein, beim Verzicht auf sein Gewinnbeteiligungsrecht die weitere Verwendung des frei werdenden Betrages bestimmen zu können. Je nachdem, welches der oben genannten Ziele der Großaktionär verfolgt, muss gesichert sein, dass der frei werdende Betrag tatsächlich thesauriert oder ausgeschüttet wird. Daher ist eine Regelung, die dem Aktionär insoweit keine Handhabe verleiht, nur eingeschränkt praxistauglich.

Schließlich ist zu beachten, dass es regelmäßig nicht im Interesse des Großaktionärs liegt, für die „Pflege" der Minderheitsaktionäre sein Gewinnbeteiligungsrecht dauerhaft einzuschränken. Gleiches gilt für den Fall, dass ein außerordentlicher Steuervorteil realisiert werden soll. Der Großaktionär wird daher hinsichtlich der hier im Vordergrund stehenden Motive nur eine einzelfallbezogene disquotale Gewinnausschüttung anstreben.[32]

Gegenstand dieser Untersuchung ist nach alledem, Gestaltungsmöglichkeiten herauszuarbeiten, mit denen zum einen eine punktuelle disquotale Gewinnausschüttung im Rahmen enger zeitlicher Vorgaben herbeigeführt und zum anderen die Verwendung des frei werdenden Betrags vom Großaktionäre bestimmt werden kann. In einem weiteren Schritt wird zu belegen sein, dass diese Gestaltungen auch steuerlich anzuerkennen sind.

D. Gang der Untersuchung

Hieraus ergibt sich folgender Gang der Untersuchung:

Das 1. Kapitel stellt die Grundlagen des Gewinnbeteiligungsrechts als Vermögensrecht des Aktionärs sowie der Gewinnverwendung in der Aktiengesellschaft dar.

Im 2. Kapitel erfolgt eine genauere Auseinandersetzung mit dem Gewinnbeteiligungsrecht des Aktionärs. Insbesondere wird herausgearbeitet, wie sich das Recht auf Gewinnbeteiligung vom abstrakten Stammrecht über ein konkretes mitgliedschaftliches Gewinnbeteiligungsrecht hin zu einem schuldrechtlichen Dividendenanspruch entwickelt. Diese Differenzierung ist für die weitere Untersuchung von Bedeutung, da insbesondere beim Verzicht auf das Gewinnbeteiligungsrecht klar sein muss, welche Rechtsposition im Einzelnen Anknüpfungspunkt für einen Verzicht sein kann.

---

31 *Horbach*, AG 2001, S. 78, 79, geht sogar davon aus, dass dies erst mit der Feststellung des Jahresabschlusses der Fall ist. Praktisch wird jedoch der Großaktionär bereits mit der Bilanzaufstellung die Entwicklung der Dividende und seiner steuerlichen Belastung abschätzen können.

32 Vgl. insoweit ausführlich 4. Kapitel.

Das 3. Kapitel beschäftigt sich mit der Frage, ob und wie der Großaktionär auf die im 2. Kapitel herausgearbeiteten Kategorien von Gewinnbeteiligungsrechten verzichten kann und welche Rechtsfolgen sich hieraus jeweils ergeben.

Daran anschließend wird im 4. Kapitel der Frage nachgegangen, ob eine punktuelle disquotale Gewinnbeteiligung auch sinnvoll in statutarische Gewinnbeteiligungsregelungen oder entsprechende Satzungsänderungen eingebettet werden kann.

Das 5. Kapitel setzt sich mit dem Problem auseinander, ob eine punktuelle disquotale Gewinnbeteiligung auch im Rahmen eines Gewinnverteilungsbeschlusses der Hauptversammlung umgesetzt werden kann.

Im letzten Kapitel löst sich die Arbeit vom gesellschaftsrechtlichen Blickwinkel und geht auf die steuerliche Anerkennung der zuvor behandelten Gestaltungsmöglichkeiten einer einzelfallbezogenen disquotalen Gewinnausschüttung ein.

1. Kapitel: Grundlagen

Jede disquotale Gewinnbeteiligung bedeutet eine Einschränkung der Gewinnbeteiligung des betroffenen Aktionärs. Bereits einleitend wurde erwähnt, dass eine disquotale Gewinnbeteiligung an das Verhältnis des Gesellschafters zur Gesellschaft anknüpfen muss, wenn die Thesaurierung oder Ausschüttung des bei der Gewinnverwendung auf den Großaktionär entfallenden Betrages erreicht werden soll. Es besteht daher ein unmittelbarer Zusammenhang zwischen dem mitgliedschaftlichen Gewinnbeteiligungsrecht des Gesellschafters und der Gewinnverwendung der Gesellschaft auf der einen und der Gestaltung einer einzelfallbezogenen disquotalen Gewinnbeteiligung auf der anderen Seite. Als Grundlage der weiteren Untersuchung ist folglich zunächst die Bedeutung des Gewinnbeteiligungsrechts sowie das grundsätzliche Verfahren der Gewinnverwendung in der Aktiengesellschaft näher zu beleuchten.

A. Das Gewinnbeteiligungsrecht des Aktionärs

I. Bedeutung des Gewinnbeteiligungsrechts als Vermögensrecht des Aktionärs

Um die Bedeutung des Gewinnbeteiligungsrechts richtig einschätzen zu können, gilt es, sich die Finanzverfassung der Aktiengesellschaft vor Augen zu führen. Der Aktionär bringt durch seine Einlage das Grundkapital der Gesellschaft auf. Das Grundkapital entspricht dem gesetzlich vorgeschriebenen Garantiekapital der Aktiengesellschaft.[1] Aus Gründen des Gläubigerschutzes enthält § 57 AktG ein strenges Rückgewährsverbot. So dürfen Zinsen auf das Grundkapital gemäß § 57 Abs. 2 AktG weder versprochen noch gewährt werden. Auch erwirbt der Aktionär mit seiner Einlage keine direkte Beteiligung am bilanziellen Aktivvermögen der Gesellschaft. Träger des Aktivvermögens ist allein die Gesellschaft. Selbst einen Anspruch auf Beteiligung am Jahresüberschuss erlangt der Aktionär nicht. Vielmehr stellt § 57 Abs. 3 AktG klar, dass allenfalls der Bilanzgewinn ausgeschüttet werden darf.[2]

Die Mitgliedschaft in einer Kapitalgesellschaft stellt sich daher primär als Beteiligung an dem Verband und nicht als Beteiligung an dem Aktivvermögen des Verbandes dar.[3]

---

1 Vgl. statt aller *K. Schmidt*, GesR, § 26 IV 1, S. 775.

2 Zur Unterscheidung zwischen Jahresüberschuss und Bilanzgewinn sogleich unter B.I.

3 Vgl. statt aller *Habersack*, Die Mitgliedschaft, S. 53; *Larenz*, AT I, § 15 Rn. 110; *Hengeler/Kreifels*, S. 16.

Auf der anderen Seite begreift der Aktionär einer Publikumsgesellschaft den Kauf der Aktie als Kapitalanlage und will folglich mit seiner Beteiligung an der Aktiengesellschaft eine möglichst hohe Rendite erzielen. Es bedarf daher gleichsam einer Brücke, über welche die von der Gesellschaft erzielten Gewinne vom Vermögen derselben in das der Gesellschafter übergehen können. Diese Brücke bilden die mitgliedschaftlichen Vermögensrechte. Zu ihnen zählen unter anderem der Anspruch auf Teilhabe am Bilanzgewinn und am Liquidationserlös der Gesellschaft gemäß § 58 Abs. 4 AktG und § 271 AktG, das Recht auf Bezug junger Aktien bei Kapitalerhöhungen gemäß §§ 186 Abs. 1, 212 AktG und der Anspruch auf Rückzahlung geleisteter Einlagen bei einer Kapitalherabsetzung, §§ 222 Abs. 3, 225 Abs. 2 AktG.[4] Unter den genannten Vermögensrechten ist das Recht auf Teilhabe am Bilanzgewinn gemäß § 58 Abs. 4 AktG von herausragender Bedeutung.[5] Dieses mitgliedschaftliche Gewinnbeteiligungsrecht ermöglicht es den Aktionären, jeweils nach Ablauf eines Geschäftsjahrs am Erfolg der Gesellschaft teilzuhaben.[6]

II. Der Grundsatz der Gleichbehandlung bei der Gewinnbeteiligung

Wie für alle Mitgliedschaftsrechte gilt auch für das Gewinnbeteiligungsrecht der in § 53 a AktG geregelte Gleichbehandlungsgrundsatz.[7] Über diese Generalklausel hinaus hat der Gleichbehandlungsgrundsatz für das Gewinnbeteiligungsrecht in § 60 Abs. 1 AktG eine ausdrückliche Regelung gefunden. Bezugsgröße für die Gleichbehandlung ist hierbei für

4 Vgl. *Hüffer*, AktG, 11 Rn. 4; *Raiser*, Kapitalgesellschaften, § 12 Rn. 12; *K. Schmidt*, GesR, § 19 III, S. 558. Weitere Vermögensrechte sind Schadensersatzansprüche und Benutzungsrechte. Neben den mitgliedschaftlichen Hauptrechten bestehen zusätzlich noch sogenannte Hilfsrechte, deren Aufgabe es ist, die Durchsetzung der Hauptrechte zu ermöglichen und sicher zu stellen (z. B. Auskunfts- und Anfechtungsrechte), vgl. *Brändel*, in: Großkomm. AktG, § 11 Rn. 10.

5 *Lehmann*, Aktiengesellschaften, § 84, S. 401, spricht insoweit von dem praktisch wichtigsten Recht des Aktionärs.

6 Das Besondere an diesem Anspruch ist, dass an den Gesellschafter ein Teil des Gesellschaftsvermögens ausgeschüttet wird, obwohl erst im Zeitpunkt der Liquidation der Gesellschaft endgültig feststeht, ob die Unternehmung insgesamt erfolgreich war. Zur geschichtlichen Entstehung dieses Rechts, das eng mit der Entwicklung der Aktiengesellschaft als Form für eine auf Dauer angelegte Unternehmung verknüpft ist, vgl. *Lehmann*, Aktiengesellschaften, § 84, S. 402 f.

7 Dies war schon vor der Umsetzung des Art. 42 der EG-Kapitalschutzrichtlinie allgemein anerkannt, weshalb § 53 a AktG lediglich deklaratorischer Charakter beigemessen wird, vgl. *Hüffer*, NJW 1979, S. 1065, 1068; *Lutter*, in: FS für Murad Ferid (1978), S. 599, 606; *Henn*, AG 1985, S. 240, 243.

volleingezahlte Beteiligungen das Verhältnis des Anteils zum gesamten Grundkapital.[8] Der Gleichbehandlungsgrundsatz besagt jedoch nicht, dass jede Abweichung von diesem Maßstab gegen § 53 a AktG verstoßen würde und damit rechtswidrig wäre. Eine rechtswidrige Ungleichbehandlung liegt vielmehr nur dann vor, wenn sie willkürlich erfolgt.[9] Eine willkürliche Ungleichbehandlung setzt wiederum voraus, dass sie keinerlei sachliche Rechtfertigung erkennen lässt.[10] Dabei ist jedoch zu beachten, dass § 11 AktG den Satzungsgeber dazu berechtigt, Aktien mit unterschiedlichen Rechten vorzusehen. Der Gleichbehandlungsgrundsatz findet daher nur auf Aktien gleicher Gattung Anwendung. Bei der nachträglichen Einführung neuer Aktiengattungen bindet der Gleichbehandlungsgrundsatz den Satzungsgeber jedoch nach Auffassung der Literatur insoweit, als die Einführung selbst nicht willkürlich erfolgen darf, sondern wiederum eine sachliche Rechtfertigung benötigt.[11] Innerhalb der einzelnen Gattungen gilt der Gleichbehandlungsgrundsatz im Prinzip uneingeschränkt.[12] Der Aktionär kann jedoch auf den Schutz des Gleichbehandlungsgebotes im Einzelfall verzichten.[13]

III. Zusammenfassung

Es bleibt festzuhalten, dass es sich bei dem Gewinnbeteiligungsrecht um einen wesentlichen Teil der Vermögensrechte des Aktionärs handelt. Durch ihn wird es dem Aktionär ermöglicht, am Vermögenszuwachs in der Gesellschaft teilzuhaben. Der Gleichbehandlungsgrundsatz ist auf das Gewinnbeteiligungsrecht anwendbar.

Nachdem nunmehr die Bedeutung des Gewinnbezugsrechts für den Aktionär näher beleuchtet wurde, wird nachfolgend ein Überblick über Verfahren und Ablauf der Gewinnverwendung in der Aktiengesellschaft gegeben.

---

8 *Henze*, in: Großkomm. AktG, § 60 Rn. 6. Dieser Maßstab wird auch sonst für den Gleichbehandlungsgrundsatz bei Vermögensrechten angewandt, vgl. *Hüffer*, AktG, § 53 a Rn. 6 f., § 271 Rn. 7, § 212 Rn. 2.

9 *Hüffer*, AktG, § 53 a Rn. 8 ff.; BGHZ 70, 117, 121; BGHZ 120, 141, 150 f.

10 *Hüffer*, AktG, § 53 a Rn. 8 ff.; BGHZ 70, 117, 121; BGHZ 120, 141, 150 f.

11 *Henn*, AG 1985, S. 240, 243; *Lutter/Zöllner*, in: Kölner Komm. AktG, § 53 a Rn. 27; a.A. für die Einführung eines Höchststimmrechts gem. § 134 Abs. 1 AktG BGHZ 70, 117, 121 f., wonach in diesen Fällen keine sachliche Rechtfertigung im Einzelfall erforderlich sei, da das Gesetz die an sich erforderliche Abwägung bereits getroffen habe.

12 *Henn*, AG 1985, S. 240, 243; *Hüffer*, AktG, § 53 a Rn. 5.

13 *Hüffer*, AktG, § 53 a Rn. 5; *Henn*, AG 1985, S. 240, 243; *Lutter/Zöllner*, in: Kölner Komm. AktG, § 53 a Rn. 29 f.; *Lutter*, in: FS für Murad Ferid (1978), S. 599, 606.

B. Die Gewinnverwendung in der Aktiengesellschaft

Anknüpfungspunkt für die nach § 119 Abs. 1 Nr. 2 AktG i. V. m. § 174 Abs. 1 S. 1 AktG der Hauptversammlung übertragene Gewinnverwendung ist der im Jahresabschluss festgestellte Bilanzgewinn. Bei ihrem Gewinnverwendungsbeschluss ist die Hauptversammlung gemäß § 174 Abs. 1 S. 2 AktG auf eben diesen Bilanzgewinn beschränkt.[14] Sie ist insbesondere nicht befugt, in ihrem Gewinnverwendungsbeschluss Gewinnrücklagen aufzulösen und so den Bilanzgewinn, also den ihr für die Gewinnverwendung zur Verfügung stehenden Betrag, zu erhöhen.[15] Dies gilt selbst dann, wenn die Hauptversammlung ausnahmsweise selbst gemäß § 173 AktG den Jahresabschluss festgestellt hat.[16] Die Bedeutung des Gewinnverwendungsbeschlusses der Hauptversammlung erschließt sich daher nur, wenn Klarheit über Begriff und Herleitung des Bilanzgewinns herrscht. In einem ersten Schritt sollen daher Herleitung und Begriff des Bilanzgewinns dargestellt werden (I). Erst im Anschluss daran wird auf das Verfahren der Gewinnverwendung eingegangen (II).

I. Herleitung und Begriff des Bilanzgewinns

Der Bilanzgewinn wird von der Verwaltung der Gesellschaft im Jahresabschluss nach Maßgabe der gesetzlichen Bestimmungen festgestellt. Ausgangspunkt hierfür ist das erwirtschaftete Jahresergebnis der Gesellschaft als Oberbegriff für Jahresüberschuss und Jahresfehlbetrag.[17] Das Jahresergebnis spiegelt den wirtschaftlichen Erfolg der Gesellschaft im laufenden Wirtschaftsjahr wider.[18] Das Bilanzergebnis als Oberbegriff für Bilanzgewinn und Bilanzverlust leitet sich aus der Korrektur des Jahresergebnisses um die in § 158 Abs. 1 S. 1 Nr. 1 bis 4 AktG genannten Posten ab.[19] Soweit die Verwaltung im Rahmen des § 158 Abs. 1 Nr. 3 und Nr. 4 AktG Rücklagen bildet oder auflöst, wird die Höhe des Bilanzergebnisses und damit gegebenenfalls auch des Bilanzgewinns beeinflusst. Von besonderer Bedeutung ist hierbei § 158 Abs. 1 Nr. 4 d AktG i. V. m. § 58

---

14 BGHZ 124, 27, 31; *A/D/S*, § 174 Rn. 16; *Hüffer*, AktG, § 174 Rn. 3; *Brönner*, in: Großkomm. AktG, § 174 Rn. 3. An den Vorschlag des Vorstands über die Gewinnverwendung ist die Hauptversammlung hingegen nicht gebunden, vgl. BGHZ 124, 27, 31; *A/D/S*, § 174 Rn. 17.

15 BGH, NJW 1994, S. 323, 325; *Hüffer*, AktG, § 174 Rn. 3; *A/D/S*, § 174 Rn. 16; *Brönner*, in: Großkomm. AktG, § 174 Rn. 11.

16 Statt aller *A/D/S*, § 174 Rn. 16.

17 Vgl. § 266 Abs. 3 HGB A V.

18 Vgl. *Falterbaum/Beckmann/Bolk*, Kap. 23.3.4.1, S. 1138.

19 *Hüffer*, AktG, § 158 Rn. 6; *A/D/S*, § 158 Rn. 22; *Claussen/Korth*, in: Kölner Komm. AktG, § 174 Rn. 5; anders allein *Falterbaum/Beckmann/Bolk*, Kap. 23.3.4.1., S. 1138, wonach die Korrektur die Posten § 158 Abs. 1 Nr. 1 bis 5 umfassen soll. Dabei wird jedoch übersehen, dass der Posten § 158 Abs. 1 Nr. 5 gerade das Ergebnis der Korrektur darstellt.

Abs. 2 S. 1 AktG, wonach die Verwaltung, d. h. in erster Linie der Vorstand, Gewinnrücklagen über die gesetzlichen Rücklagen nach § 150 AktG hinaus bilden kann.[20] Die entsprechenden Beträge werden vom Jahresüberschuss abgerechnet, vermindern damit den Bilanzgewinn und stehen der Hauptversammlung bei ihrem Gewinnverwendungsbeschluss nicht mehr zur Verfügung.[21]

Da die Verwaltung[22] mit der Feststellung des Jahresabschlusses die Höhe des Bilanzgewinns und damit auch die Höhe des maximal an die Gesellschafter ausschüttbaren Betrags festlegt, hat sie die unter Umständen gegenläufigen Interessen von Gesellschaft und Gesellschafter gegeneinander abzuwägen. Während der Gesellschaft an einer hohen Eigenfinanzierung und damit an einer möglichst umfassenden Thesaurierung des Jahresüberschusses gelegen ist, hat bei den Gesellschaftern regelmäßig die Höhe der ausgeschütteten Dividende Priorität.[23] Aufgrund dieses potentiellen Interessengegensatzes hat der Gesetzgeber in § 58 AktG Regeln zur Verwendung des Jahresüberschusses aufgestellt.[24] Anknüpfend an die in §§ 172, 174 AktG festgelegte Kompetenzverteilung[25] ermächtigt § 58 Abs. 2 S. 1 AktG die Verwaltung dazu, lediglich die Hälfte des bereinigten Jahresüberschusses[26] zur Bildung von Rücklagen zu verwenden. Die andere Hälfte soll grundsätzlich gemäß § 58 Abs. 3 und Abs. 4 AktG der Hauptversammlung als ausschüttbarer Bilanzgewinn zur Verfügung gestellt werden.[27] § 58 AktG strebt demnach den Interessenausgleich dadurch an, dass die Entscheidungsbefugnisse hinsichtlich des Jahresüberschusses zwischen der Verwaltung und der Hauptversammlung aufgeteilt werden.[28]

Gemäß § 58 Abs. 2 S. 2 AktG kann jedoch in der Satzung die Kompetenz zwischen Hauptversammlung und Verwaltung verschoben und Vorstand und Aufsichtsrat dazu ermächtigt werden, einen höheren oder niedrigeren, bei börsennotierten Gesellschaften nur einen höheren Betrag, zu thesaurieren. Nach inzwischen herrschender Meinung gibt es für

---

20 Vgl. § 58 Abs. 2, S. 4 AktG und § 58 Abs. 1, S. 3 AktG i. V. m. § 150 AktG. Die Verwaltung bleibt dabei jedoch auf 50 % des bereinigten Jahresüberschusses beschränkt, soweit nicht die Satzung nach § 58 Abs. 2 S. 2 AktG eine Dotierung über diese Grenze hinaus zulässt.

21 Vgl. statt aller *Claussen/Korth,* in: Kölner Komm. AktG, § 174 Rn. 5; *Brönner,* in: Großkomm. AktG, § 174 Rn. 11.

22 Ausnahmsweise gemäß § 173 AktG die Hauptversammlung.

23 *Lutter,* in: Kölner Komm. AktG, § 58 Rn. 5; *Henze,* in: Großkomm. AktG, § 58 Rn. 12.

24 *Hüffer,* AktG, § 58 Rn. 1; *Lutter,* in: Kölner Komm. AktG, § 58 Rn. 5; *Henze,* in: Großkomm. AktG, § 58 Rn. 11; *Hefermehl/Bungeroth,* in: Geßler/Hefermehl AktG Komm., § 58 Rn. 3.

25 Wonach die Verwaltung grundsätzlich für die Feststellung des Jahresabschlusses und damit für die Verwendung des Jahresüberschusses, die Hauptversammlung hingegen nur für die Verwendung des Bilanzgewinns zuständig ist.

26 Als bereinigter Jahresüberschuss wird hier der aus dem Jahresüberschuss nach Abzug der gesetzlichen Rücklagen nach § 150 AktG und eines etwaigen Verlustvortrags verbleibende Betrag verstanden, vgl. § 58 Abs. 2 S. 4, Abs. 1 S. 3 AktG.

27 *Henze,* in: Großkomm. AktG, § 58 Rn. 12; *Hefermehl/Bungeroth,* in: Geßler/Hefermehl AktG Komm., § 58 Rn. 4; *Hüffer,* AktG, § 58 Rn. 2.

28 *Henze,* in: Großkomm. AktG, § 58 Rn. 12.

diese Ermächtigung keine Höchstgrenze.[29] Die Satzung kann folglich auch vorsehen, dass bei der Feststellung des Jahresabschlusses der gesamte bereinigte Jahresüberschuss in weitere Gewinnrücklagen eingestellt werden muss.[30] Damit verbliebe für die Hauptversammlung kein zu verteilender Bilanzgewinn. Eine Ausnahme ergibt sich gemäß § 58 Abs. 2 S. 3 AktG allenfalls dann, wenn die übrigen Gewinnrücklagen die Hälfte des Grundkapitals übersteigen oder nach erfolgter Einstellung übersteigen würden. Insoweit hindert das Gesetz die Verwaltung zugunsten des Ausschüttungsinteresses der Aktionäre an der Bildung weiterer Rücklagen.

Die Höhe des Bilanzgewinns kann somit durch die Rücklagenbildung der Verwaltung im erheblichem Maße reduziert werden. Auf der anderen Seite darf nicht aus den Augen verloren werden, dass es der Verwaltung auch möglich ist, in einem ertragsschwachen Geschäftsjahr gesetzlich nicht gebundene Gewinnrücklagen i. S. d. §§ 266 Abs. 3 A III Nr. 4, 272 Abs. 3 S. 2 HGB aufzulösen und damit einen Bilanzgewinn zu generieren, obwohl kein Jahresüberschuss erzielt wurde.[31] Der Bilanzgewinn sagt daher nichts über den wirtschaftlichen Erfolg der Gesellschaft aus. *Kropff* definiert den Bilanzgewinn demnach konsequent auch als „durch die Feststellung des Jahresabschlusses bestimmten Betrag, über dessen Verwendung die Hauptversammlung entscheidet“[32].

Nach diesem Überblick über den Begriff und die Bedeutung des Bilanzgewinns sind nunmehr Verfahren und Arten seiner Verwendung durch die Hauptversammlung darzustellen.

II. Verfahren und Arten der Gewinnverwendung

1) Verfahren der Gewinnverwendung

Der Gewinnverwendungsbeschluss ist wesentlicher Bestandteil einer jeden ordentlichen Hauptversammlung. Um bei dem oben eingeführten Bild zu bleiben, kann auch davon gesprochen werden, dass der Ausschüttungsbeschluss der Hauptversammlung der letzte Schritt auf der Brücke zwischen dem Vermögen der Gesellschaft und dem der Gesellschafter ist. Es kann daher nicht verwundern, dass das Aktiengesetz für den Gewinnverwendungsbeschluss strenge Verfahrensvorschriften vorsieht. Diese sind im Kern darauf

29 A.A. noch *Marsch*, S. 25 ff., m. w. N.

30 Vgl. BGHZ 55, 359, 360 ff.; *A/D/S*, § 58 Rn. 52 a. E.; *Lutter*, in: Kölner Komm. AktG, § 58 Rn. 30; *Hoffmann-Becking*, in: Mü. Hdb. GesR. AG § 46 Rn. 5; *Nauss*, AG 1967, S. 127, 129. A.A. *Eckardt*, NJW 1967, S. 369 ff.; *v. Gleichenstein*, BB 1966, S. 1047. Die von *Eckardt* und *v. Gleichenstein* vertretene Auffassung, aus dem Gesetz ergebe sich eine Höchstgrenze für die Bildung von Rücklagen durch die Verwaltung, hat sich nicht durchgesetzt. Das Gleiche gilt für die Ansicht, die Satzungsermächtigung sei analog § 254 AktG zu beschränken.

31 *Kropff*, in: Geßler/Hefermehl AktG Komm., § 174 Rn. 7.

32 In: Geßler/Hefermehl AktG Komm., § 174 Rn. 7.

gerichtet, eine zügige und der Höhe nach sachgerechte Ausschüttung der Dividende zu ermöglichen. So soll der Vorstand gemäß § 175 Abs. 1 S. 1 AktG unverzüglich nach Zugang des Aufsichtsratsberichts i. S. d. § 171 Abs. 2 AktG die ordentliche Hauptversammlung einberufen, die den festgestellten Jahresbericht und Lagebericht entgegen nimmt und über die Verwendung des Bilanzgewinns entscheidet.[33] Die Hauptversammlung hat gemäß § 175 Abs. 1 S. 2 AktG innerhalb der ersten acht Monate des Geschäftsjahrs stattzufinden. Gemäß § 175 Abs. 2 S. 1 AktG ist der Vorstand verpflichtet von der Einberufung an den Jahresabschluss, Lagebericht, Bericht des Aufsichtsrats und den eigenen Vorschlag zur Verwendung des Bilanzgewinns in den Geschäftsräumen der Gesellschaft zur Einsichtnahme auszulegen und gegebenenfalls Abschriften zu erteilen. In der Hauptversammlung selbst sind gemäß § 176 Abs. 1 S. 1 AktG die eben genannten Vorlagen ebenfalls zur Kenntnisnahme auszulegen. Zu Beginn der Hauptversammlung haben der Vorstand darüber hinaus gemäß § 176 Abs. 1 S. 2 AktG den Jahresabschluss, den Lagebericht sowie den Gewinnverwendungsvorschlag und der Vorsitzende des Aufsichtsrats den Bericht des Aufsichtsrats zu erläutern. Danach kommt es zur Beschlussfassung über die Gewinnverwendung.

Für die Beschlussfassung reicht gemäß § 133 Abs. 1 AktG die einfache Stimmenmehrheit aus, soweit nicht die Satzung etwas anderes bestimmt.[34] Alle stimmberechtigten Aktionäre können an der Beschlussfassung teilnehmen, unabhängig davon, ob ihnen für das betreffende Geschäftsjahr eine Dividende zusteht oder nicht.[35]

2) Arten der Gewinnverwendung

Die unterschiedlichen Gewinnverwendungsarten ergeben sich unmittelbar aus dem Gesetz. Die Hauptversammlung hat bei ihrer Beschlussfassung die Wahl, den Bilanzgewinn an die Aktionäre auszuschütten (§ 174 Abs. 2 Nr. 2 AktG), in Gewinnrücklagen einzustellen (§§ 58 Abs. 3 S. 1, 174 Abs. 2 Nr. 3 AktG), als Gewinn auf neue Rechnung vorzutragen (§§ 58 Abs. 3 S. 1, 174 Abs. 2 Nr. 4 AktG) oder, im Rahmen einer entsprechenden Satzungsermächtigung, anderweitig zu verwenden (§ 58 Abs. 3 S. 2 AktG).[36] Es ergeben sich demnach grundsätzlich vier denkbare Gewinnverwendungsarten, die beliebig miteinander kombiniert werden können, §§ 174 Abs. 2, 58 Abs. 3 AktG.[37]

---

33 Regelmäßig wird im Anschluss daran gem. § 120 Abs. 1 S. 1, Abs. 3 AktG über die Entlastung der Mitglieder von Vorstand und Aufsichtsrat entschieden, vgl. *Kropff*, in: Geßler/Hefermehl AktG Komm., § 175 Rn. 2.

34 *A/D/S*, § 174 Rn. 20; *Hüffer*, AktG, § 174 Rn. 4; *Hefermehl/Bungeroth*, in: Geßler/Hefermehl AktG Komm., § 58 Rn. 108; vgl. auch *Kropff*, S. 340.

35 *A/D/S*, § 174 Rn. 20; *Brönner*, in: Großkomm. AktG, § 174 Rn. 14.

36 Vgl. *Hoffmann-Becking*, in: Mü. Hdb. GesR, AG, § 46 Rn. 14; *Hüffer*, AktG, § 58 Rn. 22 ff.; *Henze*, in: Großkomm. AktG, § 58 Rn. 74; *Lutter*, in: Kölner Komm. AktG, § 58 Rn. 66.

37 BGHZ 124, 27, 31; *Hoffmann-Becking*, in: Mü. Hdb. GesR. AG § 46 Rn. 14; *A/D/S*, § 58 Rn. 110 ff.

Während diese Gewinnverwendungsarten grundsätzlich bei jedem Gewinnverwendungsbeschluss zulässig sind, können sich im Einzelfall gesetzliche oder statutarische Einschränkungen ergeben. Für die im Rahmen dieser Arbeit vor allem interessierende Ausschüttung und Thesaurierung des Bilanzgewinns sind insbesondere die folgenden Einschränkungen zu beachten:

(1) Einschränkungen hinsichtlich der Ausschüttung des Bilanzgewinns

Die Ausschüttung des Bilanzgewinns steht zwar im Vordergrund des Gewinnverwendungsbeschlusses der Hauptversammlung.[38] Dennoch macht bereits § 58 Abs. 4 AktG deutlich, dass Gesetz oder Satzung die Gewinnausschüttung ausschließen können. So wird die Gewinnausschüttung regelmäßig dann in der Satzung eingeschränkt, wenn die Gesellschaft in den Genuss der steuerlichen Vorzüge der Gemeinnützigkeit i. S. d. §§ 55 Abs. 1 Nr. 1 S. 2 , 59 AO gelangen soll.[39]

Aus Gründen des Gläubigerschutzes ist in Folge einer ordentlichen Kapitalherabsetzung nach § 225 Abs. 2 S. 1 AktG oder einer vereinfachten Kapitalherabsetzung nach §§ 230, 233 AktG die Ausschüttung des Bilanzgewinns eingeschränkt.[40] In diesen Fällen darf ein Bilanzgewinn erst ausgeschüttet werden, wenn die Gläubiger befriedigt sind und gegebenenfalls eine zusätzliche Schutzfrist abgelaufen ist. Einen Spezialfall regelt § 45 KWG. Danach ist die Bundesanstalt für Finanzdienstleistungsaufsicht ermächtigt, bestimmten Kreditinstituten die Ausschüttung einer Dividende zu untersagen.[41]

Darüber hinaus ist ein gegebenenfalls durch die Gewinnverwendung entstehender zusätzlicher Aufwand i.S.d. § 174 Abs. 2 Nr. 5 AktG zu berücksichtigen.[42] Dieser ist vom

---

38 *Henze*, in: Großkomm. AktG, § 58 Rn. 75 f.; *Hefermehl/Bungeroth*, in: Geßler/Hefermehl AktG Komm., § 58 Rn. 68 f.; *Lutter*, in: Kölner Komm. AktG, § 58 Rn. 67.

39 *Lutter*, in: Kölner Komm. AktG, § 58 Rn. 68; *A/D/S*, § 58 Rn. 130; *Henze*, in: Großkomm. AktG, § 58 Rn. 77. Fraglich erscheint allenfalls, ob die Satzung die Hauptversammlung zur Bildung von Rücklagen zwingen kann. Dies ist streitig: bejahend *A/D/S*, § 58 Rn. 134 ff.; *Henze*, in: Großkomm AktG, § 58 Rn. 84; *H. P. Müller*, WPg 1969, S. 245, 246; verneinend *Lutter*, in: Kölner Komm. AktG, § 58 Rn. 69; *Hefermehl/Bungeroth*, in: Geßler/Hefermehl § 58 Rn. 101; *Hoffmann-Becking*, in: Mü. Hdb. GesR. AktG § 46 Rn. 3.

40 *Lutter*, in: Kölner Komm. AktG § 58 Rn. 68; *Henze*, in: Großkomm. AktG, § 58 Rn. 76; *A/D/S*, § 58 Rn. 128.

41 *Lutter*, in: Kölner Komm. AktG § 58 Rn. 68; *A/D/S*, § 58 Rn. 129.

42 Ein „zusätzlicher Aufwand" i. S. d. § 174 Abs. 2 Nr. 5 AktG entstand nach altem Steuerrecht v. a. dann, wenn abweichend vom Vorschlag des Vorstandes im Gewinnverwendungsbeschluss weitere Beträge in Rücklagen eingestellt wurden. Grund hierfür war der gespaltene Körperschaftsteuersatz, der thesaurierte Gewinne höher als ausgeschüttete Gewinne besteuerte. Eine erhöhte Einstellung in Rücklagen oder ein erhöhter Gewinnvortrag führte daher zwingend zu einer erhöhten Körperschaftsteuerschuld. Da bei der Aufstellung des Jahresabschlusses gemäß § 278 HGB der Vorschlag des Vorstandes zur Gewinnverwendung für die Bildung der Steuerrückstellungen maßgeblich ist und gemäß § 174 Abs. 3 AktG der erhöhte Steueraufwand

Bilanzgewinn abzuziehen und einzubehalten und steht daher für die Ausschüttung nicht zur Verfügung.[43]

(2) Einschränkung hinsichtlich der Bildung weiterer Gewinnrücklagen

§ 58 Abs. 3 S. 1 AktG ermöglicht es der Hauptversammlung, weitere Gewinnrücklagen zu bilden, enthält jedoch keine Angaben darüber, bis zu welcher Höhe die Hauptversammlung den Bilanzgewinn in die Gewinnrücklage einstellen darf. Grundsätzlich wäre daher eine vollständige Thesaurierung des Bilanzgewinns durch die Hauptversammlung denkbar.[44] Eine mittelbare Einschränkung ergibt sich jedoch aus § 254 Abs. 1 AktG. Danach ist ein Hauptversammlungsbeschluss anfechtbar, wenn die Bildung weiterer Gewinnrücklagen durch die Hauptversammlung nach vernünftiger kaufmännischer Beurteilung nicht zwingend zur Sicherung des Unternehmens notwendig war und dadurch nur noch ein Gewinn von unter 4 % des Grundkapitals abzüglich noch nicht eingeforderter Einlagen verteilt werden kann.[45] Dabei sind nach § 254 Abs. 3 S. 3 AktG nur diejenigen Aktionäre zur Anfechtung berechtigt, deren Anteile zusammen 5 % des Grundkapitals oder einen Betrag von Euro 500.000,- erreichen.[46] § 254 AktG bietet daher für den Kleinaktionär praktisch keinen Schutz.

Darüber hinaus kann die Thesaurierung des Bilanzgewinns auch dann eingeschränkt sein, wenn auf der Grundlage von § 59 AktG bereits ein Abschlag auf die Dividende gezahlt wurde. In diesem Fall muss die Hauptversammlung einen entsprechenden Betrag im Gewinnverwendungsbeschluss vorsehen, mit dem der gezahlte Abschlag auszugleichen ist.[47] In Höhe dieses Betrags können keine weiteren Rücklagen gebildet werden. Schließlich ist wiederum der Teil des Bilanzgewinns von der Thesaurierung ausgeschlossen, der zur Deckung des zusätzlichen Aufwands i. S. d. § 174 Abs. 2 Nr. 5 AktG benötigt wird.[48]

---

nicht nachträglich in dem Jahresabschluss berücksichtigt werden kann, verblieb nur die Möglichkeit, einen „zusätzlichen Aufwand" mit dem Bilanzgewinn zu verrechnen.

43 Vgl. statt aller: *Lutter*, in: Kölner Komm. AktG, § 58 Rn. 72. Insoweit haben bereits *Jähring*, DB 1968, S. 1589 und *Frey*, DB 1968, S. 275, 276 f. darauf hingewiesen, dass aufgrund der Berücksichtigung des zusätzlichen Aufwands der Hauptversammlung tatsächlich nicht 50 % des Bilanzgewinns zur Thesaurierung zur Verfügung stehen. Nach dem Wegfall der unterschiedlichen Besteuerung von ausgeschütteten und thesaurierten Gewinnen wird diese Einschränkung erheblich an Bedeutung verlieren.

44 *Henze*, in: Großkomm. AktG, § 58 Rn. 79; *Lutter*, in: Kölner Komm. AktG, § 58 Rn. 70.

45 Hierdurch soll ein „Aushungern" der außenstehenden Aktionäre verhindert werden, vgl. *Kropff*, S. 340; *Hüffer*, AktG, § 254 Rn. 1; *Jährig*, DB 1967, S. 1589, 1590.

46 *Henze*, in: Großkomm. AktG, § 58 Rn. 79.

47 Statt aller *Lutter* in: Kölner Komm. AktG, § 58 Rn. 70.

48 *Lutter*, in: Kölner Komm. AktG, § 58 Rn. 68.

Abgesehen von den genannten gesetzlichen Thesaurierungsbeschränkungen kann schließlich in der Satzung die Bildung weitere Rücklagen ausgeschlossen werden.[49]

III. Zusammenfassung

Das Gewinnbeteiligungsrecht des Aktionärs knüpft am Bilanzgewinn der Gesellschaft an. Dieser ist nicht gleichbedeutend mit dem Jahresüberschuss der Gesellschaft. Er stellt vielmehr den Betrag dar, dessen Verwendung die Verwaltung aufgrund der gesetzlichen und statutarischen Vorgaben in Ausübung ihres Feststellungsermessens der Hauptversammlung überlässt.

Das Verfahren der Gewinnverwendung ist darauf ausgerichtet, eine zügige und sachgerechte Beschlussfassung und gegebenenfalls Ausschüttung einer Dividende an die Gesellschafter zu ermöglichen. Die Hauptversammlung hat nach § 174 Abs. 2 AktG grundsätzlich vier Gewinnverwendungsarten zur Auswahl. Im Mittelpunkt der Gewinnverwendung stehen jedoch regelmäßig die Thesaurierung und die Ausschüttung des Bilanzgewinns. Hinsichtlich beider Gewinnverwendungsarten sind unter Umständen gesetzliche bzw. statutarische Beschränkungen zu beachten.

Im nachfolgenden Kapitel erfolgt eine nähere Auseinandersetzung mit der Entwicklung des Gewinnbeteiligungsrechts des Aktionärs. Im Kern geht es dabei um die Frage, ob und wenn ja wie sich das Gewinnbeteiligungsrecht des Aktionärs in unterschiedliche Rechte differenzieren lässt.

---

49 Unstr., vgl. *Lutter,* in: Kölner Komm. AktG, § 58 Rn. 69; *Hefermehl/Bungeroth,* in: Geßler/Hefermehl AktG Komm., § 58 Rn. 103.

2. Kapitel: Das Recht des Gesellschafters auf Gewinnbeteiligung

Das Recht auf Gewinnbeteiligung wurde im vorangehenden 1. Kapitel als (Haupt-)[1] Vermögensrecht des Aktionärs bezeichnet. Inhalt und Struktur dieser Rechtsposition sind damit aber nur unzureichend beschrieben. Die Frage, ob und wie das Gewinnbeteiligungsrecht weiter untergliedert werden kann, ist für die Gestaltung einer einzelfallbezogenen disquotalen Gewinnausschüttung von Bedeutung. Insbesondere für Zulässigkeit und Rechtsfolgen der Verzichtserklärung des Gesellschafters auf das Gewinnbeteiligungsrecht wird – soviel kann an dieser Stelle vorweggenommen werden – entscheidend sein, auf welches Recht sich die Verzichtserklärung im Einzelnen bezieht. Daher ist zunächst herauszuarbeiten, wie sich das Gewinnbeteiligungsrecht entwickelt sowie ob und gegebenenfalls wie es sich untergliedern lässt.

A. Vorbemerkung

Nach heute allgemeiner Meinung kann das Recht des Aktionärs auf Gewinnbeteiligung grundsätzlich in ein mitgliedschaftliches Gewinnbezugsrecht[2] und einen schuldrechtlichen Dividendenanspruch aufgeteilt werden.[3] Für die Aktiengesellschaft ist dabei weitgehend unstreitig, dass der Gewinnverwendungsbeschluss für den schuldrechtlichen Dividendenanspruch konstitutive Wirkung hat.[4] Umstritten ist lediglich, ob das mitgliedschaftliche Gewinnbeteiligungsrecht eine einheitliche Rechtsposition darstellt oder wiederum in zwei (Unter-) Kategorien gegliedert werden kann. Daher soll zunächst das mitgliedschaftliche Gewinnbeteiligungsrecht näher untersucht werden.

---

1 Mitgliedschaftsrechte werden zuweilen in Haupt- und Hilfsrechte unterteilt. Als Hilfsrechte werden dabei all jene Rechtspositionen bezeichnet, die lediglich der Durchsetzung der Hauptrechte dienen, vgl. *Brändel*, in: Großkomm. AktG, § 11 Rn. 10.

2 Der Begriff Gewinnbezugsrecht wird in der Folge mit dem Begriff Gewinnbeteiligungsrecht gleichbedeutend behandelt.

3 Vgl. *Henze*, in: Großkomm. AktG, § 58 Rn. 93. A. A. soweit ersichtlich allein *Coenen*, DB 1958, S. 328, 331 ff., der auch den Anspruch auf Auszahlung der Dividende zu den mitgliedschaftlichen Rechten zählt.

4 Vgl. hier nur *Henze*, in: Großkomm. AktG, § 58 Rn. 93, näheres sogleich unter C.; zur Rechtslage bei der GmbH vgl. die eingehende Untersuchung von *M. Arnold*, Gewinnauszahlungsanspruch, Kap. 5, sowie *Hommelhoff*, in: FS für Heinz Rowedder (1994), S. 171 ff.; *Renkel*, DB 1986, S. 1108 ff.; *Gehrlein*, DB 1998, S. 2355 ff.; *Ebenroth*, EWiR, § 29 GmbHG 1/89, 267; *Sudhoff*, GmbHR 1961, S. 118 ff.; *Saljie*, NZG 1998, S. 985.

B. Mitgliedschaftliches Gewinnbeteiligungsrecht

In Literatur und Rechtsprechung ergibt sich hinsichtlich der Frage, ob das mitgliedschaftliche Gewinnbeteiligungsrecht weiter untergliedert werden kann, kein einheitliches Bild. Die Äußerungen hierzu sind kontrovers und nicht immer eindeutig. Im Folgenden wird zuerst ein Überblick über den Meinungsstand gegeben (I). Im Anschluss daran soll ein eigener Begründungsansatz dafür entwickelt werden, dass sich das mitgliedschaftliche Gewinnbeteiligungsrecht in ein allgemeines „Stamm-“ und ein konkretes „Zweigrecht“ untergliedern lässt (II).

I. Meinungsstand

1) Literatur

In der Literatur spricht sich vor allem *Lutter* für eine Untergliederung des mitgliedschaftlichen Gewinnbeteiligungsrechts aus. Nach seiner Ansicht lässt sich aus § 58 Abs. 4 AktG zum einen der allgemeine mitgliedschaftliche Anspruch auf Gewinnbeteiligung, der grundsätzlich mit der Mitgliedschaft entstehe und für ihre Dauer existiere, ableiten. Zum anderen würde sich mit der Feststellung eines Bilanzgewinns im Jahresabschluss ein konkreter mitgliedschaftlicher Anspruch auf Ausschüttung desselben ergeben.[5] Dieser Anspruch sei – so wird von *Lutter* ausdrücklich betont – vom schuldrechtlichen Dividendenanspruch zu differenzieren.

Demgegenüber wird vor allem von *M. Arnold* die Auffassung vertreten, das mitgliedschaftliche Gewinnbeteiligungsrecht lasse sich nicht weiter untergliedern. Seiner Ansicht nach beschreibt die Unterscheidung zwischen einem allgemeinen und einem konkreten Recht auf Gewinnbeteiligung lediglich „unterschiedliche Phasen zunehmender Konkretisierung des Dividendenrechts“[6]. Eine weitere Kategorie von mitgliedschaftlichen Gewinnansprüchen ergebe nur dann Sinn, wenn ihr eine konkrete Anspruchsposition zukommen würde, die unter Umständen übertragbar sei. Dies sei jedoch in der Phase zwischen Feststellung des Jahresabschlusses und Gewinnverwendungsbeschluss nicht der Fall. Das Gewinnbezugsrecht verdichte sich lediglich in Richtung auf den Zahlungsanspruch und bleibe ansonsten ein nicht abspaltbarer Bestandteil des Mitgliedschaftsrechts. Die Feststellung des Jahresabschlusses brächte insoweit allein die Erkenntnis hervor, ob die Beteiligung einen Wertzuwachs erfahren habe. Schließlich könne eine Untergliede-

5 *Lutter*, in: Kölner Komm. AktG, § 58 Rn. 80. Eine ähnliche Aufteilung findet sich für das Schweizer Recht bereits bei *Kaufmann*, Das Recht auf Dividende, S. 16 f., der jedoch von einem allgemeinen mitgliedschaftlichen Recht auf Gewinn und „gewinnstrebige“ Geschäftsführung ausgeht. Ein Recht auf Gewinnerzielung wird demgegenüber für das deutsche Recht nach h. A. abgelehnt, vgl. *Lutter*, in: Kölner Komm. AktG, § 58 Rn. 83.

6 *M. Arnold*, Gewinnauszahlungsanspruch, S. 19 f.

rung des mitgliedschaftlichen Gewinnbeteiligungsrechts auch nicht darauf gestützt werden, dass mit der Feststellung des Jahresabschlusses für den Aktionär ein Anwartschaftsrecht auf die Dividende entstehe. Eine rechtlich gesicherte Erwerbsposition scheide schon deshalb aus, weil es die Hauptversammlungsmehrheit in der Hand habe, den Bilanzgewinn vollständig zu thesaurieren.[7]

Andere Stimmen in der aktienrechtlichen Literatur äußern sich gegenwärtig nicht eindeutig zu der Frage, ob das mitgliedschaftliche Gewinnbeteiligungsrecht weiter zu untergliedern ist.

Sowohl *Hefermehl/Bungeroth* als auch *Adler/Düring/Schmaltz* gehen zwar davon aus, dass der „Gewinnbeteiligungsanspruch" mit der Feststellung des Jahresabschlusses entsteht.[8] Weder *Hefermehl/Bungeroth* noch *Adler/Düring/Schmaltz* treffen jedoch weitere Aussagen dazu, ob dieser „Gewinnbeteiligungsanspruch" letztlich allein eine Ausprägung des allgemeinen Mitgliedschaftsrechts oder eine eigene (Unter-) Kategorie desselben ist.

Hüffer entnimmt aus § 58 Abs. 4 AktG einen „mitgliedschaftlichen Gewinnanspruch", der seine Rechtsgrundlage in der Mitgliedschaft habe und mit der Feststellung des einen Bilanzgewinn ausweisenden Jahresabschlusses entstehe.[9] Diese Formulierung könnte zunächst so verstanden werden, dass *Hüffer* zu einer Untergliederung des mitgliedschaftlichen Gewinnbeteiligungsrechts tendiert. In anderem Zusammenhang spricht *Hüffer* jedoch davon, dass sich das mitgliedschaftliche Gewinnbeteiligungsrecht verdichte, sobald der Jahresabschluss festgestellt sei.[10] Demnach erscheint es auch denkbar, dass *Hüffer* nur von einer Fortentwicklung einer einheitlichen Rechtsposition ausgeht.

Henze wiederum weist zwar darauf hin, dass *Lutter* das mitgliedschaftliche Gewinnbeteiligungsrecht wie dargestellt untergliedert, nimmt dazu jedoch nicht weiter Stellung. *Henze* selbst geht davon aus, dass sich das mitgliedschaftliche Gewinnbeteiligungsrecht des Aktionärs mit der Feststellung des Jahresabschlusses „konkretisiere" bzw. „aktualisiere".[11] An anderer Stelle seiner Kommentierung heißt es hingegen, dass der Anspruch des einzelnen Aktionärs auf den Bilanzgewinn noch nicht entstanden sei, bevor nicht ein ordnungsgemäßer Jahresabschluss vorliege, der einen Bilanzgewinn ausweise.[12] Demnach ist ebenso wie bei den vorgenannten Autoren unklar, ob *Henze* im Ergebnis für eine Untergliederung des mitgliedschaftlichen Gewinnbeteiligungsrechts eintritt.

Wenn auch den vorstehend genannten Kommentierungen keine ausdrückliche Aussage zur Untergliederung des mitgliedschaftlichen Gewinnbeteiligungsrechts zu entnehmen ist, so ist gleichwohl auszuschließen, dass die jeweiligen Autoren die Existenz des allgemeinen mitgliedschaftlichen Gewinnbeteiligungsrecht von der Feststellung des Jahresab-

---

7 *M. Arnold,* Gewinnauszahlungsanspruch, S. 118 ff.

8 *Hefermehl/Bungeroth,* in: Geßler/Hefermehl Komm. AktG, § 58 Rn. 116; *A/D/S,* § 58 Rn. 140.

9 *Hüffer,* AktG, § 58 Rn. 26.

10 *Hüffer,* in: MüKo AktG, § 254 Rn. 8.

11 *Henze,* in: Großkomm. AktG, § 58 Rn. 85.

12 *Henze,* in: Großkomm. AktG, § 58 Rn. 92.

schlusses abhängig machen wollen. Sämtliche Autoren stimmen mit der herrschenden Meinung darin überein, dass Mitgliedschaftsrechte und damit auch das mitgliedschaftliche Recht auf Gewinnbeteiligung mit dem Erwerb der Mitgliedschaft entstehen.[13] Soweit die Autoren demnach darauf verweisen, mit der Feststellung des Jahresabschlusses „entstehe“, „existiere“ oder „konkretisiere“ sich das mitgliedschaftliche Gewinnbeteiligungsrecht, könnte dies daher als Hinweis dafür verstanden werden, dass auch sie das mitgliedschaftliche Gewinnbeteiligungsrecht weiter untergliedern. Letztlich bieten jedoch die eben dargestellten Kommentierungen keine ausreichende Grundlage für einen solchen Schluss.

2) Rechtsprechung

Auch in der Rechtsprechung waren die Aussagen zum mitgliedschaftlichen Gewinnbeteiligungsrecht lange Zeit nicht eindeutig.

In BGHZ 7, 263 ff.[14] bezeichnet der BGH das Gewinnbeteiligungsrecht lediglich als rein mitgliedschaftliches Recht. Aussagen zu einer Untergliederung finden sich in dem Urteil nicht. Auch in BGHZ 23, 150 ff.[15] wird der Gewinnanspruch als mitgliedschaftliches Recht eingeordnet. Dieses werde nach § 52 AktG (1937) durch die Feststellung der Jahresbilanz begründet und sei vor Eingriffen durch die Hauptversammlungsmehrheit besonders geschützt.[16] Ob der BGH von einer Untergliederung des mitgliedschaftlichen Gewinnbeteiligungsrechts ausgeht, lässt sich dem Urteil nicht entnehmen. In BGHZ 65, 230 ff. bestätigte der BGH seine Auffassung, dass das mitgliedschaftliche Gewinnbeteiligungsrecht mit der Feststellung des Jahresabschlusses entstehe. Auf die Frage, ob dieses mitgliedschaftliche Recht nach Ansicht des BGH weiter untergliedert werden könne, geht das Urteil wiederum nicht ein.[17] Erst in der Entscheidung BGHZ 124, 27 ff. befasst sich der BGH genauer mit der Rechtsposition des Aktionärs nach der Feststellung des Jahresabschlusses und bezeichnet diese als konkretes mitgliedschaftliches Gewinnbeteiligungsrecht.[18] In einem nachfolgenden Urteil heißt es darüber hinaus, mit der Feststellung des Jahresabschlusses entstehe der aus dem Stammrecht resultierende Gewinnanspruch der Gesellschafter.[19] Vollends klar wurde die Haltung des BGH schließlich in der sogenannten „Tomberger“-Entscheidung. Hierin schließt sich der BGH ausdrücklich der Auffas-

---

13 Vgl. *Hüffer,* in: MüKo AktG, § 254 Rn. 8; *Hefermehl/Bungeroth,* in: Geßler/Hefermehl AktG Komm., § 58 Rn. 116; vgl. auch *Henze,* in: Großkomm. AktG, § 58 Rn. 86; *Brändel,* in: Großkomm. AktG, § 11 Rn. 7; *Habersack,* Die Mitgliedschaft, S. 86 f.; *Kraft,* in: Kölner Komm. AktG, § 11 Rn. 11.

14 Noch zum AktG 1937.

15 Ebenfalls zum AktG 1937.

16 Zu den Einzelheiten dieser Entscheidung noch später, vgl. unten II.2.b.

17 Vgl. z. B. BGHZ 65, 230, 235.

18 Vgl. BGHZ 124, 27, 31 entspricht BGH NJW 1994, S. 323, 325.

19 BGH NJW 1998, S. 1314.

sung an, dass in § 58 Abs. 4 AktG und § 29 GmbHG zu differenzieren sei zwischen dem allgemeinen mitgliedschaftlichen Anspruch auf Bilanzgewinn, dem mit dem festgestellten Jahresabschluss entstehenden Anspruch auf Ausschüttung des Bilanzgewinns und dem Dividendenanspruch, der auf dem Gewinnverwendungsbeschluss beruht[20]. Damit übernimmt der BGH die von *Lutter* eingeführte Untergliederung des mitgliedschaftlichen Gewinnbeteiligungsrechts.[21] Der BGH bezeiht sich in der „Tomberger"-Entscheidung ausdrücklich auf die Entscheidung BGHZ 65, 230 ff. und macht damit auch deutlich, dass er seine bisherige Rechtsprechung in diesem Sinne verstanden wissen will.

3) Zusammenfassung

Als Zwischenergebnis lässt sich festhalten, dass sich *Lutter* und der BGH eindeutig für eine Untergliederung des mitgliedschaftlichen Gewinnbeteiligungsrechts aussprechen. Gleichzeitig ist jedoch auch festzustellen, dass dies jeweils nicht näher begründet wird. Demgegenüber spricht sich ein Großteil der aktienrechtlichen Kommentarliteratur weder klar für noch gegen eine entsprechende Untergliederung aus. Allein *M. Arnold* bezieht eine eindeutige Position gegen die Auffassung von *Lutter*. Vor diesem Hintergrund soll im Folgenden ein eigener Begründungsansatz für die Untergliederung des mitgliedschaftlichen Gewinnbeteiligungsrechts entwickelt werden.

II. Begründung einer Untergliederung des mitgliedschaftlichen Gewinnbeteiligungsrechts

1) Vorbemerkung

Wie *M. Arnold* zutreffend festgestellt hat, ist die Möglichkeit einer weiteren Untergliederung davon abhängig, dass der dabei entstehenden (Unter-) Kategorie des mitgliedschaftlichen Gewinnbeteiligungsrechts eine konkrete Anspruchsposition zukommt.[22] Der Inhalt dieser Anspruchsposition müsste sich von dem des allgemeinen mitgliedschaftlichen Gewinnbeteiligungsrecht abgrenzen lassen. Im Kern geht es dabei um die Frage, ob sich die Rechtsposition des Aktionärs mit der Feststellung des Bilanzgewinns im Jahresabschluss so weit verändert, dass zwischen einem allgemeinen mitgliedschaftlichen Gewinnbeteili-

---

20 BGHZ 137, 378, 381.

21 A. A. wohl *M. Arnold*, Gewinnauszahlungsanspruch, S. 20, der die Auffassung vertritt, dass der BGH nicht von einer eigenständigen Unterkategorie des mitgliedschaftlichen Gewinnbeteiligungsrechts ausgeht. Dies lässt sich nur schwer mit dem eben zitierten Wortlaut der „Tomberger"-Entscheidung in Einklang bringen.

22 Auf die Ansicht von *M. Arnold*, Gewinnauszahlungsanspruch, S. 19, dass eine Anspruchsposition nur dann Sinn ergebe, wenn sie übertragbar sei, ist noch an späterer Stelle einzugehen.

gungsrecht (Stammrecht) und einem auf den Bilanzgewinn bezogenen, konkreten mitgliedschaftlichen Gewinnbeteiligungsrecht (Zweigrecht) unterschieden werden kann.[23]

Um diese Frage zu beantworten, sollen zunächst Bedeutung und Inhalt der Rechtsposition des Aktionärs zwischen der Feststellung des Jahresabschlusses und dem Gewinnverwendungsbeschluss in ihrer rechtsgeschichtlichen Entwicklung herausgearbeitet werden (2). Danach wird diese Rechtsposition mit dem allgemeinen mitgliedschaftlichen Gewinnbeteiligungsrecht, wie es beim Erwerb der Mitgliedschaft entsteht, verglichen (3).

2) Bedeutung und Inhalt des mitgliedschaftlichen Rechts auf Gewinnausschüttung

(1) Nach der Aktienrechtsreform von 1931

Bevor das Aktienrecht aus dem HGB herausgenommen und in einem eigenständigen Gesetz, dem AktG 1937, geregelt wurde, erörterte die aktienrechtliche Literatur die Rechtsposition des Aktionärs zwischen der Feststellung des Jahresabschlusses und dem Gewinnverwendungsbeschluss nicht. Über Inhalt und Struktur des mitgliedschaftlichen Gewinnbeteiligungsrechts fand keine Diskussion statt.[24] Es wurde allein zwischen dem mitgliedschaftlichen Recht auf Gewinnbeteiligung und dem schuldrechtlichen Anspruch auf Dividendenzahlung differenziert.[25] Der Grund dafür ist zumindest für die Zeit von 1931 bis 1937 in dem Verfahren der Gewinnfeststellung und Gewinnverwendung zu sehen. Im Zuge der Aktienrechtsreform von 1931[26] wurde im damaligen § 260 Abs. 1 HGB die Kompetenz sowohl für die Feststellung des Jahresabschlusses als auch für die Beschlussfassung über die Gewinnverwendung der Hauptversammlung zugewiesen.[27] In der

23 Eine Untergliederung in Haupt- und Hilfsrecht würde in die Irre führen, da die nach der Feststellung eines Bilanzgewinns entstehende Rechtsposition nach der herrschenden Terminologie ein Hauptrecht darstellt, vgl. statt aller *Brändel*, in: Großkomm. AktG, § 11 Rn. 10. *Knur*, DB 1954, S. 544, verwendet hinsichtlich der Entwicklung der Rechtsposition die Begriffe „Stamm-" und „Zweigrechte"; ebenso *Habersack*, Die Mitgliedschaft, S. 86 f. Aus dem Zusammenhang ergibt sich, dass bei beiden das mitgliedschaftliche Recht als Stammrecht und der schuldrechtliche Anspruch als Zweigrecht verstanden wird. M. E. spricht nichts dagegen, diese Terminologie auch unter den mitgliedschaftlichen Gewinnrechten zur Beschreibung des Verhältnisses der jeweiligen Rechtspositionen zu verwenden.

24 In der älteren aktienrechtlichen Literatur war hingegen umstritten, ob es sich bei dem mitgliedschaftlichen Gewinnbeteiligungsrecht um ein Sonderrecht i. S. d. § 35 BGB handelt, vgl. *Egger*, Das Dividendenbezugsrecht, S. 239 ff; *Carthaser*, Anrecht des Aktionärs auf Dividende, S. 5 ff.; *K. Arnold*, Das Recht auf die Dividende der Aktiengesellschaft, S. 19 ff.

25 *Flechtheim*, in: Düringer/Hachenburg HGB Komm., § 213 Anm. 14; *Pinner*, in: Staub HGB Komm., § 213 Anm. 9 und 12; *Brodmann*, § 213 Anm. 5. a).

26 Vom 19. September 1931 (RGBl. I, S. 493).

27 *Coenen*, DB 1958, S. 328; *Hefermehl/Bungeroth*, in: Geßler/Hefermehl AktG Komm., § 58 Rn. 3. Zuvor war zwar gemäß § 239 b ADHGB die Bilanz durch die Generalversammlung zu

Praxis wurde daher regelmäßig in einem Hauptversammlungsbeschluss sowohl der Jahresabschluss festgestellt als auch über die Gewinnverwendung entschieden.[28] Wohl wegen dieses zeitlichen Konnexes von Feststellung des Jahresabschlusses und Beschlussfassung über die Gewinnverwendung war die Rechtsposition des Gesellschafters für die Zeit zwischen diesen beiden Entscheidungen nicht Gegenstand juristischer Diskussion.

(2) Nach dem In-Kraft-Treten des AktG 1937

Das AktG 1937 veränderte das Recht der Gewinnverwendung wesentlich. Gemäß § 125 AktG 1937 stellten nunmehr Vorstand und Aufsichtsrat gemeinsam den Jahresabschluss fest. Die Gewinnverwendungskompetenz verblieb hingegen gemäß § 126 Abs. 1 AktG 1937 bei der Hauptversammlung. Im Gegensatz zum früheren Recht waren nach § 131 Abs. 2 AktG 1937 die Rücklagen bereits bei der Feststellung des Jahresabschlusses und damit ebenfalls von der Verwaltung zu bilden. Vorstand und Aufsichtsrat waren ohne Einschränkungen befugt, über die gesetzlichen Rücklagen hinaus „andere" freie Rücklagen zu dotieren.[29] Die von der Verwaltung gebildeten Rücklagen konnten gemäß § 126 Abs. 3 S. 1 AktG 1937 von der Hauptversammlung nicht mehr gekürzt werden.[30] Gemäß § 126 Abs. 3 S. 1 AktG 1937 konnte die Hauptversammlung nur noch über die Verwendung des im Jahresabschluss ausgewiesenen Reingewinns[31] beschließen.[32] Damit war das Recht der Aktionäre, an dem wirtschaftlichen Erfolg der Gesellschaft teilzuhaben, de facto in das Ermessen der Verwaltung gestellt.[33]

Schließlich sah § 126 Abs. 3 S. 2 AktG 1937 vor, dass die Hauptversammlung den Reingewinn „ganz oder teilweise von der Verteilung ausschließen" konnte. Nach § 52 S. 1 HS. 2 AktG 1937 hatten die Aktionäre während des Bestehens der Gesellschaft nur

---

genehmigen, streitig war jedoch, ob abweichende Satzungsregeln zulässig seien, vgl. *Kronstein/Claussen*, S. 121 f. m. w. N.

28 *Coenen*, DB 1958, S. 328.

29 *Döllerer*, in: FS für Geßler (1970), S. 93 ff; *Fischer*, in: Großkomm. AktG (2. Aufl.), § 52 Anm. 21.

30 *Schlegelberger/Quassowski* AktG Komm., § 52 Anm. 10; *Döllerer*, in: FS für Geßler (1970), S. 93 ff.

31 Der Begriff „Reingewinn" wurde im Rahmen des Aktiengesetzes 1965 durch den des Bilanzgewinns ersetzt, vgl. *Döllerer*, in: FS für Geßler (1970), S. 93, 96 m. w. N.

32 *Fischer*, in: Großkomm. AktG (2. Aufl.), § 52 Anm. 24.

33 BGHZ 23, 150, 157; *Marsch*, S. 18; *Kronstein/Claussen*, S. 122; dieser Befund führte im Rahmen der Aktienrechtsreform 1965 zur intensiven Erörterung der Rechtsstellung des Aktionärs. Die These, die Rechte der Aktionäre müssten bei der Gewinnverwendung bessere Berücksichtigung erfahren, da diese „Eigentümer der Aktiengesellschaft" seien, war Anlass für kontroverse Diskussionen und bestimmte die Neuregelung der Gewinnermittlung und Gewinnverwendung innerhalb der Aktiengesellschaft. Zu den unterschiedlichen Positionen vgl. nur *Hengeler/Kreifels*, S. 11, 15 ff. und *Strauß*, S. 15, 16.

Anspruch auf den Reingewinn, „soweit er nicht nach Gesetz oder Satzung von der Verteilung ausgeschlossen" war. Aufgrund der als gegensätzlich empfundenen Formulierungen von § 52 S. 1 HS. 2 und § 126 Abs. 3 S. 2 AktG 1937 war zunächst heftig umstritten, ob die Hauptversammlung auch ohne eine entsprechende Satzungsermächtigung befugt ist, den Bilanzgewinn anderweitig zu verwenden.[34] Letztlich ging es dabei um die Frage, ob die Aktionäre in den Grenzen des § 52 S. 1 HS. 2 AktG 1937 einen mitgliedschaftlichen Anspruch auf den im Jahresabschluss festgestellten Reingewinn hatten, der zumindest durch einfachen Hauptversammlungsbeschluss nicht mehr ausgeschlossen werden konnte.

In diesem Zusammenhang wurde – soweit ersichtlich – zum ersten Mal die rechtliche Position des Aktionärs zwischen Feststellung des Jahresabschlusses und Beschlussfassung über die Gewinnverwendung vom BGH näher untersucht.

Der BGH nimmt in dem bereits erwähnten Urteil vom 24. Januar 1957[35] zum Verhältnis von § 52 S. 1 HS. 2 und § 126 Abs. 3 S. 2 AktG 1937 Stellung. In dem der Entscheidung zugrunde liegenden Fall hatte die Verwaltung der Hauptversammlung vorgeschlagen, bei der Gewinnverwendung Rücklagen zu bilden. Die Satzung der Gesellschaft räumte der Hauptversammlung keine entsprechende Befugnis ein. Die Hauptversammlung folgte dennoch dem Vorschlag der Verwaltung. Gegen diesen Beschluss erhoben einige Aktionäre Anfechtungsklage. Der Hauptversammlungsbeschluss wurde in erster Instanz für nichtig erklärt. Berufung und Revision hatten keinen Erfolg. Das Berufungsgericht führte aus, die Hauptversammlung sei zwar grundsätzlich auch ohne Satzungsbefugnis berechtigt, das mitgliedschaftliche Recht der Aktionäre auf Ausschüttung des Bilanzgewinns auszuschließen. Im vorliegenden Fall stehe jedoch eine Satzungsbestimmung dem entsprechenden Hauptversammlungsbeschluss entgegen. Die Revision war der Meinung, die Anfechtungsklage sei ein Missbrauch formalen Rechts, da die Verwaltung den bereits festgestellten Jahresabschluss jederzeit hätte ändern können.[36]

Der *II. Zivilsenat* wendet sich in seinem Urteil gegen beide Auffassungen. Zum einen macht er deutlich, dass ein festgestellter Jahresabschluss von der Verwaltung nicht willkürlich geändert werden könne.[37] Zum anderen spricht er der Hauptversammlung die Befugnis ab, ohne entsprechende Satzungsermächtigung den im festgestellten Jahresabschluss ausgewiesenen Reingewinn von der Ausschüttung an die Aktionäre auszuschließen.[38] An dieser Stelle setzt er sich mit der Rechtsstellung des Aktionärs zwischen der Feststellung des Jahresabschlusses und dem Gewinnverwendungsbeschluss auseinander. Hierzu führt der *II. Zivilsenat* aus: „Die Bestimmung des § 126 Abs. 3 S. 2 AktG, dass die Hauptversammlung den Reingewinn ganz oder teilweise von der Verteilung ausschließen

---

34 Vgl. die eingehende Darstellung des Streits bei *Fischer*, in: Großkomm. AktG (2. Aufl.), § 52 Anm. 26, sowie *v. Godin*, ZHR 104 (1937), S. 267, 269 ff.

35 BGHZ 23, 150 ff.

36 BGHZ 23, 150, 151 f.

37 Zu der Frage der Zulässigkeit und Grenzen der Änderung von Jahresabschlüssen, vgl. auch *W. Müller*, in: FS für Quack (1991), S. 359 ff.

38 BGHZ 23, 150, 154.

darf, kann nicht ohne Rücksicht auf den Grundsatz gelesen werden, dass die Aktionäre Anspruch auf den sich aus der Jahresbilanz ergebenden Reingewinn haben, soweit er nicht nach Gesetz oder Satzung von der Verteilung ausgeschlossen worden ist (§ 52 AktG). Dieser Anspruch ist zunächst mitgliedschaftlicher Art und wandelt sich erst mit dem Gewinnverteilungsbeschluss in ein Gläubigerrecht um, das dem einzelnen Aktionär nur noch mit seiner Zustimmung genommen werden kann. Aber schon vor dieser Umwandlung erfordert ein Eingriff in den Gewinnanspruch die Zustimmung aller Gesellschafter, da § 52 AktG *den durch die festgestellte Jahresbilanz begründeten Gewinnanspruch*[39] als ein unentziehbares Recht ausgestaltet hat und lediglich denjenigen Gewinn von der Verteilung ausschließt, der nach Gesetz oder Satzung nicht ausgeschüttet werden darf"[40].

An anderer Stelle knüpft der *II. Senat* an die Feststellungskompetenz der Verwaltung an und führt weiter aus: „Das Aktiengesetz hat es in die Hand von Vorstand und Aufsichtsrat gelegt, den Jahresabschluss festzustellen, also auch Abschreibungen, Wertberichtigungen, Rücklagen und Rückstellungen vorzunehmen, ohne dass die Aktionäre hiergegen etwas unternehmen können. Damit hat das Aktiengesetz aber auch für den Fall, dass die Ausweisung eines Reingewinns vertretbar ist, es in die Hand der Verwaltung gelegt, den mitgliedschaftlichen Gewinnanspruch der Aktionäre *zur Entstehung zu bringen*[41]. Ist dies geschehen, so können Aktionäre nur einstimmig auf die Berücksichtigung dieses Anspruchs verzichten"[42].

Die wesentliche Bedeutung des Urteils liegt darin, dass dem Gesellschafter sein mitgliedschaftliches Gewinnrecht nach der Feststellung eines Bilanzgewinns von der Hauptversammlung nicht ohne statutarische Ermächtigung entzogen werden kann.[43] Indem der *II. Zivilsenat* davon ausgeht, dass mit der Feststellung des Jahresabschlusses ein unantastbares mitgliedschaftliches Recht auf Gewinnbeteiligung entsteht, erkennt er an, dass der Jahresabschluss nicht nur für die Bezifferung des Reingewinns und damit der Maximalausschüttung bedeutend ist. Vielmehr wird die Rechtsposition des Gesellschafters mit der Feststellung des Jahresabschlusses gestärkt. Die Verwaltung bleibt zwar im Falle gewichtiger gesellschaftsrechtlicher oder steuerlicher Gründe befugt, den Jahresabschluss zu ändern. Die Hauptversammlung hingegen ist nur aufgrund ausdrücklicher Satzungsregelung in der Lage, in den Gewinnanspruch des Aktionärs einzugreifen. Damit kommt deutlich zum Ausdruck, dass die Rechtsposition des Aktionärs mit der Feststellung des Jahresabschlusses eine qualitative Veränderung erfährt.

Über diese – im Mittelpunkt der Entscheidung stehende – Aussage hinaus enthält das Urteil indirekt auch Anhaltspunkte über den Inhalt der Rechtsposition des Aktionärs nach

---

39 Hervorhebung durch den Verfasser.

40 BGHZ 23, 150, 154.

41 Hervorhebung durch den Verfasser.

42 BGHZ 23, 150, 157.

43 *Hefermehl,* MDR 1957, S. 417 f.; *Braunsbehrens,* AG 1957, S. 90 f.; *Beisel,* AG 1957, S. 182 ff. mit einschränkender Zustimmung.

der Feststellung des Jahresabschlusses. Es wird deutlich, dass der durch die Feststellung des Jahresabschlusses begründete, unentziehbare Gewinnbeteiligungsanspruch mit dem ausgewiesenen Bilanzgewinn korreliert und sich allein auf diesen bezieht.[44]

(3) Nach In-Kraft-Treten des AktG 1965

Mit der Aktienrechtsreform von 1965 ist § 52 Abs. 1 S. 1 HS. 2 AktG 1937 in § 58 Abs. 4 AktG 1965 aufgegangen.[45] Der Gesetzgeber hat in § 58 Abs. 4 AktG der Hauptversammlungsmehrheit das Recht erteilt, über den Anspruch des Aktionärs auf Ausschüttung des Bilanzgewinns zu entscheiden. Damit kann dem Aktionär de lege lata das mit der Feststellung des Jahresabschlusses „entstandene" Recht durch Mehrheitsbeschluss der Hauptversammlung wieder entzogen werden.[46] Vom Schutz der Rechtsposition ist allein das in seinen praktischen Auswirkungen schwache Anfechtungsrecht nach § 254 AktG übrig geblieben.[47]

Dennoch hielten sowohl BGH als auch Literatur an der Formulierung fest, dass die Feststellung des Jahresabschlusses den mitgliedschaftlichen Gewinnbeteiligungsanspruch entstehen lasse.[48] Der Inhalt dieser Rechtsposition wurde in den Kommentierungen zu § 58 Abs. 4 AktG mit Verweis auf BGHZ 23, 150 ff. bzw. BGHZ 65, 230, 235 wie folgt beschrieben: Die Rechtsposition verschaffe dem Aktionär einen Anspruch auf Beteiligung am festgestellten Bilanzgewinn nach Maßgabe der Aktiengattung (Stammaktie oder Vorzugsaktie), soweit nicht durch Gesetz, Satzung, durch Hauptversammlungsbeschluss und dem daraus gegebenenfalls entstandenen zusätzlichen Aufwand die Ausschüttung des Bilanzgewinns ausgeschlossen sei.[49] Dieses auf Beteiligung am Bilanzgewinn gerichtete Mitgliedschaftsrecht gebe dem Aktionär zwar noch keinen Anspruch auf Auszahlung einer bestimmten, seinem Anteil entsprechenden Dividende.[50] Das mitgliedschaftliche Recht auf Teilhabe am Gewinn sei jedoch bereits so weit erstarkt, dass der Aktionär ge-

44 BGHZ 23, 150, 154.

45 Vgl. *Kropff*, S. 74.

46 Vgl. *Rowedder*, in: Möhring-Schwarz, S. 251; a. A. noch *Raiser*, KapitalgesellschaftsR., § 12 Rn. 18. Die hierzu aufgeführten Entscheidungen stützen seine Ansicht jedoch nicht: BGHZ 23, 150 erging, wie dargestellt, noch zur alten Rechtslage des AktG 1937 und in BGHZ 65, 230 wird auf den Ausschluss des Rechts auf Gewinnbeteiligung durch Hauptversammlungsbeschluss explizit hingewiesen.

47 Zu den Einzelheiten vgl. bereits oben 1. Kapitel B. II 2) (2).

48 *Hefermehl/Bungeroth*, in: Geßler/Hefermehl AktG Komm., § 58 Rn. 116; *Hüffer*, AktG, § 58 Rn. 26; *Lutter*, in: Kölner Komm. AktG, § 58 Rn. 80; *Henze*, in: Großkomm. AktG, § 58 Rn. 87.

49 *Lutter*, in: Kölner Komm. AktG, § 58 Rn. 80, 82; *Hefermehl/Bungeroth*, in: Geßler/Hefermehl AktG Komm., § 58 Rn. 116; *Henze*, in: Großkomm. AktG, § 58 Rn. 86, 92.

50 Vgl. statt aller: *Lutter*, in: Kölner Komm. AktG, § 58 Rn. 89.

richtlich durchsetzen könne, dass in der ordentlichen Hauptversammlung über die Gewinnverwendung entschieden wird.[51]

Damit wird – das ist an dieser Stelle anzumerken – das mit der Feststellung des Jahresabschlusses entstehende mitgliedschaftliche Gewinnbeteiligungsrecht inhaltlich nicht auf den Anspruch auf Herbeiführung der Gewinnausschüttung reduziert. Vielmehr setzt das Recht, einen Beschluss der ordentlichen Hauptversammlung über die Gewinnverwendung zu fordern, einen konkreten mitgliedschaftlichen Gewinnanspruch voraus, den es durchzusetzen gilt.[52] Auch *Lutter* spricht von der „Durchsetzung des mitgliedschaftlichen Gewinnanspruchs" und betont, dass Gegenstand des Anspruchs grundsätzlich der Bilanzgewinn ist.[53] Dies lässt sich auch mit der Ratio des § 254 AktG belegen. § 254 Abs. 1 AktG dient dem Schutz der Minderheitsaktionäre vor „aushungernden" Gewinnverwendungsbeschlüssen.[54] Dieser Schutz knüpft an die Rechtsposition an, die der Aktionär zwischen der Feststellung des Jahresabschlusses und dem Gewinnverwendungsbeschluss hat, also nach der hier verwandten Terminologie an das konkrete mitgliedschaftliche Gewinnbeteiligungsrecht. Der Umfang des Schutzes korrespondiert dabei mit den in § 58 Abs. 4 AktG enthaltenen Grenzen des konkreten mitgliedschaftlichen Gewinnbeteiligungsrechts.[55] Das in § 254 AktG vorgesehene Anfechtungsrecht setzt zudem einen Gewinnverwendungsbeschluss der Hauptversammlung voraus, und kommt damit erst zu einem Zeitpunkt zum Tragen, in dem der Anspruch auf Herbeiführung des Gewinnverwendungsbeschlusses bereits erfüllt wurde. Hieraus und aus der dargestellten Schutzrichtung des § 254 AktG lässt sich ableiten, dass sich die Rechtsposition des Aktionärs nach der Feststellung des Jahresabschlusses nicht nur auf die Herbeiführung eines Gewinnverwendungsbeschlusses reduziert, sondern primär auf die Ausschüttung des Bilanzgewinns gerichtet ist.

3) *Vergleich der Rechtspositionen vor und nach der Feststellung des Jahresabschlusses*

Auf dieser Grundlage ist nunmehr ein Vergleich der Rechtspositionen vor und nach der Feststellung eines Bilanzgewinns im Jahresabschluss anzustellen. Als Ausgangspunkt dieses Vergleichs ist zunächst festzuhalten, dass mit dem Eintritt in die Aktiengesellschaft nach allgemeiner Meinung ein mitgliedschaftliches Recht auf Gewinnbeteiligung ent-

51 *Lutter,* in: Kölner Komm. AktG, § 58 Rn. 89 f.; *Hefermehl/Bungeroth,* in: Geßler/Hefermehl AktG Komm., § 58 Rn. 117; *Henze,* in: Großkomm. AktG, § 58 Rn. 87 f.

52 *Hefermehl/Bungeroth* in: Geßler/Hefermehl AktG Komm., § 58 Rn. 116 f.

53 In: Kölner Komm. AktG, § 58 Rn. 89 f; vgl. insoweit auch: BGHZ 65, 230, 235 und BGHZ 124, 27, 31; *Hefermehl/Bungeroth,* in: Geßler/Hefermehl AktG Komm., § 58 Rn. 117; *Henze,* in: Großkomm. AktG, § 58 Rn. 87. A. A. wohl *Hüffer,* AktG, § 58 Rn. 26 und *A/D/S,* § 58 Rn. 140; *M. Arnold,* Gewinnauszahlungsanspruch, S. 20.

54 Vgl. statt aller *Hüffer,* in: MüKo AktG, § 254 Rn. 2.

55 *K. Schmidt,* in: Großkomm. AktG, § 254 Rn. 9; *Hüffer,* in: Müko AktG, § 254 Rn. 13.

steht.[56] Dieses Recht, das bereits zuvor als Stammrecht bezeichnet wurde, hat zum Inhalt, dass der Gesellschafter für die Dauer seiner Mitgliedschaft an den Vermögenszuwächsen der Gesellschaft zu beteiligen ist.[57] Es besteht grundsätzlich unabhängig davon, ob überhaupt jemals ein Gewinn von der Gesellschaft erwirtschaftet wird. So gesehen ist es vom wirtschaftlichen Erfolg der Gesellschaft unabhängig. Im Gegensatz dazu hat das Rechtsverhältnis zwischen Gesellschafter und Gesellschaft nach der Feststellung eines Bilanzgewinns im Jahresabschluss einen anderen Inhalt. Das Recht des Aktionärs – auch wenn es noch durch die Hauptversammlung ausgeschlossen und daher nicht als Anwartschaft bezeichnet werden kann – bezieht sich nicht mehr auf die abstrakte Beteiligung an möglichen Vermögenszuwächsen der Gesellschaft, sondern – wie soeben dargestellt – auf eine Beteiligung am Bilanzgewinn als beziffertes und damit greifbares Ergebnis der Gesellschaft. Dieses konkretisierte Recht auf den Bilanzgewinn hat sich aus dem abstrakten Recht entwickelt und findet in ihm seine Grundlage. Es ist insoweit ein Teil des allgemeinen Rechts auf Vermögenszuwachs. Dies ändert jedoch nichts daran, dass gerade durch die Feststellung des Jahresabschlusses eine Abgrenzung vom abstrakten Recht eintritt.

Das Stammrecht und das Zweigrecht haben demgemäß unterschiedliche Inhalte. Auch das Gesetz trägt bei genauer Betrachtung diesen beiden verschiedenen Inhalten Rechnung. Während für den Ausschluss des Stammrechts gemäß § 23 Abs. 2 Nr. 2 i. V. m. § 179 Abs. 2 S. 1 AktG eine satzungsändernde Mehrheit und die Zustimmung des betroffenen Gesellschafters notwendig ist[58], kann der Anspruch auf Ausschüttung des Bilanzgewinns gemäß § 58 Abs. 3 AktG bereits dadurch ausgeschlossen werden, dass die Hauptversammlungsmehrheit den gesamten Bilanzgewinn thesauriert. Hiermit wird deutlich, dass der mit der Feststellung des Jahresabschlusses entstehende Anspruch des Gesellschafters nur schwach geschützt ist. Dies wird um so deutlicher, wenn man sich vergegenwärtigt, dass § 254 AktG in der Praxis kaum Schutz bietet. Dieses Ergebnis ließe sich nicht befriedigend erklären, wenn beim mitgliedschaftlichen Gewinnbeteiligungsrecht von einer Rechtsposition mit einheitlichem Anspruchsinhalt ausgegangen wird. Es wäre nicht verständlich, warum mit fortschreitender Konkretisierung die Anforderungen an einen Eingriff sinken sollten, wenn es sich doch um eine einheitliche Rechtsposition handelt. Dieser vermeintliche Widerspruch lässt sich jedoch auflösen, wenn man anerkennt, dass es sich bei dem konkreten mitgliedschaftlichen Gewinnausschüttungsanspruch nicht nur um einen verdichteten allgemeinen mitgliedschaftlichen Anspruch auf Gewinnbeteiligung handelt, sondern um ein sich aus dem Stammrecht entwickelndes Zweigrecht. Gerade weil der Anspruch auf Gewinnausschüttung sich nur auf das jeweilige Geschäftsjahr bezieht

56 Vgl. *Hüffer*, in: MüKo AktG, § 254 Rn. 8; *Henze*, in: Großkomm. AktG, § 58 Rn. 86; *Brändel*, in: Großkomm. AktG, § 11 Rn. 7; *Habersack*, Die Mitgliedschaft, S. 86 f.; *Kraft*, in: Kölner Komm. AktG, § 11 Rn. 11; *Hefermehl/Bungeroth*, in: Geßler/Hefermehl AktG Komm., § 58 Rn. 116.

57 Insoweit wird es durch das Recht auf Beteiligung am Liquidationserlös gemäß § 271 AktG ergänzt.

58 Zu den Einzelheiten noch später ausführlich im 4. Kapitel.

und damit einen anderen Anspruchsinhalt als das allgemeine mitgliedschaftliche Gewinnbeteiligungsrecht hat, sind geringere Anforderungen an einen Ausschluss möglich. Die reduzierten Vorgaben an einen Ausschluss lassen sich damit rechtfertigen, dass das Erlöschen dieses Anspruchs keine Auswirkungen auf das Stammrecht hat. Das mitgliedschaftliche Gewinnbeteiligungsrecht ist folglich in ein abstraktes Stammrecht und ein konkretes Zweigrecht zu untergliedern.

Dem stehen auch die von *M. Arnold* vorgetragenen Argumente nicht entgegen. So spielt es keine Rolle, dass sich das konkrete mitgliedschaftliche Recht auf Gewinnausschüttung nicht so weit von den mitgliedschaftlichen Rechten entfernt hat, dass es isoliert übertragen werden könnte. Die Übertragbarkeit eines Rechts ist selbst nur eine der durch das Recht vermittelten Einzelbefugnisse.[59] Auf die Existenz der Rechtsposition selbst und die Abgrenzung zu anderen Rechtspositionen lässt die Übertragbarkeit keine Rückschlüsse zu.

Auch die Tatsache, dass nach der Auffassung von *M. Arnold* das Recht, auf Herbeiführung des Ausschüttungsbeschlusses zu klagen, bereits aus dem allgemeinen Gewinnbeteiligungsrecht folgt[60], spricht nicht zwingend gegen die Annahme, dass es sich beim konkreten mitgliedschaftlichen Recht auf Gewinnausschüttung um eine eigenständige Rechtsposition handelt. Selbst wenn es zutreffend sein sollte, dass sich dieses Recht bereits aus dem allgemeinen mitgliedschaftlichen Recht auf Gewinnbeteiligung ergibt, ist nicht ersichtlich, warum deshalb eine Unterscheidung zwischen einem allgemeinen und einem konkreten mitgliedschaftlichen Gewinnbeteiligungsrecht ausgeschlossen sein soll. Dies gilt insbesondere dann, wenn – wie hier – die Rechtspositionen einen unterschiedlichen Inhalt haben.

Als Ergebnis lässt sich damit Folgendes festhalten: Das allgemeine Recht auf Gewinnbeteiligung stellt ein abstraktes Stammrecht dar. Hieraus entwickelt sich als Zweigrecht ein konkretes Recht auf Gewinnausschüttung, sobald für das jeweilige Geschäftsjahr ein Bilanzgewinn festgestellt wurde. Dieses Zweigrecht ist zwar in seiner Entstehung vom Stammrecht abhängig, kann jedoch unabhängig von diesem und unter erleichterten Voraussetzungen zum Erlöschen gebracht werden. Als rein mitgliedschaftliches Recht bleibt es indes fest mit der Mitgliedschaft verbunden. Damit ist *Lutter* und dem BGH im Ergebnis zuzustimmen und von einer Unterteilung des mitgliedschaftlichen Gewinnbeteiligungsrechts auszugehen.

Nachdem nunmehr das mitgliedschaftlichen Gewinnbeteiligungsrecht näher beleuchtet wurde, kann im Folgenden der Blick auf den schuldrechtlichen Dividendenanspruch gerichtet werden.

---

59 Vgl. insoweit allein die Möglichkeit, die Übertragbarkeit nach § 399 BGB auszuschließen.

60 So *M. Arnold*, Gewinnauszahlungsanspruch, S. 20. A. A. die herrschende Meinung im Aktienrecht, vgl. *Lutter*, in: Kölner Komm. AktG, § 58 Rn. 89 f.; *Hefermehl/Bungeroth*, in: Geßler/Hefermehl AktG Komm., § 58 Rn. 117; *Henze*, in: Großkomm. AktG, § 58 Rn. 87 f.

C. Der schuldrechtliche Dividendenanspruch

Das konkrete mitgliedschaftliche Recht auf Gewinnausschüttung wandelt sich durch einen wirksamen Ausschüttungsbeschluss der Hauptversammlung in einen gegen die Gesellschaft gerichteten schuldrechtlichen Anspruch auf Auszahlung der beschlossenen Dividende um.[61] Dieser Anspruch ist losgelöst von der Mitgliedschaft.[62] Anspruchsgrundlage ist § 58 Abs. 4 AktG i. V. m. dem konkreten, eine Ausschüttung vorsehenden Gewinnverwendungsbeschluss nach § 174 Abs. 2 AktG.[63] Als selbständiges Gläubigerrecht ist der Auszahlungsanspruch voll verkehrsfähig und kann unabhängig von der Mitgliedschaft abgetreten, gepfändet oder verpfändet werden. Eine Verfügung über diesen aufschiebend bedingten Anspruch ist schon vor seiner Entstehung möglich.[64]

D. Zusammenfassung

Das Gewinnbeteiligungsrechts des Aktionärs lässt sich grundsätzlich in den schuldrechtlichen Dividendenanspruch und das mitgliedschaftliche Gewinnbeteiligungsrecht aufteilen. Letzteres kann in ein allgemeines abstraktes Stammrecht und ein Zweigrecht untergliedert werden. Das Zweigrecht entwickelt sich aus dem allgemeinen Stammrecht, sobald für das Geschäftsjahr ein Bilanzgewinn festgestellt wurde, es richtet sich allein auf die Beteiligung am Bilanzgewinn des entsprechenden Geschäftsjahrs. Es kann unabhängig vom Stammrecht und unter leichteren Voraussetzungen als dieses zum Erlöschen gebracht werden. Im Gegensatz zum schuldrechtlichen Dividendenanspruch ist das Zweigrecht ebenso wenig verkehrsfähig wie das Stammrecht selbst.

Für den Verzicht auf das Gewinnbeteiligungsrecht bedeutet dies, dass er im Hinblick auf diese drei unterschiedlichen Rechte zu untersuchen sein wird.

---

61 BGHZ 7, 263, 264; 23, 150, 154; 124, 27, 31; *Lutter*, in: Kölner Komm. AktG, § 58 Rn. 97; *A/D/S*, § 58 Rn. 140; *Henze*, in: Großkomm. AktG, § 58 Rn. 92. *Hefermehl/Bungeroth*, in: Geßler/Hefermehl AktG Komm., § 58 Rn. 123.

62 H. M., vgl. *Henze*, in: Großkomm. AktG, § 58 Rn. 94; a. A. *Coenen*, DB 1958, S. 328, 331 ff.

63 *Henze*, in: Großkomm. AktG, § 58 Rn. 94; *Hüffer*, AktG, § 58 Rn. 28.

64 Statt aller *Lutter*, in: Kölner Komm. AktG, § 58 Rn. 100.

3. Kapitel: Der Verzicht des Aktionärs auf das Gewinnbeteiligungsrecht

A. Vorbemerkung

Da es sich beim Gewinnbeteiligungsrecht um ein Recht des Gesellschafters handelt, liegt es nahe, zu untersuchen, ob, und wenn ja wie eine disquotale Gewinnbeteiligung durch den Verzicht des Aktionärs auf sein Gewinnbeteiligungsrecht herbeigeführt werden kann. Ein derartiger Verzicht wäre für den Großaktionär insbesondere dann attraktiv, wenn die Hauptversammlung hierfür nicht involviert werden müsste und somit nur geringer Aufwand entstehen würde. Aufbauend auf der soeben herausgearbeiteten Unterscheidung zwischen den einzelnen (Unter-) Kategorien von Gewinnbeteiligungsrechten wird daher nachfolgend der Verzicht des Aktionärs auf sein Gewinnbeteiligungsrecht erörtert.

Zulässigkeit und Voraussetzungen eines Verzichts des Aktionärs auf sein Gewinnbeteiligungsrecht waren – soweit ersichtlich – bisher noch nicht Gegenstand einer gerichtlichen Entscheidung. In der aktienrechtlichen Literatur wird der Verzicht des Aktionärs auf sein Gewinnbeteiligungsrecht unter der Bezeichnung Dividendenverzicht[1], Gewinnverzicht[2] oder Verzicht auf den Gewinnanteil[3] diskutiert. In den Stellungnahmen ist dabei jedoch nicht immer nachvollziehbar, ob damit der Verzicht auf das mitgliedschaftliche Gewinnbeteiligungsrecht oder auf den schuldrechtlichen Dividendenanspruch gemeint ist.[4] Da sich beide Rechtspositionen inhaltlich voneinander unterscheiden[5], erscheint es geboten, den Verzicht auf das mitgliedschaftliche Gewinnbeteiligungsrecht und den Verzicht auf den schuldrechtlichen Dividendenanspruch getrennt zu erörtern.

B. Verzicht auf das mitgliedschaftliche Recht auf Gewinnbeteiligung

Zulässigkeit, Voraussetzungen und Rechtsfolgen eines Verzichts auf das mitgliedschaftliche Gewinnbeteiligungsrecht werden in der Literatur nicht einheitlich beurteilt. In einem ersten Schritt soll daher ein Überblick über die unterschiedlichen Stellungnahmen gegeben werden. Hierbei wird es in einzelnen Fällen notwendig sein, zu untersuchen, ob der

---

1 *König,* AG 2001, S. 399 ff.

2 *Hefermehl/Bungeroth,* in Geßler/Hefermehl AktG Komm., § 60 Rn. 36; *Horbach,* AG 2001, S. 78 ff.

3 *Henze,* in: Großkomm. AktG, § 60 Rn. 38.

4 So auch *Horbach,* AG 2001, S. 78, 82.

5 Vgl. oben 2. Kapitel B. und C.

jeweilige Autor tatsächlich das mitgliedschaftliche Gewinnbeteiligungsrecht und nicht den schuldrechtlichen Dividendenanspruch im Blick hat.

I. Meinungsstand

1) Befürwortende Stimmen

G. Bezzenberger hält den Verzicht auf das mitgliedschaftliche Gewinnbeteiligungsrecht grundsätzlich für möglich.[6] Weder der Charakter der Gewinnbeteiligung als Mitgliedschaftsrecht noch die fehlende Selbständigkeit dieses Rechts sprechen seiner Auffassung nach gegen einen Verzicht. Er schlägt vor, den Verzicht im Wege eines Erlassvertrags gemäß § 397 BGB zwischen der Gesellschaft, vertreten durch den Vorstand, und dem Gesellschafter umzusetzen.[7]

Hoffmann-Becking teilt diese Ansicht dem Grundsatz nach. Er führt aus, dass nur durch den Verzicht auf das „abstrakte Gewinnbezugsrecht" des betreffenden Geschäftsjahrs erreicht werden könne, dass der sonst auf den verzichtenden Aktionär entfallende Teil des Bilanzgewinns den übrigen Aktionären zugute kommt.[8] Anders als *G. Bezzenberger* setzt sich *Hoffmann-Becking* jedoch kritisch mit der Umsetzung des Verzichts auseinander. Ein Verzichtsvertrag nach § 397 BGB könne zumindest mit dem Vorstand nicht wirksam abgeschlossen werden. Diesem fehle hierzu die Kompetenz. Die Hauptversammlung selbst sei nach § 60 Abs. 3 AktG grundsätzlich daran gehindert, eine von Gesetz oder Satzung abweichende Gewinnverteilung vorzunehmen. Eine Lösung sei allenfalls, die formellen Voraussetzungen eines satzungsdurchbrechenden Beschlusses einzuhalten.[9]

Auch *Knur* knüpft für den „Dividendenverzicht" im Ausgangspunkt an das mitgliedschaftliche Gewinnbeteiligungsrecht an. Dieses „selbständige Mitgliedschaftsrecht" könne entzogen werden. Daher müsse auch ein Verzicht möglich sei.[10] *Knur* geht dabei auf Bedenken ein, die sich aus dem mitgliedschaftlichen Charakter des Rechts auf Gewinnbeteiligung ergeben könnten. Da das mitgliedschaftliche Recht auf Gewinnbeteiligung nach allgemeiner Meinung ein unselbständiger Teil des Vermögensstammrechts der Mitgliedschaft sei, könnte – so *Knur* – gegen den Verzicht auf das mitgliedschaftliche Gewinnbeteiligungsrecht vorgetragen werden, dass ein Verzicht auf ein Stammrecht für unbeschränkte Zeit nicht zulässig sei, ein zeitlich begrenzter Verzicht auf das Stammrecht dagegen keine aktienrechtliche Wirkung habe. Folge man dieser Argumentation, so könne

6 Das Wertpapier 1967, S. 291, 292.
7 Das Wertpapier 1967, S. 291, 292.
8 *Hoffmann-Becking*, in: Mü. Hdb. GesR. AktG, § 46 Rn. 25.
9 *Hoffmann-Becking*, in: Mü. Hdb. GesR. AktG, § 46 Rn. 25.
10 *Knur*, DB 1954, S. 544.

die Gesellschaft sich gegenüber dem Aktionär allenfalls auf schuldrechtlicher Ebene auf den Verzicht berufen. Im Ergebnis wendet sich *Knur* gegen diese Argumentation. Zwar sei richtig, dass ein Stammrecht nicht für unbegrenzte Zeit durch Verzicht entfallen könne. Dies schließe jedoch den Verzicht auf das „Zweigrecht" der Dividendenzahlung nicht aus. Es sei anerkannt, dass ein Verzicht auf eine künftige Forderung bereits ihre Entstehung verhindere. Nach dem Grundsatz der Vertragsfreiheit seien ferner auch Vereinbarungen wirksam, mit denen auf die Geltendmachung des Stammrechts verzichtet und damit „die Geburt des konkreten Gewinnanspruchs aus dem Stammrecht heraus unmittelbar inhibitiert" werde.[11] Bei dieser Argumentation *Knurs* ist jedoch nicht mehr klar zu erkennen, ob er tatsächlich noch den Verzicht auf das mitgliedschaftliche Gewinnbeteiligungsrecht im Auge hat. Auf eine Untergliederung des mitgliedschaftlichen Gewinnbeteiligungsrechts, wie sie hier vertreten wird, geht *Knur* mit keinem Wort ein. Es kann daher nicht ausgeschlossen werden, dass er sich mit dem „konkreten Gewinnanspruch" auf den schuldrechtlichen Dividendenanspruch und nicht auf eine (Unter-) Kategorie des mitgliedschaftlichen Gewinnbeteiligungsrechts bezieht.

Nicht ganz klar ist der Anknüpfungspunkt des Verzichts bei *Lutter*, *Henze* und *Hefermehl/Bungeroth*. Der Dividendenverzicht wird in ihren Kommentierungen zu § 60 AktG, nicht zu § 58 Abs. 4 AktG behandelt. § 60 AktG regelt allein den Verteilungsschlüssel für die Ausschüttung des Bilanzgewinns,[12] so dass es auf den ersten Blick nahe läge, ihre Kommentierungen in erster Linie auf den schuldrechtlichen Auszahlungsanspruch zu beziehen. Im Einzelnen führen die genannten Autoren folgendes aus:

Lutter spricht sich für einen Verzicht auf den „Anteil am Bilanzgewinn" aus. Er greift damit keinen der bei seiner Kommentierung zu § 58 AktG verwandten Begriffe wieder auf. Als Rechtsfolge konstatiert er, dass nach einem solchen Verzicht die gleiche Rechtslage eintrete wie beim Ruhen der Mitgliedschaft. Im Ergebnis werde der Bilanzgewinn gemäß Satzung oder Gesetz auf die übrigen Aktionäre verteilt, als ob der verzichtende Aktionär nicht existieren würde.[13] *Lutters* Ausführungen zum Verzicht stehen im unmittelbaren Textzusammenhang mit der Darstellung der Auswirkungen eines Ruhens der Mitgliedschaft auf das mitgliedschaftliche Gewinnbeteiligungsrecht. Es kann daher davon ausgegangen werden, dass sein Bezugspunkt für den „Dividendenverzicht" das mitgliedschaftliche Gewinnbeteiligungsrecht ist. In welcher rechtsgeschäftlichen Form der Verzicht vorzunehmen ist (einfache Verzichtserklärung oder Vertrag), thematisiert er nicht.

Einen ähnlichen Ansatz verfolgt *Henze*. Die Auswirkungen eines Verzichts vergleicht er mit den Rechtsfolgen, wie sie in §§ 20 Abs. 7 S. 1, 21 Abs. 4 S. 1, 56 Abs. 3 S. 3, 71 b, 71 d S. 4, 328 AktG normiert sind.[14] Wenn *Henze* damit zum Ausdruck bringen wollte, dass der Verzicht wie das Ruhen der mitgliedschaftlichen Rechte zu einem Verlust des

11 DB 1954, S. 544.

12 Vgl. statt aller *Henze*, in: Großkomm. AktG, § 60 Rn. 2.

13 *Lutter*, in: Kölner Komm. AktG, § 60 Rn. 27.

14 *Henze*, in: Großkomm. AktG, § 60 Rn. 38.

Gewinnbezugsrechts führt, so würde dies dafür sprechen, dass auch *Henze* das mitgliedschaftliche Gewinnbeteiligungsrecht als Verzichtsobjekt ansieht. Auch er enthält sich jedoch einer Aussage darüber, wie ein entsprechender Verzicht rechtsgeschäftlich umzusetzen ist.

Hefermehl/Bungeroth[15] gehen davon aus, dass der Aktionär auf seine Gewinnbeteiligung verzichten und als Folge der gesamte auszuschüttende Gewinn an die übrigen Aktionäre verteilt werden könne. Anhaltspunkte für das Verzichtsobjekt lassen sich aus ihrer Kommentierung zunächst nicht entnehmen. Aber auch *Hefermehl/Bungeroth* erörtern den „Verzicht auf die Gewinnbeteiligung" im Zusammenhang mit anderen Beispielen, bei denen auf der Ebene der Mitgliedschaft Rechte eingeschränkt werden. Hieraus lässt sich wiederum folgern, dass sich auch *Hefermehl/Bungeroth* beim Dividendenverzicht auf das mitgliedschaftliche Gewinnbeteiligungsrecht beziehen. Zur praktischen Durchführung nehmen sie ebenso wenig Stellung wie *Lutter* und *Henze*.

Im Ergebnis können *Lutter, Henze* und *Hefermehl/Bungeroth* demnach wohl zu den Befürwortern eines Verzichts auf das mitgliedschaftliche Gewinnbeteiligungsrecht gezählt werden.[16] Es bleibt anzumerken, dass sich unter den Befürwortern des Verzichts auf das mitgliedschaftliche Recht der Gewinnbeteiligung nur *Knur* mit den dogmatischen Bedenken hinsichtlich der Zulässigkeit auseinandersetzt. Die übrigen Autoren gehen von der Zulässigkeit des Verzichts aus, ohne eine dogmatische Einordnung oder Begründung vorzunehmen. Ihr Hauptaugenmerk ist auf die Rechtsfolgen des Verzichts gerichtet.[17]

2) Ablehnende Stellungnahmen

In jüngerer Zeit hat sich vor allem *Horbach* dezidiert gegen die Zulässigkeit des Verzichts auf das mitgliedschaftliche Gewinnbeteiligungsrecht ausgesprochen.[18] Das Recht auf Gewinnbeteiligung sei ein unselbständiges Mitgliedschaftsrecht und könne daher nicht Gegenstand eines „Verfügungsvertrags" sein. Insbesondere komme ein Erlassvertrag nach § 397 BGB nicht in Frage, da die Gewinnbeteiligung als Teil des Mitgliedschaftsrechts weder zur Gesellschaft noch zu den übrigen Aktionären ein Schuldverhältnis begründe.

Dieser Kritik schließt sich *König*[19] an. Die Dividendenbeteiligung sei ein unselbständiger Teil des (Vermögens-) Stammrechts der Mitgliedschaft und daher nach allgemeiner Auffassung nicht verkehrsfähig, insbesondere nicht abtretbar. Ein Erlassvertrag nach § 397 BGB, wie ihn *G. Bezzenberger*[20] vorgeschlagen habe, setze aber eine selbständige

15 *Hefermehl/Bungeroth,* in Geßler/Hefermehl AktG Komm., § 60 Rn. 36.
16 Ebenso *Horbach,* AG 2001, S. 78, 82.
17 *Henze,* in: Großkomm. AktG, § 60 Rn. 38; *Lutter,* in: Kölner Komm. AktG, § 60 Rn. 27.
18 AG 2001, S. 78, 82.
19 AG 2001, S. 399, 404.
20 Das Wertpapier 1967, S. 291, 292.

Forderung voraus. Daher sei der Verzicht auf die Gewinnbeteiligung durch Erlassvertrag zweifelhaft, wenn nicht sogar ausgeschlossen.[21]

Darüber hinaus vertritt *Horbach* die Auffassung, dass das mitgliedschaftliche Gewinnbeteiligungsrecht allenfalls nach den Regeln des Aktienrechts beschränkt werden könne. Das Aktiengesetz enthalte aber keine Bestimmungen über den Verzicht auf mitgliedschaftliche Gewinnrechte. Es bestehe auch kein aktienrechtlicher Grundsatz, wonach der Aktionär durch einseitigen Verzicht oder Vertrag auf seine mitgliedschaftlichen Rechtspositionen verzichten könne. Nur in der Satzung können von den gesetzlichen Maßgaben zur Gewinnverteilung abgewichen werden. Hieraus folge, dass mitgliedschaftliche Gewinnrechte ausschließlich durch statutarische Regelungen verändert werden könnten. Auch der Hinweis, die Gewinnbeteiligung könne entzogen werden und sei daher verzichtbar[22], führe nicht weiter, da nicht das „Ob", sondern das „Wie" des Entzuges in Frage stehe.[23] Soweit das Aktienrecht in §§ 20 Abs. 1, 4 und 7; 56 Abs. 3; 71 b und 71 d AktG Tatbestände für ein Ruhen der mitgliedschaftlichen Rechte normiere, ergebe sich hieraus kein allgemeiner Grundsatz, dass auf mitgliedschaftliche Rechte verzichtet werden könne. Das Ruhen der mitgliedschaftlichen Rechte sei an spezifische Voraussetzungen geknüpft, deren Charakter mit einem Verzicht nicht verglichen werden könne.[24] *Horbach* sieht daher wie *König* allein den schuldrechtlichen Gewinnauszahlungsanspruch als mögliches Verzichtsobjekt an.[25]

3) Zusammenfassung und weiterer Gang der Untersuchung

Ein Vergleich zwischen den befürwortenden und den ablehnenden Stimmen zeigt, dass beide Ansichten sich schon im Ansatz widersprechen. Für die überwiegende Meinung in der Literatur steht die gesellschaftsrechtliche Zulässigkeit eines Verzichts auf das mitgliedschaftliche Gewinnbeteiligungsrecht grundsätzlich außer Frage. *Horbach* hingegen hält einen entsprechenden Verzicht des Gesellschafters insgesamt für ausgeschlossen. Ferner fällt auf, dass weder Befürworter noch Gegner des Verzichts auf das mitgliedschaftliche Gewinnbeteiligungsrecht zwischen einem Verzicht auf das allgemeine mitgliedschaftliche Gewinnbeteiligungsrecht und dem Verzicht auf das konkrete mitgliedschaftliche Gewinnbeteiligungsrecht differenzieren.[26] Schließlich stellt man fest, dass eine

21 AG 2001, S. 399, 404.

22 *Knur*, DB 1954, S. 544.

23 Diese Formulierung darf jedoch nicht darüber hinwegtäuschen, dass es auch *Horbach* letztlich um die Frage geht, „ob" ein Verzicht auf die Gewinnbeteiligung als Mittel des Entzugs von mitgliedschaftlichen Rechten in Frage kommt.

24 AG 2001, S. 78, 82.

25 Dazu sogleich unter III.

26 Dies ist bei den Autoren verständlich, die auch sonst keine Trennung auf der Ebene der Mitgliedschaftsrechte vornehmen. Bei *Lutter*, der bei seiner Kommentierung von § 58 AktG diese Trennung gerade hervorhebt, vgl. Kölner Komm. AktG, § 58 Rn. 80, verwundert es jedoch.

allgemeine Auseinandersetzung mit der Rechtsnatur und den Voraussetzungen eines Verzichts gänzlich fehlt.

Nachfolgend soll daher zunächst das Rechtsinstitut des Verzichts näher untersucht werden. Auf diesem Wege wird zu ermitteln sein, welche Voraussetzungen ein wirksamer Verzicht hat und nach welchen Regeln er im Allgemeinen durchzuführen ist. Im Anschluss daran ist, ausgehend von der Kritik *Horbachs,* die Zulässigkeit des Verzichts des Aktionärs auf sein mitgliedschaftliches Gewinnbeteiligungsrecht in seinen zwei Formen, dem allgemeinen und konkreten mitgliedschaftlichen Gewinnbeteiligungsrecht zu prüfen. Soweit sich als Ergebnis die Zulässigkeit des Verzichts herausstellt, ist in einem letzten Schritt auf dessen rechtstechnische Umsetzung einzugehen.

II. Der Verzicht

Das geltende Privatrecht enthält keine Legaldefinition des Verzichts. Obwohl das BGB den Begriff „Verzicht" nicht einheitlich verwendet[27], hat die Rechtswissenschaft aus dem vorhandenen Normenbestand dennoch eine allgemeine Definition abgeleitet. Danach wird unter einem Verzicht eine Verfügung verstanden, deren Inhalt die Aufhebung des Rechts durch den Rechtsinhaber ist.[28] Der Verzicht bringt damit das jeweilige Recht ex nunc zum Erlöschen. Hieraus lassen sich allgemeine Voraussetzungen des Verzichts folgern. Gegenstand des Verzichts können, wie bei jeder Verfügung, grundsätzlich einzelne (subjektive) Rechte, aber auch Rechtsverhältnisse in ihrer Gesamtheit sein.[29] Das jeweilige

27 So ist teilweise von einem Verzicht die Rede, wo es allein um die Zulässigkeit der Nichtbeachtung einer „Verfahrensvorschrift" geht wie z. B. bei §§ 151 S. 1, 1245 Abs. 2 BGB. Hier spricht *v. Tuhr,* AT II/1, § 54, S. 269, von einem Verzicht im untechnischen Sinn, der mit dem Verzicht i. e. S. gemeinsam habe, dass jemand durch eine Willenserklärung seine rechtliche Lage verschlechtert; ähnlich auch *Walsmann,* Der Verzicht, S. 31. Den Protokollen ist zu entnehmen, dass statt des Begriffs „Verzicht" hier die Bezeichnung „Gestattung" diskutiert wurde, vgl. Prot. Bd. I, S. 81 ff. Auf der anderen Seite werden Rechtshandlungen, die nach der hier sogleich vorgestellten Definition als Verzicht einzuordnen wären, mit anderen Begriffen belegt: z. B. „Ausschlagung" einer Erbschaft nach § 1943 BGB oder „Erlass" einer Forderung gemäß § 397 Abs. 1 BGB. In *Mugdan,* Bd. II, S. 63, wird der Erlass als „dinglicher Veräußerungsvertrag" bezeichnet. Hier gilt es zu beachten, dass damit nicht eine Übertragung des Rechts auf einen anderen beschrieben werden sollte. Vielmehr wird in der älteren zivilrechtlichen Literatur zuweilen eine Veräußerung als Synonym für eine Verfügung gebraucht, wobei der Begriff der Veräußerung in diesen Fällen auch die Belastung und Aufhebung eines Rechts mitumfasst, vgl. *Flume,* AT II, § 11 5a).

28 *Flume,* AT II, § 11, 5d); *Cohn,* Gruchot 47, S. 251; *Walsmann,* Der Verzicht, S. 1, 25; *Tuhr,* AT II/1, § 54, S. 264 f., der klar von einer Aufgabe ohne Übertragung spricht.

29 *Cohn,* Gruchot 47, S. 251; *v. Tuhr,* AT II/1, § 54, S. 267; *Haedicke,* JuS 2001, S. 966. Dies ergibt sich schon aus dem weiten Anwendungsbereich der Verfügung. Zwar wird von einigen Autoren als Objekt einer Verfügung allein ein (subjektives) Recht genannt, so *Flume,* AT II,

Recht als Gegenstand des Verzichts muss hinreichend bestimmt sein. Des Weiteren muss der Verzichtende über das Recht verfügen können.[30] Regelmäßig ergibt sich die Verfügungsmacht aus dem Recht selbst.[31] Lediglich in Ausnahmefällen ist der Träger des Rechts hinsichtlich der Verfügung über das Recht beschränkt.[32] Hieraus wird gefolgert, dass allenfalls in zu begründenden Ausnahmen ein Recht unverzichtbar oder unübertragbar sei.[33] Dies spiegelt sich auch in den „Verzichtsnormen" des BGB wieder. Wesentlicher Inhalt dieser Normen sind die Voraussetzungen[34] und Folgen[35] eines Verzichts. Nur im Einzelfall wird ausdrücklich zur Zulässigkeit eines Verzichts Stellung genommen.[36] Damit wird deutlich, dass das BGB im Regelfall von verzichtbaren Rechten ausgeht.[37] Dabei ist jedoch zu beachten, dass nicht auf jedes Recht, über das verfügt werden kann, auch verzichtet werden kann.[38] Auch besteht kein zwingender Zusammenhang zwischen der Übertragbarkeit des Rechts und der Zulässigkeit eines Verzichts. Zwar sind unverzichtbare Rechte in der Regel auch nicht übertragbar. Ein Umkehrschluss ist jedoch nicht zulässig. Unübertragbare Rechte können z. B. verzichtbar sein, wenn die fehlende Übertragbarkeit ihren Grund in der besonderen Bedeutung des Rechts gerade für die Person des Berechtigten hat. Dies war beispielsweise bei § 1300 BGB a. F. der Fall.[39] Demnach ist unabhängig von der allgemeinen Verfügbarkeit oder Übertragbarkeit des Rechts jeweils gesondert zu untersuchen, ob ein Verzicht im Einzelfall zulässig ist.[40]

---

§ 11, 5b), *Medicus,* AT Rn. 208. Damit wird jedoch der Verfügungsbegriff unnötig eingeengt. Wie bereits *v. Thur,* AT II/1, § 54, S. 238, 239 und *Thiele,* Zustimmung, S. 39 ff., nachgewiesen haben, stellen beispielsweise die Kündigung und der Rücktritt vom Vertrag Verfügungen über ein Schuldverhältnis und damit über ein Rechtsverhältnis dar. Palandt/*Heinrichs,* § 398 Rn. 38, sieht in der Vertragsübernahme eine Verfügung über das Schuldverhältnis im Ganzen. Ebenso *Larenz/Wolf,* AT, § 23 Rn. 38.

30 *Medicus,* AT, § 19 Rn. 209, 210.

31 *V.Tuhr,* AT II/1, § 54, S. 243.

32 *Larenz/Wolf,* AT, § 23 Rn. 39 ff., der als Beispiel die Eröffnung des Insolvenzverfahrens gem. § 80 InsO nennt.

33 *V. Tuhr,* AT II/1, § 54, S. 266.

34 §§ 417 Abs. 2; 533; 914 Abs. 2 S. 2; 928 Abs. 1, 1169; 1178 Abs. 2 S. 1; 1191 Abs. 1 S. 2, 3, Abs. 3 und 3 BGB.

35 §§ 376 Abs. 2 Nr. 1; 671 Abs. 3; 768 Abs. 2; 773 Abs. 1 Nr. 1; 959; 976; 1056 Abs. 2 S. 2; 1137 Abs. 2; 1168; 1171 Abs. 3; 1175 Abs. 1; 1175 Abs. 1; 1211 Abs. 2 BGB.

36 Z. B. § 1614 Abs. 1 BGB für die Unzulässigkeit des Verzichts auf künftige Unterhaltsansprüche.

37 So auch schon in den Motiven, vgl. *Mugdan,* Bd. I., EG und allgemeiner Teil, S. 504.

38 *Rieble,* in: Staudinger Komm. BGB, § 397 Rn. 59. Motive in: *Mugdan,* Bd. I., EG und allgemeiner Teil, S. 504, wonach die Möglichkeit eines Verzichts von dem Wesen des jeweiligen Rechts abhängt.

39 *V. Tuhr,* AT II/1, § 54, S. 266.

40 Vgl. Motive in: *Mugdan,* Bd. I., EG und allgemeiner Teil, S. 504.

Ausgeschlossen ist ein Verzicht bei gesetzlichen Verzichtsverboten.[41] Aber auch außerhalb des Gesetzes können sich aus dem Wesen des jeweiligen Rechts selbst Verzichtsverbote ergeben. Solche ungeschriebenen Verzichtsverbote sind anzunehmen, wenn das Erlöschen des Rechts infolge eines Verzichts mit der jeweiligen Rechtsposition nicht in Einklang zu bringen wäre. Ein Beispiel hierfür ist der Gesellschaftsanteil an einer Gesellschaft des bürgerlichen Rechts. Ein Verzicht auf den Gesellschaftsanteil mit der Rechtsfolge des Erlöschens dieses Anteils würde gegen § 738 Abs. 1 S. 1 BGB verstoßen, wonach der Gesellschaftsanteil bei den übrigen Gesellschaftern anwächst, wenn ein Gesellschafter ausscheidet.

Darüber hinaus lassen sich aus den gesetzlichen Verzichtsverboten und den Motiven zum BGB weitere Leitlinien dafür gewinnen, bei welchen Rechten ein Verzicht zulässig ist und bei welchen nicht. In den Motiven zum BGB wird grundsätzlich davon ausgegangen, dass auf Vermögensrechte verzichtet werden kann.[42] Aus dem Gesetz wiederum lässt sich entnehmen, dass ein Verzicht dann ausgeschlossen ist, wenn er sittenwidrig i. S. d. § 138 BGB wäre. Ein Verzichtsverbot ist demnach beispielsweise anzunehmen, wenn der Verzichtende aufgrund wirtschaftlicher bzw. intellektueller Unterlegenheit besonders schutzwürdig ist.[43] Schließlich ist der Verzicht unzulässig, wenn er schützenswerte Rechte Dritter oder öffentliche Belange gefährden würde.[44]

Vom Wesen und Inhalt des jeweiligen Rechts ist auch die rechtliche Umsetzung des Verzichts geprägt. So sieht das BGB für den Verzicht auf schuldrechtliche Forderungen in § 397 BGB den Abschluss eines Erlassvertrages vor. Über den engen Wortlaut hinaus wird § 397 BGB auch auf Forderungen aus gesetzlichen Schuldverhältnissen angewandt.[45] Für die übrigen Rechte entspricht es allgemeinern Meinung, dass ein Verzicht einseitig durch den Inhaber des Rechts erklärt werden kann. Dies trifft für dingliche Rechte, aber auch für Gestaltungsrechte zu.[46] Als Ausnahme ist der Erbverzicht nach § 2346 BGB zu nennen. Dieser hat gemäß §§ 2348, 2352 S. 3 BGB in Form eines Vertrags zu erfolgen, der darüber hinaus der notariellen Beurkundung bedarf. Dies ist zum einen mit der

41 Z. B. § 1614 BGB oder § 4 TVG.

42 Motive in: *Mugdan*, Bd. I., EG und allgemeiner Teil, S. 504. Ohne Bedeutung ist hingegen die Frage, ob es sich bei dem Recht um ein subjektives Recht handelt. Zum einen bestehen subjektive Rechte, auf die ausdrücklich nicht verzichtet werden kann, vgl. § 1614 BGB. Zum anderen setzt eine Verfügung nicht zwingend das Vorliegen eines subjektiven Rechts voraus, vgl. *Larenz/Wolf*, AT, § 23 Rn. 38, mit Verweis auf *Thiele*, Zustimmung, S. 39 ff.

43 *Rieble*, in: Staudinger Komm. BGB, § 397 Rn. 174 ff.; *v. Feldmann*, in: MüKo BGB, § 397 Rn. 17.

44 *Rieble*, in: Staudinger Komm. BGB, § 397 Rn. 174 ff.; *v. Tuhr*, AT II/1, § 54, S. 266; *v. Feldmann*, in: MüKo BGB § 397 Rn. 17.

45 *V. Tuhr*, AT II/1, § 54, S. 270, der als Rückausnahme die Ausschlagung eines Vermächtnisses nach § 2180 BGB und die Zurückweisung eines Rechts nach § 333 BGB nennt.

46 *V. Tuhr*, AT II/1, S. 270 f. A. A. *Eccius*, Gruchot 50, S. 1, 6, der auch bei der Ausübung von Gestaltungsrechten eine Einigung über die Änderung des Vertragsinhalts verlangt.

herausragenden Bedeutung dieses Geschäfts für den Verzichtenden zu begründen[47], zum anderen sind die strengen formalen Vorgaben für den Verzicht die Kehrseite der ebenso rigiden Vorschriften über die Begründung des Erbrechts durch Vertrag.[48]

Ein wirksamer Verzicht setzt demnach in der überwiegenden Zahl der Fälle eine einseitige empfangsbedürftige Willenserklärung voraus. Allein bei der Dereliktion gemäß § 959 BGB lässt das BGB eine nicht empfangsbedürftige Willenserklärung ausreichen. Dies kann damit erklärt werden, dass der Verzicht auf das Eigentum an einer beweglichen Sache regelmäßig keinerlei unmittelbare Auswirkungen auf die Rechtspositionen anderer hat.

III. Verzicht auf das allgemeine mitgliedschaftliche Gewinnbeteiligungsrecht

Das allgemeine mitgliedschaftliche Gewinnbeteiligungsrecht kann gemäß § 58 Abs. 4 AktG von Beginn an oder nachträglich durch Satzungsregelung ausgeschlossen werden.[49] Fraglich hingegen ist, wie *Horbach* richtig angemerkt hat, ob hieraus mit *Knur*[50] gefolgert werden kann, dass ein Verzicht auf das allgemeine mitgliedschaftliche Gewinnbeteiligungsrecht zulässig ist. Insbesondere erscheint zweifelhaft, ob der Aktionär die für einen Verzicht grundsätzlich notwendige Verfügungsmacht hat.

Die Einschränkung der Verfügungsmacht ergibt sich beim allgemeinen mitgliedschaftlichen Gewinnbeteiligungsrecht bereits aus dem Wesen der Mitgliedschaft und der Mitgliedschaftsrechte. Die Mitgliedschaft beschreibt die Stellung des einzelnen Gesellschafters im Gesellschaftsverhältnis[51] sowie die Summe aller Rechte und Pflichten eines Mitglieds im Verband.[52] Das Gesellschaftsverhältnis als Rechtsverhältnis zwischen den Gesellschaftern untereinander bzw. zwischen dem einzelnen Gesellschafter und dem Verband ist im Aktienrecht stark von gesetzlichen und satzungsmäßigen Vorgaben geprägt. Der Inhalt der allgemeinen Mitgliedschaftsrechte ergibt sich folglich abschließend aus dem Gesetz und der Satzung.[53] Die Bedeutung der Satzung geht dabei über die Begründung eines mehrseitigen Leistungsverhältnisses hinaus. Sie ist die Organisationsverfassung des Verbandes.[54] Aus dieser (Doppel-) Funktion heraus ergibt sich, dass die vertragliche Ordnung des gesellschaftlichen Rechtsverhältnisses in der unentziehbaren Zustän-

---

47 *Cohn,* Gruchot 47, S. 221, 257.

48 *Kipp/Coing,* ErbR., § 82, S. 454.

49 Vgl. statt aller *Lutter,* in: Kölner Komm. AktG, § 58 Rn. 93.

50 DB 1954, S. 544.

51 *Lutter,* AcP 180, S. 84, 86; *Hadding,* in: FS Steindorff (1990), S. 31, 37.

52 *Lutter,* AcP 180, S. 85, 86.

53 *Brändel,* in: Großkomm. AktG, § 11 Rn. 6.

54 Vgl. *K. Schmidt,* GesR, § 5 I, S. 76 f.

digkeit der Gesellschafter als Gesamtheit liegt und nur die Gesellschafter durch gemeinsame Willensbildung die Verfassung des Verbandes ändern können.[55]

In dieselbe Richtung weist zwar auch *Horbachs* Ansicht, dass Mitgliedschaftsrechte nur in der Satzung verändert werden können.[56] Dem kann in dieser pauschalen Form jedoch nicht gefolgt werden. Entscheidend ist, ob sich bei einer Änderung des jeweiligen mitgliedschaftlichen Rechts des einzelnen Aktionärs Auswirkungen auf das Gesellschaftsverhältnis und die Stellung des Gesellschafters im Verband ergeben. Dies ist allenfalls bei gattungsbegründenden Mitgliedschaftsrechten der Fall. Während das allgemeine Stimmrecht nur durch Satzungsänderung ausgeschlossen werden kann und durch einen derartigen Ausschluss eine eigenen Aktiengattung i. S. d. § 11 S. 2 AktG geschaffen wird, bleibt die Verbandsverfassung unberührt, wenn ein Aktionär sich der Stimme enthält und damit im Einzelfall auf sein mitgliedschaftliches Mitverwaltungsrecht verzichtet.[57] Zutreffend ist es daher, eine Satzungsänderung allein dann zu fordern, wenn die Modifizierung des einzelnen mitgliedschaftlichen Rechts auf das Gesellschaftverhältnis insgesamt „durchschlagen" und hierdurch eine neue Aktiengattung i. S. d. § 11 S. 2 AktG entstehen soll. Dies ergibt sich zwingend § 23 Abs. 3 Nr. 4 AktG.[58]

Für den Verzicht auf das allgemeine mitgliedschaftliche Gewinnbeteiligungsrecht bedeutet dies: Der Verzicht auf das allgemeine mitgliedschaftliche Recht auf Gewinnbeteiligung würde – seine Zulässigkeit vorausgesetzt – eine Mitgliedschaft ohne Gewinnbeteiligungsrecht schaffen, wie sie nach § 58 Abs. 4 AktG statutarisch vorgesehen werden kann. Da somit Gesellschaftsanteile entstehen, deren Rechte hinter den Rechten der übrigen Aktien zurückbleiben, würde durch einen solchen Verzicht eine neue Aktiengattung geschaffen.[59] Dies setzt jedoch – wie soeben dargestellt – zwingend eine Satzungsänderung voraus. Aus diesem Grunde scheidet ein Verzicht auf das allgemeine mitgliedschaftliche Gewinnbeteiligungsrecht aus.[60] Als Zwischenergebnis bleibt daher festzuhalten, dass ein Verzicht auf das allgemeine mitgliedschaftliche Recht auf Gewinnbeteiligung nicht möglich ist und somit als Gestaltung für eine punktuelle disquotale Gewinnausschüttung nicht in Frage kommt.

---

55 *K. Schmidt*, GesR, § 5 I, S. 83 ff.

56 AG 2001, S. 78, 82.

57 *Brändel*, in: Großkomm. AktG, § 11 Rn. 10.

58 Dies gilt auch für Änderungen bei den Aktiengattungen, *Hüffer*, AktG, § 23 Rn. 29.

59 *Brändel*, in: Großkomm. AktG, § 11 Rn. 6.

60 So wohl auch *Hoffmann-Becking*, in: Mü. HdB GesR. AG, § 46 Rn. 25. Auf die weiteren von *Horbach* in AG 2001, S. 78, 82 und *König* in AG 2001, S. 399, 404 f. geäußerten Bedenken soll daher erst später eingegangen werden.

IV. Verzicht auf das konkrete mitgliedschaftliche Recht auf Gewinnbeteiligung

1) Behandlung in der Literatur

Der Verzicht auf das konkrete mitgliedschaftliche Recht auf Gewinnbeteiligung wird in der Literatur selbst von *Lutter*, der – wie bereits dargestellt – eine entsprechende Untergliederung des mitgliedschaftlichen Gewinnbeteiligungsrechts vertritt, nicht gesondert behandelt.[61] Die überwiegende Anzahl der Autoren begnügt sich insoweit mit der Feststellung, dass der Aktionär darauf verzichten kann, einen Gewinnverwendungsbeschluss gerichtlich durchzusetzen. *Horbach* merkt insoweit zu Recht an, dass dieser „Klageverzicht“ nicht zu einem Verzicht auf das Recht auf Gewinnbeteiligung führt.[62] Der Verzicht auf die Befugnis, den Anspruch auf den Gewinnverwendungsbeschluss gerichtlich geltend zu machen, ändert in der Tat den Inhalt des mitgliedschaftlichen Gewinnbeteiligungsrechts nicht. Das Klagerecht ist ein reines Hilfsrecht, um das Recht auf Gewinnbeteiligung durchzusetzen.[63] Der Verzicht auf das Hilfsrecht berührt indes das Hauptrecht nicht.[64]

Die Rechtsposition des Aktionärs nach Feststellung eines Bilanzgewinns im Jahresabschluss erschöpft sich jedoch nicht allein in diesem Klagerecht. Bereits im 2. Kapitel[65] wurde die hier vertretene Auffassung dargelegt, dass der eigentliche Inhalt des konkreten mitgliedschaftlichen Gewinnbeteiligungsrechts die Beteiligung am festgestellten Bilanzgewinn unter Vorbehalt der in § 58 Abs. 4 AktG genannten Ausschlusstatbestände ist.[66] Es stellt sich daher die Frage, ob der Aktionär auf das konkrete mitgliedschaftliche Gewinnbeteiligungsrecht verzichten kann.

2) Verzichtsfähigkeit des konkreten mitgliedschaftlichen Gewinnbeteiligungsrechts

Wie beim Verzicht auf das allgemeine mitgliedschaftliche Gewinnbeteiligungsrecht ist zu klären, ob das konkrete mitgliedschaftliche Gewinnbeteiligungsrecht überhaupt eine verzichtsfähige Rechtsposition ist. Dies könnte aus mehreren Gründen zweifelhaft sein. Frag-

---

61 Vgl. *Lutter*, in: Kölner Komm. AktG, § 60 Rn. 27. Hier ist schlicht von einem Verzicht auf den Anteil am Bilanzgewinn die Rede, ohne dass die unter § 58 Rn. 80 vorgenommene Untergliederung der mitgliedschaftlichen Rechtspositionen aufgegriffen wird.

62 AG 2001, S. 78, 82. Interessant hieran ist, dass *Horbach*, der sich ansonsten gegen die Zulässigkeit eines Verzichts auf Mitgliedschaftsrechte wendet, den Verzicht hier nicht als unzulässig ausschließt, sondern nur für nicht zielführend hält.

63 *Brändel*, in: Großkomm. AktG, § 11 Rn. 10.

64 *Kraft*, in: Kölner Komm. AktG, § 11 Rn. 53.

65 Dort unter B II 2) c).

66 *Hefermehl/Bungeroth*, in: Geßler/Hefermehl AktG Komm., § 58 Rn. 116 f.; *Henze*, in: Großkomm. AktG, § 58 Rn. 87; *Lutter*, in: Kölner Komm. AktG, § 58 Rn. 83, 89; BGHZ 65, 230, 235; 124, 27, 31.

lich erscheint bereits, ob der Aktionär die Verfügungsmacht über das konkrete mitgliedschaftliche Gewinnbeteiligungsrecht besitzt. Darüber hinaus wird ferner zu untersuchen sein, ob ein entsprechender Verzicht gegen den Gleichbehandlungsgrundsatz oder gegen § 60 Abs. 3 AktG verstößt. Schließlich ist zu prüfen, ob die vorstehend benannten[67], allgemeinen Verzichtsverbote gegen einen Verzicht auf das konkrete mitgliedschaftliche Gewinnbeteiligungsrecht sprechen.

(1) Verfügungsmacht des Aktionärs

Die Verfügungsmacht des Aktionärs hinsichtlich des konkreten mitgliedschaftlichen Gewinnbeteiligungsrechts könnte ausgeschlossen sein, wenn ein Eingriff in dieses Recht – wie beim allgemeinen mitgliedschaftlichen Gewinnbeteiligungsrecht – nur in der Form einer Satzungsregelung möglich wäre, das mitgliedschaftliche Gewinnbeteiligungsrecht nur nach besonderen Regeln des Aktienrechts aufgehoben werden könnte oder die Hauptversammlung gegenüber den Aktionären Vorrang hinsichtlich der Verfügung über dieses Recht innehätte. Letztlich ist auch zu untersuchen, wie es sich auf die Verfügungsmacht des Aktionärs auswirkt, dass das konkrete mitgliedschaftliche Gewinnbeteiligungsrecht unselbständiger Teil des Mitgliedschaftsrechts ist.

a) Zwingende Satzungsänderung

Die Verfügungsmacht des Aktionärs wäre eingeschränkt, wenn das Erlöschen des konkreten mitgliedschaftlichen Gewinnbeteiligungsrechts die Stellung des Gesellschafters in der Gesellschaft und damit das Gesellschaftsverhältnis an sich beeinflussen würde.[68] Dies ist bei einem Verzicht auf das konkrete mitgliedschaftliche Gewinnbeteiligungsrecht jedoch nicht der Fall. Von einem entsprechenden Verzicht ist allein das für das jeweilige Geschäftsjahr aktualisierte und konkretisierte Recht auf Gewinnbeteiligung – d. h. auf Ausschüttung des jeweiligen Bilanzgewinns – betroffen. Insoweit ist jedoch anerkannt, dass es keiner Satzungsänderung bedarf, um diesen Anspruch zum Erlöschen zu bringen, sondern die Hauptversammlung in ihrem Gewinnverwendungsbeschluss den Bilanzgewinn vollständig in Rücklagen einstellen und damit das konkrete mitgliedschaftliche Gewinnbeteiligungsrecht zunichte machen kann.[69] Ein allein auf das konkretisierte mitgliedschaftliche Gewinnbeteiligungsrecht gerichteter Verzicht bezieht sich damit nicht auf die allgemeine Stellung des Gesellschafters im Verband, sondern nur auf ein Zweigrecht. Er weist Ähnlichkeiten zur Stimmenthaltung auf. Für das Stimmrecht ist die Stimmenthaltung als Ausübungsverzicht im konkreten Einzelfall anerkannt.[70] Bei diesem geht es dem

---

67 Vgl. oben B.II.

68 Vgl. oben B.III.

69 Vgl. statt aller *Lutter*, in: Kölner Komm. AktG, § 58 Rn. 84.

70 *Brändel*, in: Großkomm. AktG, § 11 Rn. 10.

Aktionär ebenfalls nicht darum, sein Stimmrecht insgesamt aufzugeben – eine solche generelle Abweichung vom gesetzlichen Regelfall wäre auch beim Stimmrecht nur durch Satzungsänderung möglich[71] –, sondern um einen punktuellen Verzicht ohne Auswirkungen auf das Stimmrecht für die Zukunft. Für einen derartigen Ausübungsverzicht des Stimmrechts wird konsequenter Weise keine Satzungsregelung gefordert. Gleiches muss grundsätzlich auch für den Verzicht auf das konkretisierte mitgliedschaftliche Gewinnbeteiligungsrecht gelten.

b) Aufhebung nur nach den „Regeln des Aktienrechts"

Horbach folgert aus dem gesellschaftlichen Charakter des mitgliedschaftlichen Gewinnbeteiligungsrechts, dass dieses Recht nur nach den Regeln des Aktienrechts aufgehoben werden könne. Da jedoch der Verzicht auf das Gewinnrecht im Aktienrecht nicht vorgesehen sei und es zudem keinen allgemeinen Grundsatz gebe, wonach auf mitgliedschaftliche Rechtspositionen durch einseitige Erklärung oder Vertrag verzichtet werden könne, sei ein entsprechender Verzicht nicht zulässig. [72]

Dieser Umkehrschluss vermag nicht zu überzeugen. Zum einen wurde bereits erörtert, dass in der weit überwiegenden Zahl der Fälle die Verzichtsfähigkeit der jeweiligen Rechte nicht positiv im Gesetz festgestellt, sondern als selbstverständlich vorausgesetzt wird.[73] Dieses Regel-Ausnahmeverhältnis gilt grundsätzlich auch im Aktienrecht. So werden für den Verzicht von Schadensersatzforderungen der Gesellschaft nur die besonderen Voraussetzungen normiert.[74] Des Weiteren zeigt auch ein Blick auf die übrigen mitgliedschaftlichen Rechte, dass sie für den jeweiligen konkreten Einzelfall für verzichtbar gehalten werden.[75] So käme niemand auf die Idee, den Aktionär zu einer Stimmabgabe mit dem Argument zu zwingen, es gäbe keinen allgemeinen gesellschaftsrechtlichen bzw. aktienrechtlichen Grundsatz, dass der Aktionär auf seine mitgliedschaftlichen (Mitverwaltungs-) Rechte verzichten könne. Was aber für Mitverwaltungsrechte gilt, deren Ausübung auch unter dem Gesichtspunkt der gesellschaftsrechtlichen Treuepflicht von erheblicher Bedeutung ist, muss erst recht für die Vermögensrechte des Aktionärs zutreffen, die allein im Interesse des Gesellschafters bestehen. Die von *Horbach* vertretene Auffassung würde hingegen zu einem Zwang der Wahrnehmung eigener Rechte führen. Dagegen spricht schon der allgemeine Rechtsgrundsatz *„iure suo uti nemo cogitur"*.

---

71 *Brändel,* in: Großkomm. AktG, § 11 Rn. 10, 25; BGHZ 70, 117, 119.

72 AG 2001, S. 78, 82.

73 Vgl. oben II.

74 Vgl. hier §§ 50 S. 1, 93 Abs. 4 S. 3 AktG.

75 *Brändel,* in: Großkomm. AktG, § 11 Rn. 10 für das Stimmrecht.

c) *Vorrang des Gewinnverwendungsbeschlusses der Hauptversammlung*

Zu überlegen ist jedoch, ob nicht durch die Gewinnverwendungskompetenz der Hauptversammlung nach §§ 58 Abs. 3, 174 AktG die Verfügungsmacht des Aktionärs über das konkrete mitgliedschaftliche Gewinnbeteiligungsrecht ausgeschlossen oder beschränkt ist.

Nach § 58 Abs. 4 AktG kann die Hauptversammlung den Bilanzgewinn in Rücklagen einstellen und damit den Anspruch des Aktionärs auf Gewinnbeteiligung zunichte machen. Der BGH spricht insoweit von einem der Mehrheitsentscheidung unterworfenen Recht.[76] *Lutter*[77] und *Henze*[78] beschreiben die Wirkung des Beschlusses als Ausschluss des Rechts auf Gewinnbeteiligung, während für *Hefermehl/Bungeroth*[79] der Hauptversammlungsbeschluss lediglich den Inhalt des Anspruchs bestimmt, ohne dass von einem Ausschluss von Rechten gesprochen wird. Dieses Recht der Hauptversammlung lässt für sich jedoch nicht die Folgerung zu, dass dem Aktionär jegliche Verfügungsmacht über das konkrete mitgliedschaftliche Gewinnbeteiligungsrecht entzogen wäre. Die Zuweisung der Gewinnverwendungskompetenz an die Hauptversammlung führt nicht zum vollständigen Übergang der Verfügungsbefugnis über das konkrete mitgliedschaftliche Gewinnbeteiligungsrecht vom Aktionär auf die Hauptversammlung. Auch kann darin kein Verfügungsverbot für den Aktionär gesehen werden. Verfügungsverbote stellen die schärfste Form einer Einschränkung der Privatautonomie dar und werden daher im Gesetz grundsätzlich ausdrücklich geregelt.[80] An einer entsprechenden Vorschrift fehlt es jedoch im Aktienrecht.

d) *Ausschluss der Verfügungsmacht aufgrund Unselbständigkeit des Rechts*

Gegen die Zulässigkeit eines Verzichts könnte schließlich sprechen, dass es sich bei dem konkreten mitgliedschaftlichen Gewinnbeteiligungsrecht um einen unselbständigen Teil des Mitgliedschaftsrechts handelt.[81]

Nach allgemeiner und zutreffender Meinung ist davon auszugehen, dass das allgemeine mitgliedschaftliche Gewinnbeteiligungsrecht nicht isoliert von der Mitgliedschaft übertragen oder belastet werden kann.[82] Gleiches gilt für das konkrete mitgliedschaftliche Gewinnbeteiligungsrecht. Dem Ansatz nach geht es dabei um das Verhältnis der einzelnen mitgliedschaftlichen Rechte zur Mitgliedschaft als solcher.[83] Soweit ein Recht als

76 BGHZ 124, 27, 31.

77 In: Kölner Komm. AktG, § 58 Rn. 87.

78 In: Großkomm. AktG, § 58 Rn. 96.

79 In: Geßler/Hefermehl AktG Komm., § 58 Rn. 119.

80 Vgl. § 135 BGB.

81 So z. B. *König*, AG 2001, S. 399, 403 f.

82 *Hüffer*, AktG, § 58 Rn. 26; *Lutter*, in: Kölner Komm. AktG, § 58 Rn. 95; *Henze*, in: Großkomm. AktG, § 58 Rn. 88; *K. Schmidt*, GesR., § 19 III, S. 560 f.

83 *Habersack*, Die Mitgliedschaft, S. 78, 80.

„unselbständiges" Recht bezeichnet wird, geschieht dies stets im Hinblick auf die Frage, ob das Recht selbständig übertragbar ist oder mit Rechten Dritter belastet werden kann.[84] In beiden Fällen geht die Befugnis, das Recht auszuüben, ganz oder teilweise auf eine andere Person über. Es handelt sich demnach, wie *Fleck*[85] im Hinblick auf das Stimmrecht zutreffend festgestellt hat, um die „verdrängende Ausübung von Mitgliedschaftsrechten durch einen anderen als den Träger der Rechte selbst". Die Unselbständigkeit mitgliedschaftlicher Rechte bedingt daher das Abspaltungsverbot.[86] Ziel des Abspaltungsverbots ist es in erster Linie, zu verhindern, dass Mitgliedschaft und mitgliedschaftliche Rechte auf unterschiedliche Personen aufgeteilt werden.[87] Durch einen Verzicht überträgt der Aktionär das jeweilige Recht jedoch schon per definitionem nicht[88], sondern gibt es auf. Daher steht das Abspaltungsverbot einem Verzicht des Aktionärs auf das konkrete mitgliedschaftliche Gewinnbeteiligungsrecht nicht entgegen.[89]

(2) Verstoß gegen den Gleichheitsgrundsatz

Nach § 53 a AktG unterliegen mitgliedschaftliche Rechte und damit auch das mitgliedschaftliche Gewinnbeteiligungsrecht dem Gleichbehandlungsgrundsatz.[90] Der Gleichbehandlungsgrundsatz selbst ist jedoch verzichtbar[91] und steht daher einem Verzicht auf mitgliedschaftliche Rechte nicht entgegen. Zulässig ist dabei jedoch immer nur der Ver-

---

84 *Hüffer*, AktG § 58 Rn. 26; *Lutter*, in: Kölner Komm. AktG, § 58 Rn. 95; *Henze*, in: Großkomm., AktG, § 58 Rn. 88; *K. Schmidt*, GesR., § 19 III, S. 560 f.

85 *Fleck*, in FS für R. Fischer (1979), S. 107, 114.

86 So auch *Raiser*, Kapitalgesellschaften, § 12 Rn. 13, 17 und *Schön*, ZHR 158 (1994), S. 229, 251, die den Begriff des Abspaltungsverbots auch zur Umschreibung der Unselbständigkeit des mitgliedschaftlichen Gewinnbeteiligungsrechts verwenden. *Gutbrod*, GmbHR 1995, S. 551 f., belegt zudem die enge Verknüpfung des mitgliedschaftlichen Gewinnbezugsrechts mit den Teilhaberechten und begründet hieraus das Verbot der selbständigen Übertragung und Belastung.

87 H. M., *Ulmer*, in: FS für Fleck (1988), S. 383, 385; *Fleck*, in: FS für R. Fischer (1979), S. 107, 114; *Hüffer*, AktG, § 8 Rn. 30; *K. Schmidt*, GesR., § 19 III, S. 560 f.

88 *V. Tuhr*, AT II/1, § 54, S. 265. Dabei müssen hier zwei Sachverhalte streng voneinander getrennt werden. Der Verzicht des (Groß-) Aktionärs kann im Einzelfall zwar durchaus dazu führen, dass sich der Ausschüttungsbetrag bei den übrigen Gesellschaftern erhöht. Dies beruht jedoch nicht auf der Übertragung des mitgliedschaftlichen Gewinnbeteiligungsrechts. Vielmehr erhöht sich der Anteil der anderen Gesellschafter am Ausschüttungsbetrag aufgrund der geringeren Zahl der Berechtigten, vgl. BGH, NJW 1995, S. 1027, 1028.

89 A. A. *Horbach*, AG 2001, S. 78, 82, der aus dem Abspaltungsverbot ein generelles Verfügungsverbot ableitet, von dem auch der Verzicht umfasst sein soll.

90 *Hüffer*, AktG, § 53 a Rn. 4.

91 *Obermüller/Werner/Winden*, S. 320 Rn. 91; *Hüffer*, AktG, § 53 a Rn. 5 m w. N.; *Lutter/Zöllner*, in: Kölner Komm. AktG, § 53 a Rn. 29 f.

zicht auf eindeutig bestimmte Rechtspositionen im jeweils zur Entscheidung stehenden Einzelfall.[92]

(3) Verstoß gegen § 60 Abs. 3 AktG

Zu überlegen ist schließlich, ob § 60 Abs. 3 AktG einem Verzicht des Aktionärs auf das konkrete mitgliedschaftliche Gewinnbeteiligungsrecht entgegen steht. Nach § 60 Abs. 3 AktG kann die Satzung eine Abweichung vom gesetzlichen Gewinnverteilungsschlüssel vorsehen. Ein Verstoß gegen § 60 Abs. 3 AktG könnte damit gegeben sein, wenn durch den Verzicht des Aktionärs zugleich auch, ohne entsprechende Satzungsregelung, der Gewinnverteilungsschlüssel abgeändert würde. Dies ist jedoch nicht der Fall. Der Verzicht auf das konkrete mitgliedschaftliche Gewinnbeteiligungsrecht lässt den Gewinnverteilungsschlüssel unberührt.[93] Er führt vielmehr – das sei an dieser Stelle vorweggenommen – zu einer Rechtslage, die mit dem Ruhen der Mitgliedschaft vergleichbar ist. Der Bilanzgewinn wird damit unter die übrigen Gesellschafter verteilt, als ob der verzichtende Aktionär nicht existieren würde, ohne dass damit der Gewinnverteilungsschlüssel für die übrigen Aktionäre geändert würde.[94]

(4) Keine allgemeinen Verzichtsverbote

In einem letzten Schritt bleibt zu prüfen, ob allgemeine Verzichtsverbote vorliegen. Aus den dargestellten allgemeinen Regeln[95] lässt sich ein Verzichtsverbot nicht ableiten. Der Verzicht führt nicht zu einer Gefährdung fremder Vermögensinteressen. Für die übrigen Gesellschafter steigt gegebenenfalls mit dem Verzicht des Großaktionärs die Chance auf eine Dividendenausschüttung und gegebenenfalls die Höhe des Ausschüttungsbetrags. Auch für die Gläubiger der Gesellschaft birgt der Verzicht keine Gefahren. Der Verzicht führt nicht zu einem Abfluss von Gesellschaftsmitteln. Ein Verzicht hat zudem weder Einfluss auf den Bilanzgewinn noch auf den zu fassenden Gewinnverwendungsbeschluss.[96] Schließlich liegen keine Anhaltspunkte dafür vor, dass der Aktionär durch seinen Verzicht auf sein konkretes mitgliedschaftliches Gewinnbeteiligungsrecht staatliche Belange beeinträchtigt.

Ein entsprechender Verzicht wäre zudem nicht sittenwidrig. Der verzichtende Großaktionär selbst, der mit seinem Verzicht – wie bereits dargestellt – meist unternehmeri-

92 *Lutter/Zöllner*, in: Kölner Komm. AktG, § 53a Rn. 30.

93 *Blumers/Beinert/Witt*, DStR 2002, S. 565, 567.

94 *Henze*, in: Großkomm. AktG, § 60 Rn. 36, 38; *Lutter*, in: Kölner Komm. AktG, § 60 Rn. 27; *Hefermehl/Bungeroth*, in: Geßler/Hefermehl AktG Komm., § 60 Rn. 36.

95 Vgl. oben B.II.

96 *Hefermehl/Bungeroth*, in: Geßler/Hefermehl AktG Komm., § 60 Rn. 36.

sche oder steuerliche Ziele verfolgt, ist gegenüber der Gesellschaft nicht schutzwürdig.[97] Auch die Verfolgung steuerlicher Ziele macht den Verzicht nicht per se sittenwidrig. Etwas anderes würde nur dann gelten, wenn durch den Verzicht eine Steuerhinterziehung bezweckt oder ermöglicht werden sollte.[98] Eine Steuerhinterziehung setzt nach § 370 AO u. a. voraus, dass die Finanzbehörden über steuerlich erhebliche Tatsachen getäuscht werden.[99] Der Verzicht allein bedingt keine derartige Täuschung. Vielmehr wird der verzichtende Aktionär den Verzicht gegenüber den Steuerbehörden offen legen, um so zu vermeiden, dass er den Verzichtsbetrag als vermeintlich zugeflossene Dividende zu versteuern hat. Zwar ist derzeit streitig, unter welchen Voraussetzungen der Verzicht auf die Gewinnbeteiligung auch steuerrechtlich anzuerkennen ist.[100] Einig ist man sich jedoch, dass der Verzicht jedenfalls keine Steuerhinterziehung darstellt.

(5) Zusammenfassung

Es bleibt damit festzuhalten, dass das konkrete mitgliedschaftliche Recht auf Gewinnbeteiligung für den Aktionär grundsätzlich eine verzichtbare Rechtsposition darstellt. Der Verzicht scheitert weder an einer mangelnden Verfügungsbefugnis des Aktionärs noch sprechen der Gleichbehandlungsgrundsatz, § 60 Abs. 3 AktG oder allgemeine Verzichtsverbote gegen ihn.

Im Weiteren ist zu untersuchen, wie der Verzicht auf das konkrete mitgliedschaftliche Recht auf Gewinnausschüttung rechtsgeschäftlich umzusetzen ist.

3) Rechtsgeschäftliche Umsetzung

(1) Meinungsstand

Zunächst fällt auf, dass in der Literatur auch bei der Frage, wie der Verzicht auf das mitgliedschaftliche Gewinnbeteiligungsrecht umzusetzen ist, nicht zwischen dem allgemeinen und dem konkreten mitgliedschaftlichen Gewinnbeteiligungsrecht differenziert wird. Wie bei der Frage, ob ein solcher Verzicht zulässig ist, wird pauschal auf „das mitgliedschaftliche Gewinnbeteiligungsrecht" abgestellt.

Die Meinungen darüber, wie der Verzicht auf das mitgliedschaftliche Gewinnbeteiligungsrecht rechtsgeschäftlich umzusetzen ist, gehen auseinander. *G. Bezzenberger*[101] schlägt einen Erlassvertrag gemäß § 397 BGB zwischen dem Aktionär und der Gesell-

---

97 So auch *König*, AG 2001, S. 399, 405, der dies jedoch in Bezug auf einen „Verzicht" durch Hauptversammlungsbeschluss feststellt.

98 Palandt/*Heinrichs*, § 138 Rn. 44; vgl. insoweit auch die Rechtsprechung zur falschen Angabe des Kaufpreises beim Grundstückskauf, RGZ 107, 357, 364; BGH, NJW 1966, 588 f.

99 *Klein*, AO, § 370, Anm. 2.

100 Zu den Einzelheiten später im 6. Kapitel.

101 Das Wertpapier 1967, S. 291, 292.

schaft, vertreten durch den Vorstand, vor. Auch *Knur*[102] spricht davon, dass der Verzicht zwischen der Gesellschaft und dem Aktionär „vereinbart" werden könne, ohne jedoch auf einen Erlassvertrag nach § 397 BGB abzustellen.

Hiergegen wird eingewandt, dass ein Erlassvertrag nach § 397 BGB zwingend eine schuldrechtliche Forderung voraussetze, die beim Verzicht auf das mitgliedschaftliche Gewinnbeteiligungsrecht nicht gegeben sei.[103] Des Weiteren wird die Auffassung vertreten, der Vorstand sei nicht zum Abschluss des Verzichtsvertrags befugt, da das mitgliedschaftliche Gewinnbeteiligungsrecht allein durch die Hauptversammlung im Rahmen statutarischer Regelungen oder eines satzungsdurchbrechenden Beschlusses geändert werden könne.[104]

(2) Stellungnahme

Zunächst ist der Auffassung zuzustimmen, dass eine Berufung auf § 397 BGB im vorliegenden Fall grundsätzlich nicht in Frage kommt. Es fehlt insoweit in der Tat an einer schuldrechtlichen Forderung. Dies gilt sowohl für das allgemeine als auch für das konkrete mitgliedschaftliche Gewinnbeteiligungsrecht. Unabhängig davon stellt sich jedoch die Frage, ob es für den Verzicht auf das mitgliedschaftliche Recht auf Gewinnbeteiligung überhaupt eines Vertrags bedarf oder ob es nicht ausreicht, wenn der Aktionär einseitig den Verzicht gegenüber der Gesellschaft erklärt.[105]

a) Notwendigkeit eines Verzichtsvertrags

§ 397 BGB zwingt – wie bereits eingangs erwähnt – hinsichtlich des Verzichts auf das mitgliedschaftliche Gewinnbeteiligungsrecht nicht zum Abschluss eines Vertrags. Unabhängig davon bleibt jedoch zu untersuchen, ob nicht die Besonderheiten des mitgliedschaftlichen Gewinnbeteiligungsrechts ein Vertragserfordernis begründen.

Begonnen werden soll mit einem Vergleich zwischen dem mitgliedschaftlichen Gewinnbeteiligungsrecht und den mitgliedschaftlichen Mitbestimmungs-, Schutz- und Informationsrechten. Hinsichtlich letzterer liegen ebenfalls keine gesetzlichen Verzichtsregeln vor. Die Praxis und die aktienrechtliche Literatur gehen bei diesen Rechten grundsätzlich davon aus, dass auf sie verzichtet werden kann, ohne hierfür den Abschluss eines Verzichtsvertrags zu fordern.[106] So ist beispielsweise die Stimmenthaltung der klassische

102 DB 1954, S. 544.

103 *Horbach*, AG 2001, S. 78, 82; *König*, AG 2001, S. 399, 404.

104 *Hoffmann-Becking*, in: Mü. Hdb. GesR. AG, § 46 Rn. 25.

105 Soweit *Horbach*, AG 2001, S. 78, 82 sich gegen die Wirksamkeit von Verzichtsverträgen wendet, hat dies seine Begründung in der von ihm vertretenen Auffassung, die Unübertragbarkeit bedinge auch die Unzulässigkeit des Verzichts. Für die rechtsgeschäftliche Umsetzung des Verzichts bleibt diese These ohne Belang.

106 *Brändel*, in: Großkomm. AktG, § 11 Rn. 10.

Fall des Verzichts auf das Stimmrecht im Einzelfall. Zweifelhaft kann allenfalls sein, ob dies auf Vermögensrechte übertragen werden kann. Typisch für Mitverwaltungs-, Schutz- und Informationsrechte ist, dass sie verfallen, wenn der Gesellschafter untätig bleibt. Bei den Vermögensrechten ist es jedoch genau umgekehrt. Vorbehaltlich entsprechender Entscheidungen von Verwaltung und Hauptversammlung entstehen das konkrete mitgliedschaftliche Gewinnbeteiligungsrecht und der schuldrechtliche Dividendenanspruch gegebenenfalls auch ohne Zutun des einzelnen Aktionärs. Auch sind Mitverwaltungsrechte und Vermögensrechte wesensverschieden. Bei den Verwaltungsrechten geht es um die Teilhabe an der Willensbildung des Verbands. Dies rückt sie in die Nähe der Gestaltungsrechte.[107] Für den Verzicht auf die im BGB geregelten Gestaltungsrechte ist anerkannt, dass dieser durch einseitige empfangsbedürftige Willenserklärung erfolgen kann.[108] Insoweit steht die aktienrechtliche Praxis im Einklang mit der zum BGB vertretenen allgemeinen Meinung.

Mitgliedschaftliche Vermögensrechte hingegen vermitteln – wie bereits dargestellt – die Teilhabe am wirtschaftlichen Ergebnis der Gesellschaft. Auch wenn sie damit nicht als Forderungen i. S. d. § 194 Abs. 1 BGB oder § 241 Abs. 1 BGB qualifiziert werden können, sondern mitgliedschaftliche Rechte bleiben[109], stellen sie doch die Grundlage für die Entstehung von schuldrechtlichen Forderungen dar. Daher ist zu überlegen, ob dieselben Gründe, welche beim Forderungsverzicht für den Abschluss eines Vertrages sprechen, auch beim mitgliedschaftliche Gewinnbeteiligungsrecht greifen.

Cohn[110] führt das Vertragserfordernis im Rahmen des § 397 BGB auf die „Logik des Schuldverhältnisses" zurück. Dieser Logik widerspreche es, das einmal geknüpfte schuldrechtliche Band (vinculum inter personas) schon allein deshalb zu lösen, weil der Gläubiger es so wolle. Das in § 397 BGB festgeschriebene Vertragserfordernis soll nach dieser Auffassung verhindern, dass der Gläubiger willkürlich das Schuldverhältnis aufhebt.[111] *Du Chesne* greift diesen Gedanken auf. Das Schuldverhältnis sei ein Produkt aus der Willenseinigung der Parteien und der rechtlichen Sanktion, die diesem Willen rechtliche Bindungswirkung verleihe. Aufgrund der Gleichrangigkeit der Partner könne das Rechtsverhältnis nur unter denselben Voraussetzungen aufgehoben werden wie es entstanden sei, nämlich durch eine entsprechende Einigung der Parteien.[112] Durch das Vertragserfordernis werde im Interesse des Schuldners gewährleistet, dass die mit seinem Willen entstandenen Verpflichtung nicht gegen seinen Willen aufgehoben werden kann.[113]

---

107 Vgl. *Habersack*, Die Mitgliedschaft, S. 80 m. w. N.

108 *Rieble*, in: Staudinger Komm. BGB, § 397 Rn. 62; *v. Tuhr*, AT II/1, § 54, S. 266, 271; *Weber*, in: RGRK – BGB, § 397 Rn. 11; a. A. *Eccius*, Gruchot 50, S. 1, 6.

109 Allg. Meinung, vgl. statt aller *Lutter*, in: Kölner Komm. AktG, § 58 Rn. 79 ff.

110 Gruchot 47, S. 221, 229.

111 *Cohn*, Gruchot 47, S. 221, 263.

112 *Du Chesne*, ArchBürgR 42, S. 269, 302.

113 So auch *Larenz*, Schuldrecht I § 19 I, S. 267; *Kaduk*, in: Staudinger Komm. BGB, 12. Aufl., § 397 Rn. 6.

Dieser Grundsatz wird jedoch bereits de lege lata nicht durchgehalten. §§ 414, 423 BGB ermöglichen es, den Schuldner gegen seinen Willen aus dem Schuldverhältnis zu drängen.[114] Deshalb wurde das Vertragserfordernis in § 397 BGB schon früh abgelehnt. *Esser/Schmidt* [115] bezeichnen das Vertragserfordernis als „möglicherweise vorliegende Übertreibung des Vertragsprinzips", die wohl auf dem Rechtsgedanken beruhe, dass sich niemand etwas schenken lassen müsse.[116] Sie sprechen sich für eine weniger doktrinäre Handhabung des § 397 BGB aus und regen an, ein Zurückweisungsrecht nach dem Vorbild des § 333 BGB zuzulassen.[117] Noch deutlicher wird *Heck*[118], der das Vertragserfordernis als einen Anachronismus und eine nicht gebotene Einschränkung der Privatautonomie bezeichnet. Die überwiegende Meinung sieht das Vertragserfordernis in § 397 BGB somit als Ausnahmeregelung an. Auch wenn zur Kenntnis genommen werden muss, dass im Rahmen der Schuldrechtsmodernisierung das Vertragserfordernis nicht aufgehoben wurde, sprechen die geäußerten Bedenken doch grundsätzlich gegen eine Ausweitung des Vertragserfordernisses auf andere Fälle.

Unabhängig davon lassen sich die von den Befürwortern des Vertragserfordernisses gewählten Argumente nicht auf das mitgliedschaftliche Gewinnbeteiligungsrecht übertragen. Der Aktionär steht zur Gesellschaft in einem Rechtsverhältnis, dass in vielerlei Hinsicht Unterschiede zum Schuldverhältnis aufweist.[119] Schon die Entstehung des Rechtsverhältnisses setzt nicht zwingend eine Willenseinigung zwischen dem Gesellschafter und der Gesellschaft voraus. Da die Mitgliedschaft in der Aktie verkörpert ist, kann sie mit der Aktie übertragen werden, ohne dass die Gesellschaft daran mitwirken müsste.[120] Demgemäß wird die Satzung nach der Gründung des Verbandes auch als vom „Einzelrechtsverhältnis losgelöste Verbandsverfassung" bezeichnet.[121] Insoweit fehlt es schon an einem „Band zwischen den Beteiligten, das auf einer gemeinsamen übereinstimmenden Willensbetätigung gründet".[122]

Ferner gehen die mitgliedschaftlichen Rechte auch nicht auf einen aktualisierten Parteiwillen zurück, sondern ergeben sich aufgrund der Verbandsmitgliedschaft aus Gesetz

---

114 Das Zurückweisungsrecht analog § 333 BGB ist zumindest umstritten, vgl. Palandt/*Heinrichs*, § 414 Rn. 1.

115 AT I/1, § 21 I/1, S. 337 f.

116 Vgl. §§ 333, 516 Abs. 2, 1942 ff., 2142, 2180 BGB.

117 So auch *Larenz*, Schuldecht I § 19 I, S. 267; *Gernhuber*, Erfüllung, § 16 I 4, S. 370; a. A. *Rieble*, in: Staudinger Komm. BGB, § 397 Rn. 95.

118 *Heck*, Schuldrecht, § 41, 2 und § 58, 2.

119 *K. Schmidt*, GesR., § 5 I, S. 75 f.

120 Bei Publikumsgesellschaften erhält die Gesellschaft regelmäßig nicht einmal Kenntnis von der Veränderung ihres Gesellschafterstamms.

121 *K. Schmidt*, GesR., § 5 I, S. 75 f.

122 Vgl. *Cohn*, Gruchot 47, S. 221, 229.

oder Satzung.[123] So gesehen bleibt von den Gründen, die bei schuldrechtlichen Forderungen für ein Vertragserfordernis gesprochen haben, nichts übrig.

Ein Vertragserfordernis ließe sich jedoch u. U. begründen, wenn das mitgliedschaftliche Gewinnbeteiligungsrecht als Anwartschaftsrecht auf die Dividende zu qualifizieren wäre und das Vertragserfordernis nach § 397 BGB auch auf Anwartschaftsrechte Anwendung fände.[124] *Du Chesne* begründet die Anwendbarkeit des § 397 BGB auf Anwartschaftsrechte damit, dass der Vollrechtsinhaber Klarheit darüber haben müsse, ob und wie er über den Gegenstand der Anwartschaft weiter verfügen könne. Dies sei nur zu gewährleisten, wenn das Anwartschaftsrecht durch Vertrag, nicht etwa durch einseitige Verzichtserklärung aufgehoben werden könne.[125] Diese Erwägung ist jedoch stark von den Besonderheiten der Anwartschaften an dinglichen Rechten geprägt. Sie lässt sich nicht ohne Zwang auf das hier in Rede stehende Verhältnis des Gesellschafters zur Gesellschaft übertragen. Die Rechtsposition des Aktionärs in der Zeit zwischen Feststellung des Bilanzgewinns und Beschlussfassung über die Gewinnverwendung hat – wenn sie überhaupt mit einer Mindermeinung in der Literatur als Anwartschaftsrecht angesehen werden kann[126] – nicht den Erwerb eines bestehenden Rechts zum Gegenstand. Sie bezieht sich vielmehr auf ein durch den Gewinnverwendungsbeschluss noch konstitutiv zu begründendes Recht.[127] Die Hauptversammlung ist in ihrer Entscheidung gemäß § 58 Abs. 3, 4

123 Die Satzung ist insoweit mehr als ein schlichter Vertrag, vgl. *K. Schmidt*, GesR., § 5 I, S. 75 f.; BGHZ 47, S. 172, 179 f. Hier heißt es: „Diese (scil. die Satzung) ist zwar zunächst ein von den Gründern geschlossener Vertrag (...). Mit der Entstehung des Vereins löst sie sich aber völlig von der Person. Sie erlangt ein unabhängiges rechtliches Eigenleben, wird zur körperschaftlichen Verfassung des Vereins und objektiviert fortan das rechtliche Wollen des Vereins als Zusammenfassung aller Mitglieder." *K. Schmidt* betont darüber hinaus, dass die Bedeutung der Satzung über die Begründung eines mehrseitigen Leistungsverhältnisses hinausgeht.

124 So z. B. *Teichmann*, in: AktG (1937) Komm., § 52, Anm. 2a). A. A. insbesondere *M. Arnold*, Gewinnauszahlungsanspruch, S. 118 m. w. N., der auf die inzwischen allgemein anerkannte Definition des Anwartschaftsrechts abstellt. Danach ist ein solches nur gegeben, wenn von einem mehraktigen Erwerbstatbestand bereits so viele Erfordernisse erfüllt sind, dass von einer gesicherten Rechtsposition des Erwerbers ausgegangen werden kann, die der andere an der Übertragung des Rechts Beteiligte nicht mehr einseitig zerstören kann, vgl. *H. P. Westermann*, Sachenrecht, § 5 III 4 a, S. 38 sowie *Medicus*, BR Rn. 456 und BGHZ 49, 197, 201; 83, 395, 399. Nach dieser Definition sprechen hinsichtlich des konkreten mitgliedschaftlichen Gewinnbeteiligungsrechts in der Tat die besseren Argumente gegen die Annahme eines Anwartschaftsrechts. Für das hier zu behandelnde Problem mag es dahinstehen, da sich herausstellen wird, dass in jedem Fall ein Vertragserfordernis nicht zu begründen ist.

125 *Du Chesne*, ArchBürgR 42, S. 296, 313.

126 Vgl. *Teichmann*, in: AktG (1937) Komm., § 52 Anm. 2a). Nachweise für die h. M. bei *M. Arnold*, Gewinnauszahlungsanspruch, S. 118.

127 Dazu bereits ausführlich im 2. Kapitel, vgl. auch *Lutter*, in: Kölner Komm. AktG, § 58 Rn. 97; *Hefermehl/Bungeroth*, in: Geßler/Hefermehl AktG Komm., § 58 Rn. 123; *Henze*, in: Großkomm. AktG, § 58 Rn. 94; a. A. *Hommelhoff*, in: FS für Rowedder (1994), S. 171, 184.;

AktG i. V. m. § 174 Abs. 1 S. 1 AktG grundsätzlich unabhängig und gerade nicht durch das konkrete mitgliedschaftliche Gewinnbeteiligungsrecht gebunden.[128] Auch wenn man davon ausgehen wollte, dass dem Gesellschafter zwischen Feststellung des Bilanzgewinns und dem Gewinnverwendungsbeschluss der Hauptversammlung ein Anwartschaftsrecht zusteht, so hat dieses jedenfalls keinen Einfluss auf die Kompetenz der Hauptversammlung. Die Hauptversammlung braucht sich daher auch nicht um das Bestehen oder den Wegfall eines entsprechenden Rechts zu kümmern. Damit fehlt es am grundsätzlichen Informationsbedürfnis, welches für *du Chesne* die Basis seiner Forderung nach einem Erlassvertrag beim Verzicht auf Anwartschaftsrechte war. Gegen ein Vertragserfordernis spricht ferner folgender weiterer Gesichtspunkt: *Du Chesne* verweist darauf, dass der Vollrechtsinhaber Klarheit über die weitere Verfügbarkeit des Gegenstands der Anwartschaft haben müsse. Dabei hat er im Wesentlichen das Interesse des Vollrechtsinhabers an einer weiteren Übertragung des jeweiligen Gegenstands an dem ein Anwartschaftsrecht besteht im Blick.[129] Dieser Aspekt spielt bei dem Gewinnverwendungsbeschluss der Hauptversammlung jedoch keine Rolle.

Letztlich gibt auch § 2346 BGB nichts für ein Vertragserfordernis bei einem Verzicht auf das mitgliedschaftliche Gewinnbeteiligungsrecht her. Grund für das Vertragserfordernis ist hier die erhebliche Bedeutung solcher Verfügungen.[130] Die Privatperson, die einen zivilrechtlichen Anspruch von meist erheblichen Wert aufgibt, soll vor voreiligen Schritten geschützt werden. Diesen Schutz benötigt der Großaktionär, der bestimmte strategische oder steuerliche Ziele verfolgt, nicht.

Als Zwischenergebnis kann daher festgehalten werden, dass keine zwingende Gründe für den Abschluss eines Erlassvertrags sprechen. Hieraus könnte gefolgert werden, dass der einseitige Verzicht auf das konkrete mitgliedschaftliche Gewinnbeteiligungsrecht grundsätzlich zulässig sein muss.

Gegen einen einseitigen Verzicht wurde hingegen jüngst von *König*[131] vorgebracht, dass bereits das Reichsgericht[132] eine Dereliktion zugunsten Dritter abgelehnt habe. König vertritt insoweit die Auffassung, dass der Verzicht auf das mitgliedschaftliche Gewinnbeteiligungsrecht einer Dereliktion desselben zugunsten der übrigen Gesellschafter nahe komme und folgert daraus, dass ein einseitiger Verzicht auf das mitgliedschaftliche Gewinnbeteiligungsrecht nicht zulässig sei.

Der Auffassung von *König* kann nicht gefolgt werden. Der in der zitierten Entscheidung des Reichsgerichts behandelte Fall ist nicht mit dem Verzicht auf das konkrete

---

Priester, der sich in Mü. Hdb. GesR. GmbH § 58 Rn. 57 ff. *Hommelhoff* anschloss, scheint sich jedoch in ZIP 2000, S. 261, 263, wieder der herrschenden Meinung anzunähern.

128 Aus diesem Grund wird mit der h. M. schon die Existenz eines Anwartschaftsrechts abzulehnen sein, vgl. *M. Arnold,* Gewinnauszahlungsanspruch, S. 118 m. w. N.

129 *Du Chesne,* ArchBürgR 42, S. 296, 313.

130 *Cohn*, Gruchot 47, S. 221, 257.

131 AG 2001, S. 399, 401 f.

132 RGZ 83, 223, 229 (Bonifacius-Fall).

mitgliedschaftliche Gewinnbeteiligungsrecht vergleichbar. Zwar ist zu konstatieren, dass der Verzicht auf ein Recht meist als Rechtsreflex einen Vorteil für ein anderes Rechtssubjekt bedingt.[133] Insoweit weist *v. Tuhr* zu Recht darauf hin, dass der „Verzicht zugunsten eines Dritten" im Ergebnis auf einen Übertragungswillen hindeuten kann und demzufolge oft nur eine unpräzise Umschreibung einer beabsichtigten Übertragung ist.[134] Ein solcher Fall lag auch der von *König* zitierten Entscheidung des RG zugrunde.[135]

Die Willensrichtung des Aktionärs bei einem Verzicht auf das mitgliedschaftliche Gewinnbeteiligungsrecht ist jedoch eine andere. Dem Aktionär liegt allein daran, dass sich der den übrigen Gesellschaftern zustehende Ausschüttungsanspruch gegenüber der Gesellschaft erhöht. Dies kann er gerade nicht dadurch erreichen, dass er sein mitgliedschaftliches Gewinnbeteiligungsrecht auf die übrigen Gesellschafter überträgt, da dies – wie bereits dargestellt – an der Unselbständigkeit des Rechts scheitert.[136] Anders als beim Eigentum ist jedoch die Übertragung des mitgliedschaftlichen Rechts auch gar nicht notwendig, um die anderen Gesellschafter zu begünstigen. Wenn auf das Eigentum durch Dereliktion verzichtet wird, so wird es herrenlos. Es schwebt, wie *du Chesne*[137] bildhaft umschrieben hat, wie „ein Komet außerhalb der Sphäre jeglicher Herrschaftsmacht". Will der Eigentümer diesen Zustand vermeiden, dann reicht die Aufgabe seines Eigentums nicht aus, er muss es auf den Begünstigten übertragen. Bei dem Verzicht des Aktionärs auf sein mitgliedschaftliches Gewinnbeteiligungsrecht liegt die Sache anders. Sein Verzicht führt nicht dazu, dass sein möglicher Anteil am Bilanzgewinn „herrenlos" würde. Durch einen Verzicht vermehren sich zwar nicht automatisch die mitgliedschaftlichen Rechte der übrigen Aktionäre. Mit dem Ausscheiden des Verzichtenden aus dem Kreis der Bezugsberechtigten erhöht sich jedoch der bei der Gewinnausschüttung auf einen einzelnen bezugsberechtigten Anteil entfallende Ausschüttungsbetrag.[138]

Im Ergebnis sprechen daher keine stichhaltigen Gründe für ein Vertragserfordernis. Es bleibt damit für den Verzicht auf das konkrete mitgliedschaftliche Gewinnbeteiligungsrecht bei der allgemeinen Regel, dass eine einseitige Verzichtserklärung ausreicht. Als nächstes gilt es daher zu klären, welchen Anforderungen eine solche Verzichtserklärung gerecht werden muss.

---

133 So auch *v. Tuhr,* AT II/1, § 54, S. 272.

134 *V. Tuhr,* AT II/1, § 54, S. 272.

135 In RGZ 83, 223 ff. hatte der verstorbene Inhaber von Wertpapieren mehrmals gegenüber dem von ihm eingesetzten Boten erklärt, er schenke die Papiere dem B.-Verein bzw. die Papiere sollten dem B -Verein gehören, vgl. RGZ 83, 223, 224 f. Die spätere Äußerung, von diesem Augenblick an habe er mit den Papieren nichts mehr zu tun, sie gehörten nicht mehr ihm, wurde daraufhin als Grundlage einer Dereliktion abgelehnt, RGZ 83, 223, 229.

136 Vgl. insoweit bereits oben IV. 2 (1) d).

137 ArchBürgR 42, S. 296, 298.

138 BGH, NJW 1995, 1027, 1028.

b) Anforderungen an die Verzichtserklärung

(a) Empfangsbedürftige Willenserklärung

Insoweit stellt sich die Frage, ob der Verzicht eine empfangsbedürftige Willenserklärung ist und an wen sie gegebenenfalls zu richten ist. Eingangs[139] wurde bereits dargelegt, dass die Verzichtserklärung nur in den Fällen nicht empfangsbedürftig ist, in denen durch den Verzicht die Rechtssphäre anderer nicht berührt wird. Ein solcher Fall liegt hier jedoch nicht vor. Der Verzicht auf das konkrete mitgliedschaftliche Gewinnbeteiligungsrecht wirkt sich insbesondere auf die Verpflichtung der Gesellschaft gegenüber den Gesellschaftern aus. Der Vorstand hat in seinem Gewinnverwendungsvorschlag nach § 170 Abs. 2 Nr. 1 AktG nicht nur den Gesamtbetrag der von ihm empfohlenen Ausschüttung zu nennen, sondern – soweit die Aktionäre in unterschiedlichen Maße am Gewinn beteiligt werden sollen – dies in seinem Gewinnverwendungsvorschlag unter dem Gliederungspunkt „Nr. 1 Verteilung an die Aktionäre" so detailliert wie möglich deutlich zu machen.[140] Allein aus diesen Gesichtpunkten heraus wird – wie im Regelfall – von einer empfangsbedürftigen Willenserklärung auszugehen sein.

Die Empfangszuständigkeit hierfür liegt beim Vorstand. Zwar ist *Hoffmann-Becking* zuzustimmen, dass der Vorstand nicht die Kompetenz habe, gemeinsam mit dem einzelnen Aktionär den Inhalt seiner mitgliedschaftlichen Rechte abweichend von den statutarischen Regelungen zu vereinbaren.[141] *Hoffmann-Becking* bezieht sich jedoch bei genauer Betrachtung in der hier zitierten Stelle auf das allgemeine mitgliedschaftliche Gewinnbeteiligungsrecht. Insoweit verfügt der Vorstand in der Tat über keinerlei Kompetenzen. Da hier jedoch auf das konkrete mitgliedschaftliche Gewinnbeteiligungsrecht abgestellt wird, steht – wie bereits mehrfach betont – eine Veränderung des in der Satzung festgeschriebenen Inhalts der Gesellschaftsverhältnisses nicht zur Diskussion. Darüber hinaus beschreibt das Gewinnrecht eine Rechtsbeziehung zwischen dem Aktionär und der Gesellschaft, nicht zwischen dem Aktionär und seinen Mitgesellschaftern oder der Hauptversammlung. Würde der Verzicht gegenüber der Hauptversammlung erklärt, ginge er im Ergebnis ins Leere. Mangels anderweitiger Beschränkungen bleibt es damit bei der allgemeinen Empfangszuständigkeit des Vorstandes gemäß §§ 76 Abs. 1, 78 AktG i. V. m. § 164 Abs. 1 und 3 BGB.

---

139 Vgl. oben B.II.

140 *A/D/S,* § 170 Rn. 49, mit Gliederungsschema unter Rn. 50; § 174 Rn. 30, wobei von einer Pflicht der Aufschlüsselung ausgegangen wird; *Hüffer,* AktG, § 170 Rn. 7, § 174 Rn. 5; *Obermüller/Werner/Winden,* S. 311 f. Rn. 81.

141 In: Mü. Hdb. GesR. AG, § 46 Rn. 25.

(b) Bestimmtheitsgebot

Wie bei jeder Verfügung ist auch beim Verzicht das Bestimmtheitsgebot zu beachten. Dieses wird gewahrt, wenn sich aus der Erklärung des Verfügenden für den Rechtsverkehr zweifelsfrei entnehmen lässt, auf welches Recht durch die Verfügung eingewirkt werden soll. [142] Für den Namensaktionär reicht es aus, wenn er bei der Verzichtserklärung seinen Namen nennt und angibt, auf welches Geschäftsjahr sich der Verzicht beziehen soll. Anhand dieser Informationen ist das auf seine Person entfallende konkrete mitgliedschaftliche Gewinnbeteiligungsrecht bestimmbar. Bei der Ausgabe von Inhaberaktien werden im Zweifel weitere Angaben wie z. B. die Aktiennummer für eine zweifelsfreie Individualisierung notwendig sein.[143]

(c) Form

Die Verzichtserklärung selbst ist keiner zwingenden Form unterworfen. Insbesondere bedarf sie nicht der für die Schenkung notwendigen notariellen Beurkundung nach § 518 Abs. 1 S. 1 BGB. Der Verzicht stellt bereits die Verfügung und nicht erst die Verpflichtung zu einer solchen dar.[144]

(3) Zusammenfassung

Der Verzicht auf das konkrete mitgliedschaftliche Gewinnbeteiligungsrecht muss nicht vertraglich vereinbart werden, sondern kann durch einfache, empfangsbedürftige Verzichtserklärung gegenüber dem Vorstand erfolgen. Einer besonderen Form bedarf die Verzichtserklärung nicht; in ihr ist das konkrete Mitgliedschaftsverhältnis zu bezeichnen.

Der einseitige Verzicht auf das konkrete mitgliedschaftliche Recht ist demnach ohne großen Aufwand möglich. Es bleibt jedoch zu klären, ob der durch einen Verzicht frei werdende Betrag thesauriert oder an die übrigen Gesellschafter ausgeschüttet werden und in wieweit der verzichtende Aktionär auf die weitere Verwendung Einfluss nehmen kann.

4) Rechtsfolgen

Mit dem Verzicht erlischt das konkrete mitgliedschaftliche Gewinnbeteiligungsrecht ex nunc.[145] Aus dem mitgliedschaftlichen Gewinnbeteiligungsrecht kann sich durch den

---

142 *Medicus* AT § 19 Rn. 209. Für die Übereignung vgl. BGH NJW 1994, S. 133, 134; 1992, S. 1161.

143 Etwas ungenau *Horbach,* AG 2001, S. 78, 82, hinsichtlich des Verzichts auf das schuldrechtliche Gewinnauszahlungsrecht. Nach seiner Ansicht soll die Bezugnahme auf das jeweilige Geschäftsjahr ausreichend sein, unabhängig davon, welche Art von Aktie ausgegeben wurde.

144 Vgl. Erman/*H. P. Westermann,* § 397 Rn. 4a, für den Erlass.

145 Vgl. zur allgemeinen Wirkung des Verzichts: *V. Tuhr,* AT II/1, § 54, S. 272.

Gewinnverwendungsbeschluss kein Gläubigerrecht auf Gewinnauszahlung mehr entwickeln. Die herrschende Meinung verweist darauf, dass die gleiche Rechtsfolge eintreten würden, wie sie nach § 20 Abs. 7 S. 1 AktG, §§ 21 ff. WpHG für die vorsätzliche Missachtung der gesetzlichen Mitteilungspflichten vorgesehen ist.[146] Das allgemeine Verständnis von § 20 Abs. 7 AktG geht jedoch nach dem 3. Finanzmarktförderungsgesetz von 1998 dahin, dass der Gewinnanteil bei der Aktiengesellschaft als außerordentlicher Ertrag zu verbuchen ist.[147] Nur so könne die sich aus § 20 Abs. 7 S. 2 AktG unter Umständen ergebende Zahlungspflicht erfüllt werden, wenn der Aktionär seine Mitteilungspflichten unverzüglich nachhole.[148] Im Hinblick auf den Verzicht auf das konkrete mitgliedschaftliche Gewinnbeteiligungsrecht gibt es jedoch keinen Grund für eine derartige „Sicherheitsbuchung“. Der Verzicht und damit der Untergang des mitgliedschaftlichen Rechts sind vom Aktionär autonom gesetzt, nicht Folge einer gesetzlichen Sanktion. Die Gesellschaft muss daher wohl kaum damit rechnen, doch noch mit Dividendenansprüchen des verzichtenden Aktionärs konfrontiert zu werden. Folglich ist eine Ausschüttung an die übrigen Aktionäre oder eine Thesaurierung im Rahmen des Gewinnverwendungsbeschluss grundsätzlich möglich.[149] Unabhängig davon ist zu beachten, dass anders als in den Fällen des § 20 Abs. 7 AktG der Verzicht auf das konkrete mitgliedschaftliche Gewinnbeteiligungsrecht die übrigen mitgliedschaftlichen Rechte des verzichtenden Aktionärs unberührt lässt. Er verliert insbesondere nicht sein Stimmrecht für den Gewinnverwendungsbeschluss.

Festzuhalten bleibt demnach, dass aufgrund eines Verzichts auf das konkrete mitgliedschaftliche Gewinnbeteiligungsrecht eine Ausschüttung bzw. Thesaurierung des frei werdenden Betrags möglich ist. Fraglich erscheint jedoch, ob der verzichtende Aktionär über die weitere Verwendung bestimmen kann.

5) Bestimmung der Verwendung des frei werdenden Betrags durch den verzichtenden Aktionär

(1) Meinungsstand

Obermüller/Werner/Winden[150] vertreten die Auffassung, der verzichtende Aktionär könne bestimmen, wie der durch seinen Verzicht frei werdende Betrag verwendet wird.[151]

---

146 *Henze*, in: Großkomm. AktG, § 60 Rn. 36, 38; *Lutter*, in: Kölner Komm. AktG § 60 Rn. 27.

147 Zu den unterschiedlichen Auffassungen vor der Gesetzesnovellierung vgl. *Hüffer*, in: FS für Boujong (1996), S. 277. Zur RegBegr. vgl. BT-Drucks. 13/8933, S. 95.

148 *Bayer*, in: MüKo AktG, § 20 Rn. 74; *Emmerich*, in: Emmerich/Habersack Aktienkonzernrecht, § 20 Rn. 56 f.; *Hüffer*, AktG, § 20 Rn. 15; *Krieger*, in: Mü. Hdb. GesR. AG, § 68 Rn. 131.

149 So im Ergebnis auch *Horbach*, AG 2001, S. 78, 83, Fn. 35, der an dieser Stelle jedoch von dem Verzicht auf das Gläubigerrecht ausgeht.

150 S. 320 Rn. 91.

Die überwiegende Meinung in der Literatur spricht dem Aktionär ein solches Recht hingegen ab. Die Verzichtserklärung könne auf den Hauptversammlungsbeschluss keine Auswirkungen haben.[152] Auch der Gewinnverteilungsschlüssel bleibe von einem solchen Verzicht unberührt.[153]

(2) Eigene Stellungnahme

Praktisch wird der Großaktionär die Verwendung des frei werdenden Betrags bestimmen können, wenn er in der Hauptversammlung über eine eigene Stimmenmehrheit verfügt und damit über den Inhalt des Gewinnverwendungsbeschlusses selbst entscheiden kann.[154] Zweifelhaft kann danach nur sein, ob auch der Großaktionär, der über eine solche Stimmrechtsmacht nicht verfügt, die Möglichkeit hat, auf die Verwendung des frei werdenden Betrags Einfluss zu nehmen. Im Folgenden wird dabei zwischen der Ausschüttung und der Thesaurierung des frei werdenden Betrags unterschieden.

a) Ausschüttung

Zumindest hinsichtlich eines Ausschüttungsbegehrens des Großaktionärs ist der überwiegenden Meinung in der Literatur zuzustimmen. Die Gewinnverwendung selbst bestimmt sich grundsätzlich allein nach dem Gewinnverwendungsbeschluss der Hauptversammlung, nicht aber nach der (einseitigen) Verfügung des Aktionärs. Wollte der verzichtende Aktionär auf den Gewinnverwendungsbeschluss Einfluss nehmen, so würde eine entsprechende Vereinbarung mit dem Vorstand wenig nützen. Da die Hauptversammlung und nicht der Vorstand über die Gewinnverwendung entscheidet, wäre der Vorstand im Ergebnis der falsche Adressat. Vielmehr wäre der Abschluss von Stimmrechtsbindungsverträgen mit anderen Gesellschaftern zu erwägen. Aber auch ein Verzicht unter der Bedingung der Ausschüttung führt nicht zum gewünschten Ergebnis. Der einseitig erklärte Verzicht auf das konkrete mitgliedschaftliche Gewinnbeteiligungsrecht kann nicht unter der Bedingung erklärt werden, dass die Hauptversammlung den hierdurch frei werdenden Betrag an die übrigen Gesellschafter ausschüttet. Die Verzichtserklärung stellt ein einseitiges

---

151 S. 320 Rn. 91, wobei zu beachten ist, dass an dieser Stelle von einem Verzicht auf den schuldrechtlichen Dividendenanspruch ausgegangen wird.

152 *Hefermehl/Bungeroth,* in: Geßler/Hefermehl AktG Komm., § 60 Rn. 36.

153 *Henze,* in: Großkomm. AktG, § 60 Rn. 38.

154 *A/D/S,* § 174 Rn. 20. Aufgrund des Dividendenverzichts des Mannesmann-Mehrheitsaktionärs Vodafone AirTouch Plc. wurde noch vor der Hauptversammlung am 05.06.2000 eine Änderung des Vorschlags zur Gewinnverwendung vorgenommen. In der Folge wurden anstelle von ursprünglichen 219,4 Mio. € nunmehr 457,7 Mio. € als Rücklage vorgeschlagen und beschlossen. Für die übrigen Gesellschafter blieb es bei einer Ausschüttung von 0,61 €, vgl. Börsenzeitung vom 06.06.2000, S. 9. Ob die Änderung des Vorschlags zur Bedingung des Verzichts gemacht wurde, lässt sich aus der Berichterstattung nicht entnehmen.

Gestaltungsgeschäft dar und ist als solches bedingungsfeindlich.[155] Eine Potestativbedingung, die selbst bei einseitigen Willenserklärungen zulässig ist[156], lässt sich im vorliegenden Fall nicht konstruieren. Die Erfüllung der Bedingung müsste dafür in den Händen des Erklärungsempfängers liegen.[157] Das ist jedoch nicht der Fall. Erklärungsempfänger ist nach der hier vertretenen Auffassung der Vorstand als gesetzlicher Vertreter der Aktiengesellschaft. Die Aktiengesellschaft als solche hat jedoch ebenso wenig wie ihr Organ, der Vorstand, Einfluss auf den Gewinnverwendungsbeschluss der Hauptversammlung. Der Vorstand macht der Hauptversammlung zwar einen Vorschlag über die Verwendung des Bilanzgewinns. Letztlich entscheidet jedoch die Hauptversammlung, die an den Vorschlag des Vorstands nicht gebunden ist. Insoweit wäre eine Potestativbedingung allein gegenüber der Hauptversammlung denkbar. Der Hauptversammlung fehlt es jedoch an der Empfangszuständigkeit für die Verzichtserklärung, da das Gewinnbeteiligungsrecht nicht im Verhältnis zwischen ihr und dem Aktionär besteht. Als Ergebnis bleibt damit festzuhalten, dass eine Potestativbedingung ausscheidet, da der Erklärungsempfänger (Gesellschaft vertreten durch den Vorstand) nicht mit dem Organ übereinstimmt – oder zumindest darauf Einfluss nehmen kann –, das über die Gewinnverwendung zu entscheiden hat.

b) Thesaurierung

Soweit der Aktionär die Thesaurierung des frei werdenden Bilanzgewinns erstrebt, ist ein bedingter Verzicht hingegen denkbar. Der Großaktionär kann eine Thesaurierung zwar nicht erzwingen. Er kann jedoch den Verzicht unter der Bedingung erklären, dass der Vorstand bereits bei der Feststellung des Jahresabschlusses den an sich auf ihn entfallenden Betrag thesauriert. Anders als bei der Gewinnausschüttung ist der Vorstand grundsätzlich in den Grenzen der dargestellten gesetzlichen und statutarischen Regelungen bei der Feststellung des Jahresabschlusses zur Bildung von Rücklagen befugt.[158] Der Vorstand als Organ der Aktiengesellschaft und als Empfänger der Verzichtserklärung hat daher die Thesaurierung des frei werdenden Betrages in der Hand, so dass insoweit von einer zulässigen Potestativbedingung ausgegangen werden kann. Im Zeitpunkt des Gewinnverwendungsbeschlusses der Hauptversammlung wäre hierdurch eine eindeutige Beschlusslage hergestellt. Wenn der Vorstand entsprechend der Bedingung des Großaktionärs den Jahresabschluss aufgestellt und gemeinsam mit dem Aufsichtsrat festgestellt hat, steht nur noch der um den an sich auf den verzichtenden Großaktionär entfallende Betrag verminderte Bilanzgewinn zur Verteilung. Das Gewinnbezugsrecht des verzichtenden Ak-

155 Statt aller *Rieble*, in: Staudinger Komm. BGB, § 397 Rn. 5.

156 Palandt/*Heinrichs* Einf. v. § 158 Rn. 10, 13.

157 Palandt/*Heinrichs* Einf. v. § 158 Rn. 10, 13.

158 Bei einer nachträglichen Änderung wäre jedoch im Einzelfall zu prüfen, ob die Änderung des festgestellten Jahresabschlusses der Wahrung schwerwiegender Interessen der Gesellschaft dient und bestehende Rechte Dritter nicht verletzt werden, vgl. *Ludewig*, DB 1986, S. 133, 136. Vgl. auch *W. Müller*, in: FS für Karlheinz Quack (1991), S. 359 ff.

tionärs ist erloschen. Der verbleibende Bilanzgewinn kann voll auf die übrigen Aktionäre verteilt werden. Sollte der Vorstand die Bedingung des Großaktionärs nicht erfüllt haben, ist der Verzicht hingegen hinfällig und der Großaktionär nimmt an der Gewinnausschüttung teil.

(3) Zusammenfassung

Der verzichtende Großaktionär ohne eigene Stimmenmehrheit in der Hauptversammlung kann eine Ausschüttung des durch den Verzicht frei werdenden Betrags gegenüber der Gesellschaft nicht erzwingen. Soweit er jedoch eine Thesaurierung des entsprechenden Betrags anstrebt, bleibt ihm immerhin die Möglichkeit, seinen Verzicht durch eine Potestativbedingung von der Thesaurierung des entsprechenden Betrags bei der Auf- und Feststellung des Jahresabschlusses abhängig zu machen.

V. Zwischenergebnis

Ein Verzicht auf das mitgliedschaftliche Gewinnbeteiligungsrecht ist lediglich hinsichtlich des konkreten Gewinnbeteiligungsrechts möglich. Ein entsprechender Verzicht kann durch eine einseitige empfangsbedürftige Willenserklärung gegenüber dem Vorstand erfolgen. Der Verzichtserklärung muss das jeweilige Mitgliedschaftsverhältnis zu entnehmen sein. Eine besondere Form ist nicht zu beachten.

Der Verzicht auf das konkrete mitgliedschaftliche Gewinnbeteiligungsrecht hat zur Folge, dass der frei werdende Betrag grundsätzlich bei der Gewinnverwendung thesauriert oder an die übrigen Gesellschafter ausgeschüttet werden kann. Der verzichtende Großaktionär kann eine Ausschüttung des frei werdenden Betrags an die übrigen Gesellschafter allenfalls dann durchsetzen, wenn er in der Hauptversammlung durch eine eigene Stimmenmehrheit den Inhalt des Gewinnverwendungsbeschlusses vorgeben kann. Hinsichtlich einer Thesaurierung bleibt ihm die Möglichkeit, den Verzicht von der Potestativbedingung abhängig zu machen, dass die Verwaltung den frei werdenden Betrag bereits im Rahmen der Auf- und Feststellung des Jahresabschlusses in die Rücklage einstellt und damit der Disposition der Hauptversammlung entzieht.

Nachdem nunmehr Möglichkeit und Rechtsfolgen des Verzichts auf das mitgliedschaftliche Gewinnbeteiligungsrecht untersucht wurden, ist als Nächstes der Verzicht auf den schuldrechtlichen Dividendenanspruch zu betrachten.

C. Verzicht auf den schuldrechtlichen Dividendenanspruch

I. Grundlagen

In jüngster Zeit diskutierten vor allem *Horbach*[159] und *König*[160] die Möglichkeit eines Verzichts auf den schuldrechtlichen Dividendenanspruch. Danach soll ein antizipierter schuldrechtlicher Erlassvertrag über den schuldrechtlichen Dividendenanspruch bereits verhindern, dass dieser überhaupt entsteht. Der „Vorteil" dieser Lösung wird darin gesehen, dass der Verzicht nach den allgemeinen Regeln des Schuldrechts, insbesondere nach § 397 BGB, abgewickelt werden kann. Der Auszahlungsanspruch könne als selbständige Forderung unabhängig von der Mitgliedschaft übertragen und damit wie jede andere Forderung auch durch Erlassvertrag zum Erlöschen gebracht werden.[161] Gesellschaftsrechtliche Bedenken ergeben sich damit zumindest hinsichtlich der Zulässigkeit des Verzichts nicht.[162] Zugegeben: Auf den ersten Blick erscheint ein Verzicht auf den schuldrechtlichen Dividendenanspruch als der einfachste Weg, um eine disquotale Gewinnausschüttung herbeizuführen. Eine genauere Prüfung muss jedoch erst noch den Beweis erbringen, dass auf diesem Weg nicht nur der schuldrechtliche Dividendenanspruch zum Erlöschen gebracht, sondern darüber hinaus der gesamte Bilanzgewinn an die übrigen Gesellschafter ausgeschüttet werden kann.

II. Rechtsgeschäftliche Umsetzung

Ausgehend von dem in § 397 BGB normierten Erlassvertrag ist zunächst unstreitig, dass der Verzicht auf den schuldrechtlichen Dividendenanspruch durch Vertrag zu erfolgen hat. Der Anspruch auf Auszahlung der Dividende stellt eine schuldrechtliche Forderung des Gesellschafters gegen die Gesellschaft dar. Diese wird gemäß § 78 Abs. 1 AktG durch ihren Vorstand vertreten. Als Vertragspartner kommt daher nur die Gesellschaft, vertreten durch den Vorstand, in Betracht.[163]

Für die Beachtung des Bestimmtheitserfordernisses gilt das zum Verzicht auf das konkrete mitgliedschaftliche Gewinnbeteiligungsrecht Gesagte.[164] Auch die Erklärung

159 AG 2001, S. 78, 82.

160 AG 2001, S. 399, 404.

161 *Horbach*, AG 2001, S. 78, 82.

162 So *König*, AG 2001, S. 399, 404.

163 Die von *Obermüller/Werner/Winden*, S. 320 Rn. 91, vorgetragene Ansicht, dass *Hoffmann-Becking*, in: Mü. Hdb. GesR. AG, § 46 Rn. 25, in einem solchen Vertrag eine Satzungsdurchbrechung sehe, geht an der Sache vorbei. *Hoffmann-Becking* behandelt an der zitierten Stelle nicht den Verzicht auf den schuldrechtlichen Dividendenanspruch, sondern den Verzicht auf das abstrakte mitgliedschaftliche Gewinnbeteiligungsrecht.

164 Vgl. oben B. IV. 3) (2) b).

des Verzichts auf den schuldrechtlichen Dividendenanspruch unterliegt keinen besonderen Formerfordernissen. Ein entsprechender Verzicht bedingt gemäß § 517 Alt. 2 BGB keine Schenkung und unterliegt daher nicht der Form des § 518 Abs. 1 BGB. Nichts anderes gilt für das zugrunde liegende Kausalgeschäft. Insoweit fehlt es an einer uneigennützigen, freigiebigen Zuwendung. Für den Fall, dass der frei werdende Betrag thesauriert werden soll, leuchtet das unmittelbar ein. Mit der Einlage steigt der Wert der Gesellschaft und damit auch der Wert der Beteiligung. Die Verfügung kommt damit auch dem verzichtenden Aktionär selbst zugute. Aber auch wenn eine Ausschüttung an die übrigen Aktionäre erstrebt wird, steht dahinter ein bestimmter unternehmerischer Zweck, weshalb eine uneigennützige Zuwendung ausscheidet.

III. Rechtsfolgen

Hinsichtlich der Rechtsfolgen des Verzichts ist zwischen dem Verzicht vor und nach einem Ausschüttungsbeschluss zu unterscheiden.

Durch den Verzicht auf den einmal entstandenen Auszahlungsanspruch kann eine disquotale Gewinnausschüttung nicht mehr erreicht werden. Der Verzichtsbetrag muss in diesem Fall als Einlage in die Kapitalrücklage nach § 272 Abs. 2 Nr. 4 HGB behandelt werden. Damit wäre zwar eine Erhöhung des Eigenkapitals erreicht. Eine Ausschüttung an die übrigen Gesellschafter wäre dagegen nach allgemeiner Meinung nicht möglich.[165]

Um dies zu vermeiden, wird vorgeschlagen, der Aktionär solle auf den noch nicht entstandenen Dividendenanspruch verzichten. Über Forderungen könne schon vor ihrem Entstehen verfügt werden.[166] Das müsse auch für einen Verzicht als Unterfall der Verfügung gelten.[167]

Umstritten ist jedoch, wie ein solcher antizipierter Verzicht dogmatisch zu begründen ist. Das Reichsgericht sprach sich gegen die Möglichkeit eines Erlasses künftiger Forderungen aus.[168] Diese Ansicht wird bis heute von einem Teil der Kommentarliteratur geteilt.[169] Demgegenüber hat der BGH zwischenzeitlich den Erlass auch künftiger Forderungen anerkannt.[170] Einigkeit besteht im Ergebnis jedoch darüber, dass unabhängig von der Einordnung als Erlassvertrag im Sinne des § 397 BGB die Entstehung einer Forde-

---

165 *A/D/S*, § 272 HGB Rn. 132; *Winnefeld*, Bilanzhandbuch, D, S. 510 Rn. 1805; *Beater*, in: MüKo HGB, § 272 Rn. 54; als Zuzahlung kommen alle Vermögensgegenstände in Betracht. Voraussetzung ist, dass sie einlagefähig und aktivierbar sind. Hierzu zählen nicht nur Geldleistungen, sondern auch der Erlass einer Schuld.

166 Allg. Meinung

167 *Horbach*, AG 2001, S. 78, 82; *König*, AG 2001, S. 399, 404; *Obermüller/Werner/Winden*, S. 320 Rn. 91.

168 RGZ 148, 257, 262.

169 Palandt/*Heinrichs*, § 397 Rn. 2; *v. Feldmann*, in: MüKo BGB, § 397 Rn. 6.

170 BGHZ 40, 326, 330; zustimmend *Rieble*, in: Staudinger BGB Komm., § 397 Rn. 95.

rung vertraglich ausgeschlossen werden kann.[171] Es ergeben sich daher keine praktischen Unterschiede zwischen den beiden Meinungen.

Es bleibt jedoch zu prüfen, ob ein Verzicht auf den schuldrechtlichen Dividendenanspruch auch dazu führt, dass der Bilanzgewinn insgesamt an die übrigen Gesellschafter ausgeschüttet werden kann. Sowohl *Horbach*[172] als auch *König*[173] gehen davon aus, dass die Aktien des verzichtenden Gesellschafters an der Gewinnverteilung nach § 60 AktG nicht teilnehmen. Der im Gewinnverwendungsbeschluss festgesetzte Ausschüttungsbetrag könne – so *Horbach* und *König* - vollkommen an die übrigen Gesellschafter ausgezahlt werden. Deren Anteil am Bilanzgewinn erhöhe sich daher. Beide vergleichen die Rechtslage nach einem Verzicht auf den schuldrechtlichen Dividendenanspruch mit der in § 20 Abs. 7 AktG festgelegten Rechtsfolge, also mit dem Ruhen der mitgliedschaftlichen Rechte. Dieser Auffassung folgt nunmehr auch *Hüffer*.[174]

Diese Beurteilung ist jedoch umstritten. *Hoffmann-Becking* hält die Ausschüttung des gesamten Bilanzgewinns an die übrigen Gesellschafter nur für möglich, wenn auf das „abstrakte Gewinnbezugsrecht" verzichtet werde.[175] Deutlich spricht sich auch *Flechtheim*[176] gegen die Möglichkeit einer Ausschüttung des frei werdenden Betrags an die übrigen Gesellschafter nach einem Verzicht auf den schuldrechtlichen Dividendenanspruch aus. Nach seiner Auffassung hat der antizipierte Verzicht auf die Dividende als schuldrechtliches Rechtsgeschäft keine aktienrechtliche Wirkung.

Nicht zuzustimmen ist *Flechtheim*, soweit er den Verzicht als ein schuldrechtliches Rechtsgeschäft bezeichnet. Auch wenn der Verzicht auf den schuldrechtlichen Dividendenanspruch als Erlassvertrag abgeschlossen wird, handelt es sich doch um ein Verfügungsgeschäft.[177] Unabhängig davon weist er jedoch ebenso wie *Hoffmann-Becking* zu Recht auf den Schwachpunkt der Konstruktion hin. Zwischen dem Verzicht auf den schuldrechtlichen Dividendenanspruch und dem Ausschüttungsanspruch der übrigen Aktionäre besteht keine rechtliche Verbindung. Der Anteil des Aktionärs am Bilanzgewinn und damit die Höhe des auf ihn entfallenden Ausschüttungsbetrags wird durch zwei Variablen bestimmt. Zum einen durch die Anzahl der Aktien mit Gewinnbeteiligungsrecht. Zum anderen durch den per Gesetz oder Satzung festgelegte Gewinnverteilungsschlüssel.[178] Beide Aspekte werden auf der Ebene der Mitgliedschaft, also im Rahmen des Gesellschaftsverhältnisses bestimmt. Der Verzicht auf eine schuldrechtliche Forderung hat hierauf keine Auswirkungen.

---

171 *H.P. Westermann*, in: Erman § 397 Rn. 4a; Palandt/*Heinrichs*, § 397 Rn. 2.

172 AG 2001, S. 78, 83.

173 AG 2001, S. 399, 404.

174 *Hüffer*, AktG, § 60 Rn. 12.

175 In: Mü. Hdb. GesR. AG, § 46 Rn. 27.

176 In: Düringer/Hachenburg, § 213, Anm. 15.

177 Statt aller *Rieble*, in: Staudinger BGB, § 397 Rn. 27.

178 *Hefermehl/Bungeroth*, in: Geßler/Hefermehl AktG Komm., § 58 Rn. 123.

Für das mitgliedschaftliche Gewinnbeteiligungsrecht erkennt dies auch *Horbach* an.[179] Dennoch vergleichen sowohl *Horbach*[180] als auch *König*[181] die Wirkungen eines Verzichts auf den schuldrechtlichen Dividendenanspruch mit der Rechtslage nach § 20 Abs. 7 AktG beim Ruhen der Mitgliedschaft. Beide beziehen sich damit auf einen Fall, in dem die Ausschüttung des gesamten Bilanzgewinns an die übrigen Gesellschafter mit dem Verlust des mitgliedschaftlichen Gewinnbezugsrechts begründet wird.[182] Die Auffassung von *Horbach* und *König* vermag daher nicht zu überzeugen. Das wird ferner daran deutlich, dass bei einer zwischenzeitlichen Veräußerung des Gesellschaftsanteils der Dividendenanspruch nach herrschender Meinung originär bei dem Zessionar entsteht[183], ein vorangegangener Verzicht also ohne Auswirkungen auf das mitgliedschaftliche Gewinnbeteiligungsrecht bleibt. Nach richtiger Auffassung muss daher davon ausgegangen werden, dass das mitgliedschaftliche Gewinnbeteiligungsrecht vom Erlass des schuldrechtlichen Dividendenanspruchs unberührt bleibt. Auch auf den Gewinnverteilungsschlüssel hat der Verzicht auf das Forderungsrecht keinen Einfluss. Der Verteilungsschlüssel ist durch Gesetz vorgegeben oder nach § 60 Abs. 3 AktG in der Satzung bestimmt.[184] Damit bleibt sowohl die Anzahl der grundsätzlich gewinnberechtigten Aktien als auch der Verteilungsschlüssel vom antizipierten Verzicht auf den schuldrechtlichen Dividendenanspruch unberührt. Folglich kann sich auch der schuldrechtliche Dividendenanspruch der übrigen Aktionäre nicht erhöhen. Es ist nicht möglich, den gesamten Bilanzgewinn an sie auszuschütten. Demgemäß hat der antizipierte Verzicht auf den schuldrechtlichen Dividendenanspruch zwar zur Folge, dass dieser Anspruch nicht entsteht. Der Bilanzgewinn kann dennoch nicht im vollen Umfang an die übrigen Gesellschafter ausgeschüttet werden. Der

---

179 AG 2001, S. 78, 82.

180 AG 2001, S. 78, 83.

181 AG 2001, S. 399, 404.

182 Bei *Horbach*, AG 2001, S. 78, 83, kommt das auch dadurch zum Ausdruck, dass er in Fn. 33 Bezug auf die Kommentierung von *Lutter*, in: Kölner Komm., § 60 Rn. 27, nimmt, der an dieser Stelle auch nach Meinung von *Horbach*, AG 2001, S. 78, 82, Fn. 20, den Verzicht auf das mitgliedschaftliche Gewinnbeteiligungsrecht behandelt. Der Bruch in der Argumentation von *Horbach* und *König* ist nicht zu übersehen. Schließlich lehnen beide die Beeinflussung der mitgliedschaftlichen Rechte durch den Verzicht des Gesellschafters ab, vgl. *Horbach*, AG 2001, S. 78, 82; *König*, AG 2001, S. 399, 404 f.

183 BGHZ 88, 205, 207 f.; BGH NJW 1989, S. 458; *G. Müller*, ZIP 1994, S. 342, 355; *Armbrüster*, NJW 1991, S. 606, 607 f., a. A. *R. Fischer*, ZHR 130 (1968), 359, 363 f.; *Marotzke*, ZIP 1988, S. 1509, 1514 ff.

184 So eindeutig BGH NJW 1988, S. 282, 284. *König*, AG 2001, S. 399, 404 vertritt zudem die Auffassung, dass der Hauptversammlung ein Recht zur Veränderung des Gewinnverteilungsschlüssels zuzubilligen sei. Selbst wenn das zutreffen sollte – was im Weiteren noch zu untersuchen sein wird – lässt sich daraus nicht ableiten, dass auch ein Erlass des schuldrechtlichen Auszahlungsanspruchs diese Wirkung haben könnte.

Gesellschaft bleibt nur die Alternative, den an sich auf den verzichtenden Gesellschafter entfallenden Betrag als Gewinnvortrag oder Gewinnrücklage zu behandeln.[185]

IV. Bestimmung der Verwendung des frei werdenden Betrags durch den verzichtenden Aktionär

Der Erlassvertrag kann grundsätzlich im weiten Maße von Bedingungen abhängig gemacht werden.[186] Der Erlassvertrag scheint daher auf den ersten Blick gute Gestaltungsmöglichkeiten zu bieten, die Verwendung des frei werdenden Betrages zu bestimmen. Für den Erlassvertrag ergeben sich jedoch aus einem anderen Gesichtspunkt Einschränkungen. Nachdem eine Ausschüttung des frei werdenden Bilanzgewinns an die übrigen Gesellschafter nicht möglich ist, kann eine entsprechende Zweckbindung des verzichtenden Aktionärs keinen Sinn ergeben. Eine Thesaurierung als Kapitalrücklage gemäß § 272 Abs. 2 Nr. 4 HGB scheidet ebenfalls aus, da – wie bereits erwähnt – kein Zufluss von dem Vermögen des Gesellschafters in das der Gesellschaft erfolgt. Insgesamt bleibt es damit bei der Verwendung des frei werdenden Betrages als Gewinnvortrag oder Gewinnrücklage.

V. Zwischenergebnis

Der Verzicht auf den schuldrechtlichen Dividendenanspruch ist im Rahmen eines Erlassvertrages i. S. d. § 397 BGB grundsätzlich möglich. Um dem Bestimmtheitsgrundsatz gerecht zu werden, muss, wie beim Verzicht auf das konkrete mitgliedschaftliche Gewinnbeteiligungsrecht, ein solcher Vertrag das jeweilige Mitgliedschaftsverhältnis exakt benennen. Besondere Formerfordernisse sind nicht zu beachten.

Der Verzicht auf den schuldrechtlichen Dividendenanspruch ermöglicht jedoch im Ergebnis keine Ausschüttung des frei werdenden Betrags an die übrigen Gesellschafter. Der entsprechende Betrag ist als Gewinn vorzutragen oder in die Gewinnrücklage einzustellen.

---

185 Es liegt kein außerordentlicher Ertrag vor. Dies würde einen Vermögenszufluss bei der Gesellschaft von außen voraussetzen. Nach der hier vertretenen Auffassung gelangt der auf den verzichtenden Gesellschafter entfallende Betrag jedoch nicht aus der Sphäre der Gesellschaft hinaus. Aus dem gleichen Grund kann der Betrag auch nicht gemäß § 272 Abs. 2 Nr. 4 HGB als Kapitalrücklage ausgewiesen werden.

186 *Rieble*, in: Staundinger BGB Komm., § 397 Rn. 137.

D. Ergebnis

Der Verzicht ist sowohl hinsichtlich des konkreten mitgliedschaftlichen Gewinnbeteiligungsrechts als auch hinsichtlich des schuldrechtlichen Dividendenanspruchs möglich. In beiden Fällen kann der Verzicht ohne großen Aufwand umgesetzt werden.

Bei einem Verzicht auf das konkrete mitgliedschaftlichen Gewinnbeteiligungsrecht steht der frei werdende Betrag der Hauptversammlung grundsätzlich bei der Gewinnverwendung zur Verfügung. Damit kann der Großaktionär, soweit er über eine eigene Stimmenmehrheit in der Hauptversammlung verfügt, auch eine entsprechende Thesaurierung bzw. Ausschüttung herbeiführen. Sollte er nicht über eine entsprechende Stimmenmehrheit verfügt, kann er die von ihm u. U. erstrebte Ausschüttung nicht erzwingen. Will er die Thesaurierung des frei werdenden Betrags erreichen, so kann der Großaktionär seinen Verzicht von der Rückstellung des entsprechenden Betrags bei der Auf- und Feststellung des Jahresabschlusses abhängig machen.

Bei einem Verzicht auf den schuldrechtlichen Dividendenanspruch scheidet hingegen die Ausschüttung des an sich auf den verzichtenden Aktionär entfallenden Betrags aus. Durch den Verzicht ändert sich nichts an der Höhe der mit dem Gewinnverwendungsbeschluss entstehenden Dividendenansprüche der übrigen Aktionäre. Der an sich auf den verzichtenden Aktionär entfallende Betrag ist als Gewinn vorzutragen oder in die Gewinnrücklage einzustellen.

4. Kapitel: Disquotale Gewinnausschüttung aufgrund kurzfristiger Satzungsänderung

Im vorstehenden Kapitel wurde herausgearbeitet, dass der Verzicht auf das allgemeine mitgliedschaftliche Gewinnbeteiligungsrecht unzulässig und der Ausschluss oder die Beschränkung dieser Rechtsposition nur durch eine entsprechende Satzungsregelung möglich ist.[1] Da die hier vertretene rechtliche Existenz eines konkreten mitgliedschaftlichen Gewinnbeteiligungsrechts und damit auch der Verzicht auf dieses streitig ist[2], soll nachfolgend untersucht werden, ob eine punktuelle disquotale Gewinnbeteiligung und die damit verfolgten Ziele auch durch eine kurzfristige Satzungsänderung erreicht werden können. In diesem Fall wäre in der Zustimmung des Großaktionäres zur Satzungsänderung inzident der Verzicht auf seine Gewinnbeteiligung und damit ein „Dividendenverzicht" im Weiteren Sinne enthalten.

A. Gesellschaftsrechtliche Zulässigkeit einer disquotalen Gewinnbeteiligung durch Satzungsänderung

§ 60 Abs. 3 AktG ermächtigt den Satzungsgeber, einen von § 60 Abs. 1 und 2 AktG abweichenden Gewinnverteilungsschlüssel zu bestimmen.[3] Eine satzungsgemäße Gewinnverteilungsregel geht den gesetzlichen Bestimmungen vor.[4] Wird ein von § 60 Abs. 1 und 2 AktG abweichender Gewinnverteilungsschlüssel nachträglich eingeführt und damit das Gewinnbeteiligungsrecht einiger Aktionär beschränkt, stellt dies nach allgemeiner Meinung einen Eingriff in bestehende mitgliedschaftliche Gewinnbeteiligungsrechte dar.[5] Folglich ist die Zustimmung aller betroffenen Aktionäre Voraussetzung für die wirksame

---

1 Vgl. 3. Kapitel B. 3.

2 Vgl. *M. Arnold*, Der Gewinnauszahlungsanspruch, S. 19 f.

3 Statutarische Gewinnverteilungsschlüssel sind weit verbreitet, vgl. *Henze*, in: Großkomm. AktG, § 60 Rn. 4. Als Beispiel lassen sich Vorzugsaktien nach §§ 139 ff. AktG nennen, vgl. *Hefermehl/Bungeroth*, in: Geßler/Hefermehl AktG Komm., § 60 Rn. 19; *Lutter*, in: Kölner Komm. AktG, § 60 Rn. 19. Zu den weiteren gängigen Beispielen vgl. ebenda sowie zu den in jüngster Zeit vermehrt diskutierten „Tracking-Stocks" *Breuninger/Krüger*, in: FS für Welf Müller (2001), S. 527 sowie *M. Tonner*, S. 60 f.

4 *Lutter*, in: Kölner Komm. AktG, § 60 Rn. 13; *Henze*, in: Großkomm. AktG, § 60 Rn. 4.

5 *Lutter*, in: Kölner Komm. AktG, § 60 Rn. 16; *Hefermehl/Bungeroth*, in: Geßler/Hefermehl AktG Komm., § 60 Rn. 23; *Hüffer*, AktG, § 60 Rn. 8; *Henze*, in: Großkomm. AktG, § 60 Rn. 21.

Einführung eines entsprechenden Gewinnverteilungsschlüssels.[6] In der älteren Literatur wurde zwar noch teilweise die Auffassung vertreten, für eine derartige Satzungsänderung sei eine Mehrheitsentscheidung der Hauptversammlung ausreichend.[7] Begründet wurde dies damit, dass es sich bei dem in § 58 Abs. 4 AktG normierten mitgliedschaftlichen Gewinnbeteiligungsrecht um kein Sonderrecht handle.[8] Hierbei wurde jedoch übersehen, dass der Ausschluss oder die Beschränkung des mitgliedschaftlichen Gewinnbeteiligungsrechts einen Eingriff in den Kernbereich der Mitgliedschaft darstellt.[9] Dieser Kernbereich ist nach heute absolut herrschender Meinung mehrheitsfest.[10]

Teilweise wurde zudem im älteren Schrifttum – wohl mit Blick auf den Gleichbehandlungsgrundsatz – die Ansicht vertreten, dass der Gewinnverteilungsschlüssel hinsichtlich bereits ausgegebener Aktien nur geändert werden könne, wenn davon alle Aktien gleichmäßig betroffen seien oder eine Kapitalerhöhung vorgenommen werde.[11] Diese Einschränkung geht indes zu weit. Grundsätzlich wird zwar für die Satzungsänderung der Gleichbehandlungsgrundsatz zu beachten sein.[12] Zum einen kann jedoch die Beschränkung des mitgliedschaftlichen Gewinnbeteiligungsrechts einzelner Aktionäre durchaus einen sachlichen Grund haben und daher auch mit dem Gleichbehandlungsgrundsatz vereinbar sein. Zum anderen wird der in den vorliegenden Fällen allein betroffene Großaktionär der mit der disquotalen Gewinnbeteiligung verbundenen Ungleichbehandlung zustimmen und damit – zulässiger Weise[13] – auf sein Recht auf Gleichbehandlung verzichten.

---

6 *Lutter*, in: Kölner Komm. AktG, § 60 RN. 16; *Hefermehl/Bungeroth*, in: Geßler/Hefermehl AktG Komm., § 60 Rn. 23; *Hüffer*, AktG, § 60 Rn. 8; *Henze*, in: Großkomm. AktG, § 60 Rn. 21; *Meilicke*, AG 1959, S. 13, 14.

7 So noch *Flechtheim*, in: Düringer/Hachenburg HGB Komm., § 213 Anm. 15; *Pinner*, in: Staub HGB Komm., § 213 Anm. 9; *Ritter*, AktG, § 52 Anm. 4b; *Gadow*, in: Großkomm. AktG (1. Aufl. 1939), § 52 Anm. 15; *Fischer*, in: Großkomm. AktG (2. Aufl. 1961), § 52 Anm. 16.

8 *Gadow*, in: Großkomm. AktG (1. Aufl. 1939), § 52 Anm. 15; *R. Fischer*, in: Großkomm. AktG (2. Aufl. 1961) § 52 Anm. 16.

9 *Lutter*, in: Kölner Komm. AktG, § 58 Rn. 93; *Henze*, in: Großkomm. AktG, § 58 Rn. 89; *Sehte*, ZHR 162 (1998), S. 474, 479; *Flume*, AT I/2, S. 275.; *K. Schmidt*, GesR., § 16 III, S. 472 f.

10 *Lutter*, in: Kölner Komm. AktG, § 58 Rn. 93; *Henze*, in: Großkomm. AktG, § 58 Rn. 89; *Sehte*, ZHR (1998), S. 474, 479; *Flume*, AT I/2, S. 275; *K. Schmidt*, GesR., § 16 III, S. 472 f.

11 *Godin/Wilhelmi*, AktG Komm., § 60 Anm. 1.

12 Vgl. insoweit bereits 1. Kapitel, A. II.

13 *Hüffer*, AktG, § 53 a AktG Rn. 5; *Lutter/Zöllner*, in: Kölner Komm. AktG, § 53 a Rn. 29, 30; *Hefermehl/Bungeroth*, in: Geßler/Hefermehl AktG Komm., § 58 Rn. 120. Ein entsprechendes Zustimmungserfordernis ergibt sich zudem aus dem Schutz des Kernbereichs der Mitgliedschaft. Daher ist selbst dann eine Zustimmung der Aktionäre zu fordern, wenn alle Aktionäre gleichmäßig von einer Beschränkung des Gewinnbezugsrechts betroffen sind und sich das Problem einer Ungleichbehandlung nicht stellt, vgl. *Lutter*, in: Kölner Komm. AktG, § 58 Rn. 93 m. w. N.

B. Praktische Umsetzung einer disquotalen Gewinnbeteiligung durch Satzungsänderung

Auf Dauer angelegte statutarische Gewinnverteilungsregeln sind, wie bereits in der Einführung erwähnt, für eine kurzfristig herbeizuführende disquotale Gewinnausschüttung und die damit verbundenen Ziele[14] zu unflexibel.[15] Dieses Manko kann, wie sich im Folgenden zeigen wird, auch nicht dadurch ausgeglichen werden, dass man die Satzung (befristet) vor oder kurz nach dem Gewinnverwendungsbeschluss (rückwirkend) ändert.

I. Befristete Satzungsänderung

Zwar spricht aktienrechtlich nichts dagegen, durch eine befristete Satzungsänderung eine punktuelle disquotale Gewinnausschüttung herbeizuführen.[16] Der entscheidende Nachteil ist jedoch, dass die Satzungsänderung in der Regel nicht bis zum Gewinnverwendungsbeschluss der Hauptversammlung wirksam sein wird. Dies liegt vor allem daran, dass die Entscheidung über eine punktuelle disquotale Gewinnausschüttung regelmäßig im engen zeitlichen Zusammenhang mit der Feststellung des Jahresabschlusses steht. Erst zum Ende des Geschäftsjahrs hat der Großaktionär verlässliche Daten für die Beurteilung der steuerlichen oder strategischen Auswirkungen seiner Beteiligung am Gewinn. Damit ist die Zeit für eine Satzungsänderung sehr knapp. Selbst wenn zwischenzeitlich ein satzungsändernder Beschluss gefasst und darin das Gewinnbeteiligungsrecht des Großaktionärs ausgeschlossen würde, bestünde die Gefahr, dass die Satzungsänderung bis zur ordentlichen Hauptversammlung noch nicht eingetragen und damit gemäß § 181 Abs. 3 AktG noch nicht wirksam wäre.[17] Allenfalls mag daher eine auf den Zeitpunkt des Hauptversammlungsbeschlusses zurückwirkende Satzungsänderung in Frage kommen.

II. Rückwirkende Satzungsänderung

Rückwirkende Satzungsänderungen sind nach inzwischen herrschender Ansicht zulässig, soweit hiervon nicht Satzungsregelungen mit organisationsrechtlichem Inhalt oder mit Außenwirkung betroffen sind und der allgemeine Vertrauensschutz beachtet wird.[18]

---

14 Vgl. Einführung, C.

15 So auch *Horbach*, AG 2001, S. 78, 79.

16 Vgl. *Hüffer*, AktG, § 179 Rn. 25; *Wiedemann*, in: Großkomm. AktG, § 179 Rn. 159; *Zöllner*, in: Kölner Komm. AktG, § 179 Rn. 197; *Lutter*, in: FS für Quack (1991), S. 301, 311.

17 Bei Publikumsgesellschaften ist ein entsprechender Hauptversammlungsbeschluss aufgrund des organisatorischen und finanziellen Aufwands praktisch ausgeschlossen.

18 *Hüffer*, AktG, § 179 Rn. 27 f.; *Wiedemann*, in: Großkomm. AktG, § 179 Rn. 164 f.; *Zöllner*, in: Kölner Komm. AktG, § 179 Rn. 207.

Einer das Gewinnbeteiligungsrecht betreffenden, rückwirkenden Satzungsänderung stehen unter diesen Voraussetzungen keine rechtlichen Bedenken entgegen. Der Ausschluss des Gewinnbeteiligungsrechts bzw. die Änderung des Gewinnverteilungsschlüssels wirken sich nicht auf die Binnenorganisation aus. Die Zuständigkeiten der Organe und das formale Verfahren von Gewinnverwendung und Gewinnverteilung bleiben unberührt. Auch entfaltet eine derartige Satzungsänderung keine Außenwirkung. Die Höhe des Gewinnbeteiligungsrechts und der Gewinnverteilungsschlüssel betreffen allein das Innenverhältnis zwischen Gesellschaft und Gesellschafter. Letztlich steht einer solchen Satzungsänderung auch der Grundsatz des Vertrauensschutzes, wonach erworbene Besitzstände unangreifbar sind[19], nicht entgegen. Für die durch die disquotale Gewinnbeteiligung begünstigten Aktionäre liegt kein Eingriff in ihren Besitzstand vor. Der Wert ihres Gewinnrechts wird durch die rückwirkende Satzungsänderung nicht geschmälert, sondern vergrößert. Bei dem von der rückwirkenden Satzungsänderung belasteten Großaktionär liegt hingegen kein schützenswertes Vertrauen vor. Zwar fällt mit der Rückwirkung sein Gewinnbeteiligungsrecht (teilweise) weg. Als Initiator der Satzungsänderung vertraut er jedoch nicht mehr darauf, an der Gewinnausschüttung quotal beteiligt zu werden.[20]

Auch wenn damit auf den ersten Blick eine rückwirkende Satzungsänderung die notwendige Flexibilität zu gewähren scheint, ergeben sich Bedenken hinsichtlich der Umsetzung in der Praxis. Insoweit hat man sich nochmals vor Augen zu führen, dass es Ziel der disquotalen Gewinnausschüttung ist, den frei werdenden Betrag entweder an die übrigen Gesellschafter auszuschütten oder zu thesaurieren.[21] Hinsichtlich beider Ziele führt eine rückwirkende Satzungsänderung zu Problemen.

1) Thesaurierung

Soweit der Großaktionär die Thesaurierung des frei werdenden Betrags erstrebt, birgt der auf einer rückwirkenden Satzungsänderung aufbauende Gewinnverwendungsbeschluss insbesondere für die übrigen Aktionäre Risiken. Diese werden gegebenenfalls im Vertrauen auf die Rückwirkung den Ausschüttungsbetrag so reduzieren, dass die Höhe der auf sie entfallenden Dividende gleich bleibt. Falls die Eintragung der Satzungsänderung jedoch nicht erfolgt[22], behält die ursprüngliche Satzung ihre Gültigkeit und der Großaktionär sein Gewinnbezugsrecht. Auch der Gewinnverwendungsbeschluss, in dem die erhöhte Thesaurierung beschlossen wurde, bleibt zunächst in Kraft. Der Gewinnanspruch der einzelnen Aktionäre erreicht dann jedoch nicht die ursprünglich beabsichtigte Höhe. Dieses Ergebnis könnte zwar aus der Welt geschafft werden, indem man den ursprünglichen

19 *Wiedemann*, in: Großkomm. AktG, § 179 Rn. 165.

20 *Horbach*, AG 2001, S. 78, 79.

21 Vgl. hierzu Einführung, C.

22 Nicht zuletzt kann der satzungsändernde Beschluss durch einen mit einfacher Mehrheit zu fassenden erneuten Beschluss aufgehoben werden, vgl. *Wiedemann*, in: Großkomm. AktG, § 179 Rn. 185.

Gewinnverwendungsbeschluss aufhebt und abändert. Dies wird unter bestimmten engen Voraussetzungen für zulässig gehalten[23], wäre jedoch unweigerlich mit der Einberufung einer weiteren Hauptversammlung verbunden. Selbst wenn im Einzelfall Aufhebung und Änderung des Gewinnverwendungsbeschlusses gelingen sollten, könnte die Dividende erst erheblich später als geplant an die Aktionäre ausgezahlt werden.

Um die genannten Risiken auszuschließen, käme ein auf die Eintragung und Rückwirkung der Satzungsänderung aufschiebend bedingter Gewinnverwendungsbeschluss in Frage.[24] Der Gewinnverwendungsbeschluss würde in diesem Fall nur dann wirksam, wenn mit der Eintragung und der Rückwirkung der Satzungsänderung eine entsprechende Gewinnzuweisung sichergestellt wäre. Verbleibt es bei der ursprünglichen Satzung, müsste damit der einmal gefasste Gewinnverwendungsbeschluss zumindest nicht wieder aufgehoben werden. Es müsste jedoch ein neuer Gewinnverwendungsbeschluss gefasst werden, was wiederum zu einer erheblichen Verzögerung der Auszahlung der Dividende führen würde.

Für den Großaktionär ist hingegen das Risiko, dass der frei werdende Betrag gegen seinen Willen verwendet wird, gering. Schon die Satzungsänderung setzt gemäß § 179 Abs. 2 S. 1 AktG eine Dreiviertelmehrheit in der Hauptversammlung voraus. Es kann daher wohl davon ausgegangen werden, dass der Aktionär auch bei dem entsprechenden Gewinnverwendungsbeschluss über eine ausreichende Mehrheit verfügt. Fehlt ihm aber eine solche Stimmenmehrheit, kann eine unerwünschte Ausschüttung an die übrigen Gesellschafter nur verhindert werden, wenn bei der Satzungsänderung zugleich ein Thesau-

---

23 Soweit dabei in bestehende Dividendenansprüche der Aktionäre eingegriffen wird, ist auch in diesem Fall eine Zustimmung aller Betroffenen notwendig, die dann den Charakter eines Angebots auf Abschluss eines schuldrechtlichen Aufhebungsvertrags hat, vgl. *Priester*, ZIP 2000, S. 261, 263; *Lutter*, in: Kölner Komm. AktG, § 58 Rn. 103. Bei der Änderung eines Thesaurierungsbeschlusses ist insbesondere streitig, ob hierdurch in die Rücklagenkompetenz der Verwaltung eingegriffen wird, so *A/D/S*, § 174 AktG Rn. 24. Dies trifft jedoch im Ergebnis nicht zu. Da die Thesaurierung des Bilanzgewinns zunächst gemäß § 174 Abs. 3 AktG den festgestellten Jahresabschluss unberührt lässt, wird der zur Thesaurierung bestimmte Teil des Bilanzgewinns zunächst wie ein gewöhnlicher Geschäftsvorgang gebucht. Eine Bindung in der Gewinnrücklage findet erst in der nächsten Feststellung des Jahresabschlusses statt, vgl. *Priester*, ZIP 2000, S. 261, 263. Dennoch werden im Hinblick auf die Offenlegungspflichten nach § 325 Abs. 1 S. 1 HGB Zweifel an der Zulässigkeit einer Änderung eines Thesaurierungsbeschlusses bleiben. Es ist nicht von der Hand zu weisen, dass eine nachfolgende und isolierte Offenlegung des geänderten Gewinnverwendungsbeschlusses für Verwirrung sorgen könnte und damit die an sich erstrebte Transparenz nicht erreicht wird, so wohl auch *A/D/S*, § 174 AktG Rn. 24.

24 Der Hauptversammlungsbeschluss wird nach überwiegender Ansicht als Rechtsgeschäft „eigener Art" verstanden, auf den grundsätzlich die allgemeinen Regeln über Rechtsgeschäfte anzuwenden sind, soweit nicht gerade – wie bei den Anfechtungsrechten – Sonderregelungen bestehen, vgl. *Hüffer*, AktG, § 133 Rn. 4. Die Vorschriften über aufschiebende Bedingungen nach § 158 ff. BGB ist demnach grundsätzlich auf den Beschluss anwendbar.

rierungszwang hinsichtlich des frei werdenden Teils des Bilanzgewinns vorgesehen werden könnte. Die Frage, ob Satzungsregelungen, die der Hauptversammlung hinsichtlich des Bilanzgewinns einen Thesaurierungszwang auferlegen, zulässig sind, ist umstritten. Nach einer Meinung sind entsprechende Satzungsregelungen nicht rechtmäßig, da § 58 Abs. 1 AktG für die Bildung von Rücklagen durch die Hauptversammlung eine abschließende Regelung enthalte.[25] Eine andere Meinung in der Literatur ist hingegen der Auffassung, dass § 58 Abs. 1 AktG nicht gegen Satzungsregelungen spreche, die der Hauptversammlung einen Zwang zur Thesaurierung eines Teils des Bilanzgewinns auferlegen. § 58 Abs. 1 AktG beträfe ausschließlich die aus dem Jahresüberschuss zu bildenden Rücklagen und habe daher einen anderen Regelungsbereich als § 58 Abs. 3 AktG, der die Verwendung des Bilanzgewinns zum Gegenstand habe. Es sei daher schwer zu begründen, dass § 58 Abs. 1 AktG für § 58 Abs. 3 AktG eine abschließende Regelung darstellen solle.[26] Des weiteren könne nach § 58 Abs. 3 S. 2 AktG die Verwendung des Bilanzgewinns zu anderen Zwecken in der Satzung zwingend vorgeschrieben werden. Für den Aktionär sei dies jedoch die einschneidendere Maßnahme, da so der Bilanzgewinn für ihn endgültig verloren gehen würde.[27]

Aber selbst wenn damit erhebliche Argumente dafür sprechen, dass entsprechende Thesaurierungszwänge zulässig sind, bleibt mangels einer gesicherten Rechtsprechung für die Praxis ein erhebliches rechtliches Risiko. Letztlich kann der Großaktionär daher nur dann sicher davon ausgehen, dass der frei werdende Betrag thesauriert wird, wenn er selbst in der jeweiligen Hauptversammlung die für einen Thesaurierungsbeschluss notwendige Mehrheit beschaffen kann.

2) Ausschüttung

Bedenken hinsichtlich einer rückwirkenden Änderung des Gewinnverteilungsschlüssels ergeben sich auch dann, wenn mit der disquotalen Gewinnausschüttung eine Ausschüttung des durch den Verzicht des Großaktionärs frei werdenden Betrags an die übrigen Aktionäre erreicht werden soll. In diesem Fall verzögert sich die Ausschüttung der Dividende an die Aktionäre zwingend. Für die an der Gewinnausschüttung teilnehmenden Aktionäre stellt die Eintragung der Satzungsänderung nämlich die aufschiebende Bedingung für die Erhöhung ihres Dividendenanspruchs dar. Für den Großaktionär ergibt sich umgekehrt, dass sein Dividendenanspruch unter der auflösenden Bedingung der Eintragung der Satzungsänderung steht.[28] Dies führt dazu, dass eine Ausschüttung nicht schon – wie sonst üblich – in den Tagen nach der Hauptversammlung, sondern erst nach der Eintra-

25 *Lutter*, in: Kölner Komm. AktG, § 58 Rn. 69; *Hefermehl/Bungeroth*, in Geßler/Hefermehl AktG Komm., § 58 Rn. 101; *E. Geßler*, BB 1969, S. 235.

26 *Henze*, in: Großkomm. AktG, § 58 Rn. 84; *A/D/S*, § 58 Rn. 135.

27 *Henze*, in: Großkomm. AktG, § 58 Rn. 84; *A/D/S*, § 58 Rn. 135.

28 *Horbach*, AG 2001, S. 78, 80.

gung der Satzungsänderung vorgenommen werden kann. Eine verspätete Ausschüttung der Dividende widerspricht jedoch nicht nur den Usancen des Kapitalmarkts[29], sondern birgt auch für die übrigen Aktionäre den unmittelbaren Nachteil, geraume Zeit den Ausschüttungsbetrag nicht nutzen zu können, sondern (u. U. zinslos) in der Gesellschaft stehen lassen zu müssen.[30] Schon aus diesem Grund wird der beschriebene Weg einer befristeten Satzungsänderung auf den Widerstand der übrigen Aktionäre stoßen.[31]

Darüber hinaus ergeben sich auch formale Bedenken. In seinem Vorschlag über die Gewinnverwendung hat der Vorstand nach § 170 Abs. 2 AktG die unterschiedlichen Aktiengattungen anzugeben.[32] Auf dieser Grundlage soll sich der Aktionär ein klares Bild über die Höhe seines Dividendenanspruchs machen können.[33] Da die Aktien des Großaktionärs bis zur Eintragung der Satzungsänderung noch bei der Gewinnausschüttung berücksichtigt werden, müsste der Vorstand sie als gewinnberechtigte Aktien aufführen. Um der Informationsfunktion des Gewinnverwendungsvorschlags gerecht zu werden, müsste die Verwaltung zusätzlich in einem weiteren Hinweis kenntlich machen, wie sich der Gewinn nach der (rückwirkenden) Satzungsänderung auf die Aktiengattungen verteilen würde. Nur so könnte der Aktionär nachvollziehen, wie sich die Satzungsänderung und der nachfolgende Ausschüttungsbeschluss auf seinen Dividendenanspruch auswirken. Dabei könnte nicht ausgeschlossen werden, dass diese inhaltlich voneinander abweichenden Informationen in der Hauptversammlung für mehr Verwirrung als Klarheit sorgen. Dies wird die Akzeptanz gegenüber diesem an sich schon außergewöhnlichen Vorgehen zusätzlich verringern.

---

29 Vgl. statt aller *Lutter,* in: Kölner Komm. AktG, § 58 Rn. 109. Vgl. auch DaimlerChrystler AG: Hauptversammlung am 9. April 2003, geplante Ausschüttung nach Tagesordnung zur 5. ordentlichen Hauptversammlung der DaimlerChrysler AG, S. 3 am 10. April 2003.

30 Ein zusätzliches Risiko kann hier entstehen, wenn es nach dem Gewinnverwendungsbeschluss zu Verlusten der Gesellschaft kommt. Nach zumindest einer Ansicht in der Literatur können die Aktionäre in diesem Fall ihren Dividendenanspruch gegenüber der Gesellschaft aufgrund der ihnen obliegenden Treuepflicht nicht durchsetzen, vgl. *Henze,* in: Großkomm. AktG, § 58 Rn. 102; a. A. die wohl h. M. vgl. *Hefermehl/Bungeroth,* in: Geßler/Hefermehl AktG Komm., § 58 Rn. 131 f.; *Lutter,* in: Kölner Komm. AktG, § 58 Rn. 105.

31 So auch *Horbach*, AG 2001, S. 78, 80.

32 *A/D/S,* § 170 AktG Rn. 49.

33 Die häufig anzutreffende Praxis, den Betrag der Dividende pro Aktie in der Einladung zur Hauptversammlung anzugeben (so z. B. in der Tagesordnung zur 4. ordentlichen Hauptversammlung der DaimlerChrysler AG, S. 3, sowie Geschäftsbericht (Kurzbericht) dazu, S. 10), entspricht nicht dem Wortlaut des Gesetzes. Dieses schreibt allein vor, den Ausschüttungsgesamtbetrag und die bestehenden Aktiengattungen anzugeben. Aus diesen beiden Informationen kann der einzelne Aktionär dann die auf seine Aktie entfallende Dividende errechnen.

C. Zusammenfassung

Im Ergebnis ist eine befristete Satzunsgänderung kurz vor oder mit dem Gewinnverwendungsbeschluss kein geeignetes Mittel, um eine punktuelle disquotale Gewinnbeteiligung herbeizuführen. Sie gewährt nicht die notwendige Flexibilität und wirft bei ihrer Umsetzung erhebliche Probleme auf. Insbesondere bei Publikumsgesellschaften stellt sie sich als viel zu kompliziert dar und wird daher in der Praxis nicht umsetzbar sein. Für kurzfristige Entscheidungen sieht das Aktienrecht jedoch den Beschluss der Hauptversammlung vor. Das leitet über zu der Frage, ob nicht die Hauptversammlung ad-hoc eine disquotale Gewinnverteilung beschließen kann.

5. Kapitel: Disquotale Gewinnausschüttung durch Hauptversammlungsbeschluss

A. Vorbemerkung

Bisher wurde herausgearbeitet, dass weder bei einem Verzicht auf das konkrete mitgliedschaftliche Gewinnbeteiligungsrecht oder auf den schuldrechtlichen Dividendenanspruch noch durch eine statutarische Gewinnverteilungsregel sowohl kurzfristig eine punktuelle disquotale Gewinnbeteiligung herbeigeführt als auch dem Großaktionär die Handhabe über die weitere Verwendung des frei werdenden Betrags gesichert werden kann. Die größten Probleme wirft die Frage auf, wie der Großaktionär verhindern kann, dass der frei werdenden Betrag gegen seinen Willen verwandt wird. Vor diesem Hintergrund liegt der Gedanke nahe, den Gewinnverwendungsbeschluss mit einem Beschluss über die Verteilung des zur Ausschüttung bestimmten Betrags zu verknüpfen, so dass eine disquotale Gewinnausschüttung nur dann erfolgt, wenn der frei werdende Betrag nach den Vorstellungen des Großaktionärs verwandt wird. Unabhängig von den bereits erörterten statutarischen Thesaurierungszwängen[1] könnte das erreicht werden, wenn die Hauptversammlung in einem einheitlichen Beschluss sowohl über die Gewinnverwendung als auch über die Gewinnverteilung entscheiden würde.[2] In diesem Beschluss wäre inzdident der Verzicht des Großaktionärs auf seine Gewinnbeteiligung und damit im Weiteren Sinne ein „Dividendenverzicht" enthalten.

Ein solcher Beschluss könnte z. B. folgenden Wortlaut haben:

„*Vom Bilanzgewinn in Höhe von € 1.000.000,- werden € 500.000,- für weitere Gewinnrücklagen verwendet.*[3] *Der weitere Betrag von € 500.000,- wird unter Ausschluss der Aktien des Aktionärs X mit seiner ausdrücklichen Zustimmung an die übrigen Aktionäre entsprechend ihrer Beteiligung am Grundkapital ausgeschüttet.*"

---

1 Wie bereits dargelegt wurde, vermögen statutarische Thesaurierungszwänge einen solchen Automatismus herzustellen. Unabhängig davon, dass die Zulässigkeit derartiger Satzungsklauseln nicht unumstritten ist, führt die Starrheit solcher Regelungen jedoch dazu, dass sie für eine kurzfristige disquotale Gewinnausschüttung nicht geeignet sind, vgl. 4. Kapitel C.

2 Zur Verdeutlichung sei darauf hingewiesen, dass sich der Gewinnverwendungsbeschluss darauf bezieht, auf welche Art der Bilanzgewinn von der Hauptversammlung genutzt wird. Zu den unterschiedlichen Gewinnverwendungsarten vgl. 1. Kapitel, B., II., 2. Bei der Gewinnverteilung geht es dagegen um die Frage, wie der von der Hauptversammlung im Gewinnverwendungsbeschluss festgesetzte Ausschüttungsbetrag unter den gewinnberechtigten Aktionären verteilt wird.

3 Dabei soll davon ausgegangen werden, dass aufgrund der Thesaurierung kein zusätzlicher Aufwand entsteht.

Soweit die Hauptversammlung über diesen Beschlussvorschlag abstimmt, müssten sich die Teilnehmer der Hauptversammlung entscheiden, ob sie diesen insgesamt annehmen oder ablehnen. Falls die Hauptversammlungsmehrheit den Beschlussvorschlag ablehnt, weil sie beispielsweise nicht mit der beabsichtigten Thesaurierung einverstanden ist, entfällt die disquotale Gewinnausschüttung insgesamt. In einem nachfolgenden Gewinnverwendungsbeschluss wäre der Großaktionär entsprechend seiner Kapitalquote an der Gewinnausschüttung beteiligt. Stimmt die Hauptversammlung jedoch dafür, so ist – die Zulässigkeit beider Beschlussinhalte vorausgesetzt – die Thesaurierung des an sich auf den Großaktionär entfallenden Betrags sichergestellt. Dieses Ergebnis steht in keinem Zusammenhang mit der gesetzlichen Vermutung des § 139 BGB, sondern ergibt sich daraus, dass die Gesellschafter durch den Beschlussvorschlag zu einer einheitlichen Stimmabgabe über unterschiedliche Beschlussgegenstände veranlasst werden. Dieser zusammengesetzte Beschluss ist ferner nur dann insgesamt unzulässig und unwirksam, wenn die einzelnen Beschlussteile jeweils für sich genommen unzulässig sind. § 139 BGB ist nach allgemeiner Meinung auf Beschlüsse über den Bilanzgewinn nicht anwendbar. Insoweit stellt vielmehr § 253 AktG eine abschließende Regelung dar.[4] Selbst wenn der Beschluss über die Gewinnverteilung unwirksam wäre, bliebe daher der Gewinnverwendungsbeschluss wirksam und der Großaktionär würde an der Ausschüttung teilnehmen.

Bei der Beurteilung der Zulässigkeit des eben dargestellten Beschlussvorschlags ist daher zwischen dem Beschlussteil über die Gewinnverwendung und dem Beschlussteil über die Gewinnverteilung zu differenzieren: Hinsichtlich der Gewinnverwendung lässt sich zunächst festhalten, dass der Teil des Beschlusses, nach dem ein Betrag von € 500.000,- thesauriert werden soll, gemäß § 58 Abs. 3 S. 1 i. V. m. § 174 AktG grundsätzlich zulässig ist.[5] Auch der Beschlussteil, den Rest des Bilanzgewinns auszuschütten, ist nicht zu beanstanden. Problematisch ist jedoch, dass hierbei der Großaktionär nicht berücksichtigt werden soll. Hiermit geht die Hauptversammlung über einen Gewinnverwendungsbeschluss i. S. d. §§ 58 Abs. 3, 174 AktG hinaus und fällt einen Gewinnverteilungsbeschluss. Es stellt sich daher die Frage, ob die Hauptversammlung zu einem solchen Gewinnverteilungsbeschluss überhaupt befugt ist.

B. Zulässigkeit eines Gewinnverteilungsbeschlusses der Hauptversammlung

Wie bereits erwähnt, kann die Satzung gemäß § 60 Abs. 3 AktG einen von § 60 Abs. 1 und 2 AktG abweichenden Gewinnverteilungsschlüssel bestimmen. Dem Gesetz ist je-

4 *Lutter*, in: Kölner Komm. AktG, § 60 Rn. 28; *Hefermehl/Bungeroth*, in: Geßler/Hefermehl AktG Komm., § 60 Rn. 39; *Henze*, in: Großkomm. AktG, § 60 Rn. 33.

5 Dabei soll unterstellt werden, dass sich die Thesaurierung an die in § 254 AktG gezogenen Grenzen hält und eine statutarische Einschränkung der Entscheidungsspielräume der Hauptversammlung i. S. d. § 58 Abs. 3 S. 2 AktG nicht gegeben ist.

doch nicht zu entnehmen, dass die Hauptversammlung daneben auch den Gewinnverteilungsschlüssel durch „einfachen" Beschluss festsetzen kann. Nach herrschender Meinung in Literatur und Rechtsprechung ist die Hauptversammlung grundsätzlich nicht befugt, durch einfachen Beschluss über die Gewinnverteilung zu entscheiden.[6] Gemäß §§ 58 Abs. 3, 174 AktG sei von ihr im Rahmen des Gewinnverwendungsbeschlusses allein der Ausschüttungsbetrag festzusetzen.[7]

Nach einer neuerdings von *König* vertretenen Auffassung sollen Gewinnverteilungsbeschlüsse dagegen grundsätzlich zulässig sein. Dies ergebe sich aus der teleologischen Reduktion des § 60 AktG. Ihren Ausgangspunkt hat diese Ansicht in der Feststellung, § 60 AktG wolle dem Aktionär keine Dividendenpflicht auferlegen. Folglich müsse es der Hauptversammlung möglich sein, mit Zustimmung der betroffenen Aktionäre eine abweichende Gewinnverteilung zu beschließen. Ein solcher Gewinnverteilungsbeschluss trage daher seine Rechtfertigung in sich.[8]

Diese Auffassung vermag jedoch nicht zu überzeugen. Es erscheint äußerst fraglich, ob die teleologische Reduktion des § 60 Abs. 3 AktG dogmatisch die richtige Rechtsfigur ist, um zu begründen, dass ein Gewinnverteilungsbeschluss der Hauptversammlung zulässig ist. Eine teleologische Reduktion setzt voraus, dass die strikte Anwendung der Vorschrift ihrem vom Gesetzgeber beabsichtigten Sinn und Zweck zuwider laufen würde. In einem solchen Fall soll die Norm soweit eingeschränkt (reduziert) werden, wie es zur Verwirklichung des Normzwecks notwendig erscheint.[9] Für den hier diskutierten Fall ist jedoch eine Reduktion des § 60 AktG nicht geboten. § 60 AktG stellt zum einen eine Sonderregelung zum allgemeinen Gleichbehandlungsgrundsatz dar. Zum anderen wird die Gewinnverteilung bei noch nicht voll eingezahlten Einlagen festgesetzt. Dass es für die Durchsetzung des Gleichbehandlungsgrundsatzes oder für die Verteilung des Bilanzgewinns bei noch nicht voll geleisteten Einlagen notwendig ist, der Hauptversammlung die Befugnis einzuräumen, über die Gewinnverteilung durch einfachen Hauptversammlungsbeschluss ohne Satzungsänderung zu entscheiden, ist nicht ersichtlich. Auch ist fraglich, ob hierin tatsächlich eine Reduktion des § 60 AktG zu sehen wäre. Ebenso kann von der – zutreffenden – Annahme, dass für den Aktionär aufgrund §§ 60 Abs. 3, 58 Abs. 4 AktG keine „Dividendenpflicht" besteht, nicht abgeleitet werden, dass ein Verstoß gegen den in Gesetz oder Satzung festgelegten Gewinnverteilungsschlüssel rechtmäßig ist und daher ohne Sanktionsmöglichkeit bleiben sollte. Die individuelle Möglichkeit, Rechtspositionen

---

6 *Lutter*, in: Kölner Komm. AktG, § 60 Rn. 2, 28; *Hefermehl/Bungeroth*, in: Geßler/Hefermehl AktG Komm., § 60 Rn. 16; *Henze*, in: Großkomm. AktG, § 60 Rn. 2; *Hoffmann-Becking*, in: Mü. Hdb. GesR. AktG, § 46 Rn. 25; BGHZ 84, 303, 311. Ob eine Befugnis durch eine entsprechende Satzungsklausel geschaffen werden kann, soll Gegenstand späterer Ausführungen sein.

7 *Lutter*, in: Kölner Komm. AktG, § 60 Rn. 2, 28; *Hefermehl/Bungeroth*, in: Geßler/Hefermehl AktG Komm., § 60 Rn. 16; *Henze*, in: Großkomm. AktG, § 60 Rn. 2; BGHZ 84, 303, 311.

8 *König*, AG 2001, S. 399, 404.

9 *Larenz/Wolf*, AT, § 3 Rn. 70.

aufzugeben, gibt der Hauptversammlung nicht die Befugnis, sich über Gesetz oder Satzung hinweg zu setzen.

C. Rechtsfolgen des unzulässigen Gewinnverteilungsbeschlusses

Während es, wie soeben dargestellt, der herrschenden Meinung entspricht, dass ein Gewinnverteilungsbeschluss der Hauptversammlung unzulässig ist, bestehen über die Rechtsfolgen eines solchen Gewinnverteilungsbeschlusses in der Literatur unterschiedliche Auffassungen.

I. Meinungsstand

Nach einer Auffassung in der Literatur überschreitet die Hauptversammlung mit einem Gewinnverteilungsbeschluss ihre Kompetenzen. Der entsprechende Beschluss sei daher unbeachtlich. Umstritten ist hierbei, ob die Beschlüsse gemäß § 243 Nr. 3 Var. 3 AktG nichtig[10] oder „schlicht“ unwirksam sind.[11] Nach beiden Ansichten hat der Beschluss auch ohne erfolgreiche Anfechtungsklage keine Auswirkungen auf die Gewinnverteilung. Die Autoren, die den Beschluss als unwirksam ansehen, weisen jedoch auch darauf hin, dass durch die Zustimmung der betroffenen Aktionäre der Gewinnverteilungsbeschluss wirksam werden könne.[12]

Andere Stimmen in der Literatur ordnen einen Gewinnverteilungsbeschluss als einen Verstoß gegen Gesetz oder Satzung ein, der durch Zustimmung der betroffenen Gesellschafter zwar wirksam werden könne, aber dennoch gemäß § 243 Abs. 1 AktG anfechtbar sei.[13] Dem wird entgegen gehalten, dass die Anfechtbarkeit von Gewinnverwendungsbeschlüssen abschließend in § 254 AktG geregelt sei und daher kein Raum für eine Anfechtung des Gewinnverteilungsbeschlusses verbleibe.[14]

---

10 So ausdrücklich zu § 60 AktG nur *Hüffer*, AktG, § 60, Rn. 6.

11 *Baumbach/Hueck*, AktG, § 119 Rn. 10; *Hefermehl/Bungeroth*, in: Geßler/Hefermehl AktG Komm., § 60 Rn. 38.

12 So insbesondere *Hefermehl/Bungeroth*, in: Geßler/Hefermehl AktG Komm., § 60 Rn. 38; aber auch *Henze*, in: Großkomm. AktG. § 60 Rn. 33 und *Lutter*, in: Kölner Komm. AktG, § 60 Rn. 28. Insoweit kann davon ausgegangen werden, dass sowohl *Henze* als auch *Lutter* i. E. von der Unwirksamkeit des Beschlusses ausgehen, da bei einem nichtigen Beschluss die Zustimmung der Aktionäre keine Auswirkungen hat, vgl. § 242 AktG. *Blumers/Beinert/Witt*, DStR 2002, S. 565, 567 verlangen für die Wirksamkeit die Zustimmung aller Aktionäre.

13 *Horbach*, AG 2001, S. 78, 81; *König*, AG 2001, S. 399, 405; *Hoffmann-Becking*, in: Mü. Hdb. GesR. AG, § 46 Rn. 25; *Knur*, DB 1954, S. 544, 545; LG Köln, AG 1981, S. 81 ff.

14 *Henze*, in: Großkomm. AktG. § 60 Rn. 33; *Lutter*, in: Kölner Komm. AktG, § 60 Rn. 28; *Hefermehl/Bungeroth*, in: Geßler/Hefermehl AktG Komm., § 60 Rn. 38.

II. Eigene Stellungnahme

1) Vorbemerkung

Bevor näher auf die Rechtsfolgen eines Gewinnverteilungsbeschlusses der Hauptversammlung eingegangen werden kann, gilt es, sich Klarheit über die denkbaren Rechtsfolgen von fehlerhaften Beschlüssen zu verschaffen. Grundsätzlich ist zwischen Anfechtbarkeit gemäß § 243 AktG, Nichtigkeit gemäß § 241 AktG und Unwirksamkeit[15] zu unterscheiden. Dabei ist zu beachten, dass ein Beschluss aus verschiedenen Gründen fehlerhaft sein kann und daher bei einem Beschluss die Voraussetzungen für Anfechtbarkeit, Nichtigkeit und Unwirksamkeit gleichzeitig vorliegen können.[16] Bei der Bezeichnung von Beschlüssen als anfechtbar, nichtig und unwirksam handelt es sich daher nicht um verschiedene Arten von fehlerhaften Beschlüssen, sondern um die jeweiligen Rechtsfolgen unterschiedlicher Arten von Beschlussmängeln.[17] Für den weiteren Gang der Untersuchung bedeutet dies, dass zuerst untersucht werden soll, welche Beschlussmängel bei einem Gewinnverteilungsbeschluss vorliegen. Erst in einem zweiten Schritt ist zu erörtern, welche Rechtsfolgen sich daraus ergeben.

2) Beschlussmängel eines Gewinnverteilungsbeschlusses

Ein Gewinnverteilungsbeschluss ist bei genauer Betrachtung unter zwei Gesichtspunkten mangelhaft. Zum einen ist ein Eingriff in das mitgliedschaftliche Gewinnbeteiligungsrecht und damit ein Eingriff in den grundsätzlich mehrheitsfesten Kernbereich der Mitgliedschaft gegeben.[18] Zum anderen verstößt der Beschluss gegen den gesetzlich oder statutarisch festgelegten Gewinnverteilungsschlüssel.[19]

---

15 Beschlüsse werden nach h. M. dann als unwirksam bezeichnet, wenn ein mehrgliedriger Beschlusstatbestand noch nicht vollständig erfüllt wurde. Die Unwirksamkeit ist damit die Folge der Unvollständigkeit, vgl. *Hüffer*, in: MüKo AktG, § 241 Rn. 16; *K. Schmidt*, in: Großkomm. AktG, § 241 Rn. 14; *Zöllner*, in: Kölner Komm. AktG, 1. Aufl., § 241 Rn. 8.

16 *K. Schmidt*, in: Großkomm. AktG, § 241 Rn. 8; *ders.*, Gesellschaftsrecht, § 15 II 1 c, S. 444.

17 *K. Schmidt*, in: Großkomm. AktG, § 241 Rn. 8; *ders.*, Gesellschaftsrecht, § 15 II 1 c, S. 444.

18 *Lutter*, in: Kölner Komm. AktG, § 60 Rn. 16; *Hefermehl/Bungeroth*, in: Geßler/Hefermehl AktG Komm., § 60 Rn. 23; *Hüffer*, AktG, § 60 Rn. 6; *Henze*, in: Großkomm. AktG, § 60 Rn. 21.

19 Vgl. *Lutter*, in: Kölner Komm. AktG, § 60 Rn. 28; *Hefermehl/Bungeroth*, in: Geßler/ Hefermehl AktG Komm., § 60 Rn. 16; *Henze*, in: Großkomm. AktG, § 60 Rn. 2; *Hoffmann-Becking*, in: Mü. Hdb. GesR. AktG, § 46 Rn. 25; BGHZ 84, 303, 311.

3) Rechtsfolgen der Beschlussmängel

(1) Eingriff in den Kernbereich der Mitgliedschaft

Soweit ein Hauptversammlungsbeschluss in den Kernbereich der Mitgliedschaft eingreift, entspricht es einhelliger Auffassung, dass diese Beschlüsse zu ihrer Wirksamkeit der ausdrücklichen Zustimmung der betroffenen Aktionäre bedürfen.[20] Die fehlende Zustimmung bedingt daher automatisch die Unwirksamkeit des Beschlusses.[21] Dies gilt auch für den Gewinnverteilungsbeschluss. Solange die betroffenen Gesellschafter nicht zugestimmt haben, müssen sie daher in der Tat den Beschluss nicht erst anfechten, um seine Unwirksamkeit zu erreichen. Auf der anderen Seite können die betroffenen Gesellschafter durch ihre Zustimmung grundsätzlich die Wirksamkeit des Beschlusses herbeiführen.[22] Dies setzt jedoch nach dem zuvor Gesagten voraus, dass der Beschluss nicht aufgrund des Verstoßes gegen den gesetzlich oder statutarisch festgelegten Gewinnverteilungsschlüssel nichtig oder unwirksam ist.

(2) Verstoß gegen gesetzliche oder statutarische Gewinnverteilungsschlüssel

Die Unwirksamkeit[23] oder Nichtigkeit[24] gemäß § 241 Nr. 3 Var. 3 AktG des Beschlusses könnten sich ergeben, wenn die Hauptversammlung – wie teilweise vertreten – mit dem Gewinnverteilungsbeschluss ihre Zuständigkeit überschreitet.[25] In der Folge gilt es daher

---

20 *Lutter*, in: Kölner Komm. AktG, § 60 Rn. 16; *Hefermehl/Bungeroth*, in: Geßler/Hefermehl AktG Komm., § 60 Rn. 23; *Hüffer*, AktG, § 60 Rn. 6; *Henze*, in: Großkomm. AktG, § 60 Rn. 21; *Meilicke*, AG 1959, S. 13, 14.

21 Bei einem Eingriff in den Kernbereich der Mitgliedschaft liegt die Unvollständigkeit darin, dass die betroffenen Gesellschafter zwar dem Eingriff in das mitgliedschaftliche Gewinnbeteiligungsrecht und der Ungleichbehandlung zustimmen können, dies aber u. U. für den jeweiligen Fall noch nicht getan haben.

22 *Hüffer*, in: MüKo AktG, § 241 Rn. 16; *K. Schmidt*, in: Großkomm. AktG, § 241 Rn. 14; *Zöllner*, in: Kölner Komm. AktG, § 241 Rn. 8.

23 *Baumbach/Hueck*, AktG, § 119 Rn. 10; *Hefermehl/Bungeroth*, in: Geßler/Hefermehl AktG Komm., § 60 Rn. 38 und ihnen wohl folgend *Henze*, in: Großkomm. AktG, § 60 Rn. 33 und *Lutter*, in: Kölner Komm. AktG, § 60 Rn. 28.

24 So ausdrücklich für den Fall eines Gewinnverteilungsbeschlusses *Hüffer*, AktG, § 60 Rn. 6. Allgemein für die Nichtigkeit von kompetenzüberschreitenden Hauptversammlungsbeschlüssen sprechen sich *Zöllner* in Kölner Komm. AktG (1. Aufl.), § 241 Rn. 26, 117 und *E. Gessler*, ZGR 1980, S. 427, 444, aus. Im Ergebnis stimmt dem auch *K. Schmidt*, in: Großkomm. AktG, § 241 Rn. 57, zu, der in diesen Fällen jedoch einen Verstoß gegen das Wesen der Aktiengesellschaft annimmt und damit den Beschluss gemäß § 241 Nr. 3 Var. 1 AktG für nichtig hält. Für Nichtigkeit im „technischen“ Sinne auch *Baums*, ZHR 142 (1978), S. 582, 585.

25 Nach einer Mindermeinung sollen auch kompetenzüberschreitende Hauptversammlungsbeschlüsse lediglich anfechtbar sein, vgl. *v. Godin/Wilhelmi*, § 241, Anm. 2.

zu klären, ob ein Gewinnverteilungsbeschluss eine Kompetenzüberschreitung der Hauptversammlung darstellt.

Die Hauptversammlung überschreitet ihre Kompetenz, wenn sie Beschlüsse außerhalb ihrer organschaftlichen Regelungsmacht fasst. Die organschaftliche Regelungsmacht ergibt sich aus § 119 AktG und den jeweiligen ergänzenden Vorschriften.[26] Darüber hinaus wird die Auffassung vertreten, dass ein Kompetenzverstoß auch dann gegeben sei, wenn ein Hauptversammlungsbeschluss gegen § 23 Abs. 5 AktG verstoße. Dies sei der Fall, wenn durch den Beschluss eine mit § 23 Abs. 5 AktG nicht zu vereinbarende Satzungsänderung oder eine entsprechende satzungsdurchbrechende Dauerregelung geschaffen werden soll.[27] Eine lediglich ad hoc gegen Satzung oder Gesetz verstoßende Beschlussfassung führe dagegen allein zur Anfechtbarkeit des Beschlusses.[28]

Nach den vorstehenden Prämissen erscheint es fraglich, dass die Hauptversammlung mit einem Gewinnverteilungsbeschluss ihre Kompetenzen überschreitet. Der Gewinnverteilungsbeschluss liegt nicht außerhalb der Regelungsmacht der Hauptversammlung und führt konsequenter Weise auch nicht zu einem Eingriff in die Kompetenzen anderer Gesellschaftsorgane. Gemäß § 60 Abs. 3 AktG kann „eine andere Art der Verteilung" durch die Satzung bestimmt werden. Für den Inhalt der Satzung ist jedoch gemäß § 119 Abs. 1 Nr. 5 AktG gerade die Hauptversammlung und nicht der Vorstand oder der Aufsichtsrat zuständig. Die Ausgestaltung der Gewinnverteilung liegt demnach in der organschaftlichen Regelungsmacht der Hauptversammlung. Dies wird durch § 204 Abs. 1 S. 1 AktG als lex specialis[29] zu § 60 Abs. 3 AktG in besonderem Maße deutlich. § 204 Abs. 1 S. 1 AktG, nach dem der Vorstand den Gewinnverteilungsschlüssel bei aus genehmigtem Kapital ausgegebenen Aktien bestimmen darf, stellt gerade eine Ausnahme zu dem Grundsatz dar, dass die Hauptversammlung den Gewinnverteilungsschlüssel festsetzt.

Des Weiteren liegt – anders als beim nicht durch § 119 Abs. 2 AktG gedeckten Beschluss der Hauptversammlung über Geschäftsführungsmaßnahmen – keine Einmischung in die Geschäftsführung und damit auch keine Bevormundung des Vorstands vor. Insbesondere wird durch einen Gewinnverteilungsbeschluss nicht in die Rücklagenkompetenz des Vorstands eingegriffen. Der hier diskutierte Gewinnverteilungsbeschluss setzt wie der Gewinnverwendungsbeschluss erst beim festgestellten Bilanzgewinn an, so dass Auf- und Feststellung des Jahresabschlusses und damit die Rücklagenkompetenz des Vorstands nicht berührt werden. Auch die Zuständigkeit des Vorstands, die Dividende an die Aktionäre auszuzahlen, bleibt durch den Gewinnverteilungsbeschluss unberührt. Die Aufgabe des Vorstands beschränkt sich insoweit nämlich allein auf Zahlung des nach den jeweils gültigen Gewinnverteilungsregeln rechnerisch auf den einzelnen Aktionär entfallenden

26 *Hüffer,* in: MüKo AktG, § 241 Rn. 62; *K. Schmidt* in: Großkomm. AktG, § 241 Rn. 57, 58. Als Beispiele werden Eingriffe in die nach §§ 76 ff., 95 ff., 118 ff. AktG den einzelnen Gesellschaftsorganen zugewiesenen Kompetenzen genannt.

27 *K. Schmidt,* in: Großkomm. AktG, § 241 Rn. 56.

28 *K. Schmidt,* in: Großkomm. AktG, § 241 Rn. 56; BGH, AG 1994, S. 177, 179.

29 So ausdrücklich *Henze,* in: Großkomm. AktG, § 60 Rn. 19.

Betrags. Da der Vorstand keinen Einfluss auf den Gewinnverteilungsschlüssel hat, kann er durch eine Änderung desselben nicht in seinen Rechten verletzt sein.

Es bleibt damit festzuhalten, dass die Hauptversammlung bei einem Gewinnverteilungsbeschluss innerhalb ihrer organschaftlichen Regelungsmacht handelt und damit grundsätzlich ihre Zuständigkeit nicht überschreitet. Nichts anderes ergibt sich, wenn man § 23 Abs. 5 AktG als Maßstab für eine Kompetenzüberschreitung der Hauptversammlung heranzieht. Solange der Gewinnverteilungsbeschluss seinem Inhalt nach grundsätzlich als Satzungsänderung gemäß § 60 Abs. 3 AktG zulässig wäre, besteht kein Grund, ihn allein aufgrund der Tatsache, dass er nicht in der Form einer Satzungsänderung gefasst wird, für nichtig zu erachten.

Der Mangel des Gewinnverteilungsbeschlusses liegt daher nicht im Eingriff in fremde Organkompetenzen und somit in einer Kompetenzüberschreitung, sondern in seiner Form. Die Hauptversammlung als zur Festlegung des Gewinnverteilungsschlüssels zuständiges Organ will die Gewinnverteilung – anstatt durch die an sich gebotene Satzungsänderung – im Rahmen eines einfachen Beschlusses regeln. Dieses Vorgehen verstößt zwar gemäß § 60 Abs. 3 AktG i. V. m. §§ 58 Abs. 4, 174 AktG gegen Gesetz oder Satzung, aber nicht gegen das Kompetenzgefüge der Aktiengesellschaft. Der Beschluss ist daher wirksam, aber anfechtbar.[30]

Hieran kann auch die Zustimmung der betroffenen Gesellschafter nichts ändern.[31] Eine Zustimmung zu einem an sich anfechtbaren Beschluss beseitigt dessen Rechtswidrigkeit nur dann, wenn sich der Beschlussmangel in der Verletzung individueller Minderheitsrechte erschöpft.[32] Der Gewinnverteilungsbeschluss stellt jedoch ein Verstoß gegen die Regelung in § 60 Abs. 3 AktG dar, wonach die Gewinnverteilung in der Satzung festzulegen ist. Anders als § 60 Abs. 1 AktG, der – wie bereits ausgeführt[33] – als spezialgesetzliche Ausprägung des Gleichbehandlungsgrundsatzes angesehen wird, legt § 60 Abs. 3 AktG damit die grundsätzlichen formalen Voraussetzungen fest, unter denen von der gesetzlichen Gewinnverteilungsregel abgewichen werden kann. Die Regelung der

30 Insoweit bleibt zu beachten, dass die Nichtigkeit des Beschlusses als Ausnahme angesehen wird, vgl. *Hüffer*, in: MüKo AktG, § 241 Rn. 6. Es entspricht der gesetzlichen Systematik, dass rechtswidrige Beschlüsse grundsätzlich anfechtbar, aber wirksam und nur ausnahmsweise nichtig sind, so ausdrücklich *K. Schmidt*, in: Großkomm. AktG, § 241 Rn. 56. Da keine Kompetenzverletzung vorliegt, kann es an dieser Stelle offen bleiben, ob eine Kompetenzverletzung – soweit sie in anderen Fällen gegeben sein mag – zur Nichtigkeit oder zur Unwirksamkeit des Beschlusses führt. Soweit Teile der Literatur von einer Unwirksamkeit des Hauptversammlungsbeschlusses aufgrund einer Kompetenzüberschreitung der Hauptversammlung ausgehen, dürfte konsequenter Weise auch eine Zustimmung der Gesellschafter nichts an der Unwirksamkeit des Beschlusses ändern, da die Zuständigkeitsordnung innerhalb der Gesellschaft gerade nicht zur Disposition der Hauptversammlung steht.

31 So i. E. auch *Hoffmann-Becking*, in: Mü. Hdb. GesR. AG, § 46 Rn. 25.

32 Vgl. *K. Schmidt*, in: Großkomm. AktG, § 243 Rn. 76.

33 Vgl. 1. Kapitel, A. II.

Gewinnverteilung in der Satzung der Gesellschaft sichert die Publizität und registerrichterliche Rechtmäßigkeitskontrolle des Gewinnverteilungsschlüssels.[34] Sowohl die Registerpublizität als auch die registergerichtliche Rechtmäßigkeitskontrolle dienen jedoch nicht allein dem Schutz individueller Minderheitsrechte, sondern auch dem des Rechtsverkehrs sowie der künftigen Gesellschafter, so dass die Zustimmung der Gesellschafter zum an sich satzungsverletzenden Beschluss dessen Rechtswidrigkeit und Anfechtbarkeit nicht beseitigen kann. Darüber hinaus bleibt festzuhalten, dass – anders als bei der GmbH – gemäß § 245 Nr. 4 und 5 AktG auch Vorstand und Aufsichtsrat grundsätzlich zur Anfechtung befugt sind.

Die Anfechtung des Gewinnverteilungsbeschlusses scheidet letztlich auch nicht aufgrund von § 254 AktG aus. Das Anfechtungsrecht nach § 254 AktG lässt die allgemeinen Anfechtungsgründe aus § 243 AktG unberührt.[35] Die Anfechtungsbefugnis aus § 254 AktG tritt für den Sonderfall einer nicht gerechtfertigten zu niedrigen Ausschüttung neben die Anfechtungsmöglichkeit aus § 243 AktG, ohne diese auszuschließen.[36]

III. Zusammenfassung

Von gesetzlichen oder statutarischen Gewinnverteilungsregeln abweichende Gewinnverteilungsbeschlüsse sind unter zwei Gesichtspunkten mangelhaft. Zum einen stellen sie einen Eingriff in die mitgliedschaftlichen Gewinnbeteiligungsrechte der Gesellschafter dar. Dieser Mangel führt grundsätzlich zur Unwirksamkeit des Beschlusses, kann jedoch durch die Zustimmung der betroffenen Gesellschafter geheilt werden. Zugleich liegt ein Verstoß gegen den gesetzlich oder statutarisch geregelten Gewinnverteilungsschlüssel vor. Dies hat allerdings nicht die Nichtigkeit des Gewinnverteilungsbeschlusses nach § 241 Nr. 3 AktG zu Folge. Vielmehr ist der entsprechende Beschluss wirksam, aber rechtswidrig und damit gemäß § 243 Abs. 1 AktG anfechtbar. Für den Großaktionär ist jedoch bereits die Anfechtbarkeit des Gewinnverteilungsbeschlusses ein erhebliches Risiko. Dies gilt insbesondere dann, wenn einige Gesellschafter eine weitere Ausschüttung erzwingen wollen. Eine erfolgreiche Anfechtung hätte gemäß § 241 Nr. 5 AktG die Nichtigkeit des Beschlusses zur Folge, so dass bereits ausgezahlte Dividenden unter Umständen nach den Regeln des § 62 Abs. 1 S. AktG zurückzugewähren wären. Für diese Beträge wäre auch der Vorstand nach § 93 Abs. 2 S. 1 AktG haftbar.[37] Um das Risiko einer

34 Auf die Einzelheiten wird sogleich näher im Zusammenhang mit den satzungsdurchbrechenden Beschlüssen einzugehen sein, vgl. D.

35 So aber *Henze,* in: Großkomm. AktG. § 60 Rn. 33; *Lutter,* in: Kölner Komm. AktG, § 60 Rn. 28; *Hefermehl/Bungeroth,* in: Geßler/Hefermehl AktG Komm., § 60 Rn. 38.

36 *K. Schmidt,* in: Großkomm. AktG § 254 Rn. 1. Zu den Motiven für die Einführung von § 254 AktG vgl. statt aller *Kropff,* S. 340.

37 Auf den Haftungsausschluss nach § 93 Abs. 4 S. 1 AktG könnte sich der Vorstand dabei, wie *Horbach,* AG 2001, S. 78, 81, zutreffend hervorhebt, nicht berufen, da dieser auf anfechtbare

Anfechtung auszuschließen, wird in der Literatur zuweilen auf die Möglichkeit verwiesen, einen satzungsdurchbrechenden Beschluss zu fassen.[38] In der Folge gilt es daher zu untersuchen, ob die vom Großaktionär verfolgten Zielsetzungen durch einen satzungsdurchbrechenden Gewinnverteilungsbeschluss erreicht werden können.

D. Gewinnverteilung durch satzungsdurchbrechenden Beschluss

I. Vorbemerkung

1) Begriff und Problematik von satzungsdurchbrechenden Beschlüssen

Mit dem Begriff der Satzungsdurchbrechung werden allgemein Beschlüsse beschrieben, mit denen die Hauptversammlung im Einzelfall bewusst von einer materiellen Satzungsbestimmung abweichen will, ohne die Satzung über den konkreten Einzelfall hinaus ändern oder auf Dauer aufheben zu wollen.[39] Die Abgrenzung zur anfechtbaren Satzungsverletzung wird nach der inzwischen wohl herrschenden Meinung über die Willensrichtung der Gesellschafter bei der Beschlussfassung vorgenommen. Sobald die Gesellschafter den Beschluss legalisieren wollen, indem sie ihn bewusst über die Satzung stellen und damit letztlich den Effekt einer einzelfallbezogenen Satzungsänderung erstreben, soll keine anfechtbare Satzungsverletzung mehr vorliegen.[40]

Hauptversammlungsbeschlüsse nach allgemeiner Meinung keine Anwendung findet, vgl. *Mertens,* in: Kölner Komm. AktG, § 93 Rn. 118.

38 *Priester*, Die Gestaltung von GmbH-Verträgen, S. 57; *Wiedemann,* in: Großkomm. AktG, § 179 Rn. 93; *Horbach,* AG 2001, S. 78, 80; *Hoffmann-Becking,* in: Mü. Hdb. GesR. AG, § 46 Rn. 25.

39 So die allgemeine, wenn auch nicht immer einheitlich gebrauchte Definition, vgl. *Hüffer*, AktG, § 179 Rn. 7; *Tieves,* ZIP 1994, S. 1341 f.; *Lawall,* DStR 1996, S. 1169; *Habersack,* ZGR 1994, S. 354, 356; *Priester,* ZHR 151 (1987), S. 40; *Boesebeck*, NJW 1960, S. 2265. Zu den unterschiedlichen Nuancen vgl. *Zöllner,* in: Kölner Komm. AktG, § 179 Rn. 91. Für die GmbH wird zudem von *Priester*, ZHR 151 (1987), S. 40, und ihm folgend *Lawall*, DStR 1996, S. 1169, die Meinung vertreten, dass eine „Satzungsdurchbrechung“ auch bei einer Einzelfallabweichung von dispositiven Gesetzesregelungen möglich sei. Kritisch dazu für die AG *Zöllner,* in: Kölner Komm. AktG, § 179 Rn. 101 ff. Ob die Rechtsfigur der Satzungsdurchbrechung tatsächlich auch auf dispositive Gesetzesregeln angewendet werden kann, soll an dieser Stelle offen bleiben. Zunächst gilt es zu klären, ob überhaupt eine gesonderte Kategorie vorliegt, die für einen Gewinnverteilungsbeschluss Vorteile bietet.

40 So insbesondere *Habersack*, ZGR 1994, S. 354, 364, der zutreffend feststellt, dass der BGH in BGHZ 123, 15 ff. eine saubere Abgrenzung zwischen Satzungsverletzung und Satzungsdurchbrechung vermissen lässt und vielmehr vom zustandsbegründenden Charakter des Beschlusses auf das Vorliegen eines satzungsdurchbrechenden Beschlusses schließt. Richtig dürfte sein, diese Abgrenzung, wie von *Habersack*, ZGR 1994, S. 354, 364, betont, bereits auf der tat-

Nach wie vor ist umstritten, ob und unter welchen Voraussetzungen zwischen der formalen Satzungsänderung und der Satzungsverletzung Raum für eine weitere Beschlusskategorie besteht. Insoweit wird insbesondere kontrovers diskutiert, welche formalen Erfordernisse an einen solchen Beschluss zu stellen sind.[41] Um diese Kontroverse richtig einordnen zu können, gilt es, sich zu vergegenwärtigen, dass das Gesetz Beschlüsse, die von der Satzung abweichen, ohne gemäß § 179 AktG eine formale Satzungsänderung darzustellen, generell als rechtswidrig ansieht und gemäß § 243 Abs. 1 AktG für anfechtbar erklärt. Soweit also anerkannt würde, dass es möglich ist von den materiellen Bestimmungen der Satzung abweichende Hauptversammlungsbeschlüsse zu fassen, die zum einen nicht als anfechtbare satzungsverletzende Beschlüsse angesehen werden, zum anderen aber, um wirksam zu sein, auch nicht die für Satzungsänderungen vorgesehenen Formalia erfüllen müssen, würde eine neue, gesetzlich nicht vorgesehene Beschlusskategorie geschaffen.[42] Für die Aktiengesellschaft reduziert sich aufgrund der allgemeinen Verfahrens- und Formerfordernisse für Hauptversammlungsbeschlüsse gemäß §§ 124 Abs. 2 S. 2, 179 Abs. 2, 130 Abs. 1 S. 2 AktG die Frage darauf, ob ein wirksamer satzungsdurchbrechender Beschluss ohne Eintragung in das Handelsregister gemäß § 181 Abs. 3 AktG denkbar ist.[43]

2) Satzungsdurchbrechender Beschluss und disquotale Gewinnausschüttung

Für die Gestaltung einer einzelfallbezogenen disquotalen Gewinnausschüttung hätte die Existenz einer solchen (dritten) Beschlusskategorie erhebliche Vorteile. Zum einen könnte ohne zeitliche Verzögerung eine abweichende Gewinnverteilung beschlossen werden. Zum anderen wären solche Beschlüsse nicht anfechtbar, so dass die mit der Anfechtung verbundenen Risiken gebannt wären. Nach alledem ist daher zu untersuchen, ob der satzungsdurchbrechende Beschluss eine eigenständige, an geringere formale Erfordernisse geknüpfte Beschlusskategorie darstellt.

---

bestandlichen Ebene und hier beim subjektiven Tatbestand vorzunehmen. So auch *Zöllner*, in: Kölner Komm. AktG, § 179 Rn. 99 und *Wiedemann*, in: Großkomm. AktG, § 179 Rn. 95. Ihnen folgend *Hüffer*, AktG, § 179 Rn. 8; *Lawall*, DStR 1996, S. 1169. Im Ergebnis stimmt dem wohl auch *Priester* zu, vgl. ZHR 151 (1987), S. 40, 48. A.A. *Helmke*, S. 50, dazu noch im Einzelnen unter II. 1.

41 Statt aller *Hüffer*, AktG, § 179 Rn. 8.

42 So die h. M., vgl. *Habersack*, ZGR 1994, S. 354, 356 f.; *Priester*, ZHR 151 (1987), S. 40, 45; *Hüffer*, AktG, § 179 Rn. 8.

43 Vgl. *Zöllner*, in: Kölner Komm. AktG, § 179 Rn. 96.

II. Zulässigkeit und Wirksamkeitsvoraussetzungen einer Satzungsdurchbrechung

1) Meinungsstand

(1) Rechtsprechung

Der BGH macht in BGHZ 123, 15 ff. deutlich, dass ein satzungsdurchbrechender Beschluss für seine Wirksamkeit jedenfalls dann die formalen Erfordernisse einer Satzungsänderung erfüllen müsse, wenn hierdurch ein von der Satzung abweichender dauerhafter Zustand hergestellt wird. Der *Senat* begründet dies damit, dass der Rechtsverkehr und die der Gesellschaft beitretenden Gesellschafter über eine dauerhafte Abweichung von der Satzung informiert werden müssten. Dies sei durch die Registerpublizität gesichert. Zur „punktuellen Abweichung“ heißt es dagegen wörtlich: „Eine einen Einzelfall regelnde 'Satzungsdurchbrechung' ist nach der Rechtsprechung des *Senats* im Grundsatz auch ohne Einhaltung der formellen Voraussetzungen einer Satzungsänderung jedenfalls nicht nichtig; ob sie anfechtbar ist, hat der *Senat* offen gelassen (*Senat*, WM 1981, 1218, 1219). Im Schrifttum ist streitig, ob derartige satzungsdurchbrechende Beschlüsse nicht wenigstens der notariellen Beurkundung bedürfen (...). Auf diese Frage kommt es hier jedoch nicht an. Denn die Zulässigkeit von nicht formgültigen Satzungsdurchbrechungen beschränkt sich jedenfalls auf Fälle einer 'punktuellen' Regelung, bei denen sich die Wirkung des Beschlusses in der betreffenden Maßnahme erschöpft.“

Während bei einer ersten Lektüre des Urteils der Eindruck entsteht, der BGH gehe von der Zulässigkeit von punktuellen satzungsdurchbrechenden Beschlüssen aus, zeigt sich bei einem Blick in die vom BGH zitierte Entscheidung, dass dieser Schluss nicht zutreffend ist. Dieser Entscheidung lag ein Fall zugrunde, in dem eine allgemeine, nach § 243 Abs. 1 AktG zu behandelnde Satzungsverletzung gegeben war.[44] Es bleibt daher festzuhalten, dass der BGH in BGHZ 123, 15 ff. i. E. offen gelassen hat, ob ein punktuell satzungsdurchbrechender Beschluss zu seiner Wirksamkeit ins Handelsregister einzutragen ist.[45]

---

44 So ausdrücklich *Habersack*, ZGR 1994, S. 354, 366. Dies dürfte wiederum eine Folge davon sein, dass der BGH in seiner Entscheidung keine saubere Trennung zwischen der Satzungsverletzung und der Satzungsdurchbrechung vorgenommen hat.

45 So auch *Helmke*, S. 18; *Tieves*, ZIP 1994, S. 1341, 1343. Eine neuere Entscheidung des OLG Köln, GmbHR 1996, S. 291, bestätigt die vom BGH in BGHZ 123, 15 ff. vertretene Auffassung, wonach zumindest zustandsbegründende Satzungsdurchbrechungen ohne Eintragung in das Handelsregister unwirksam sind. Gleichzeitig wird in dieser Entscheidung jedoch auch davon ausgegangen, dass nach dem BGH punktuelle Satzungsdurchbrechungen auch ohne Eintragung in das Handelsregister zulässig seien. Diese Sichtweise kann nach dem zuvor Gesagten nicht geteilt werden.

(2) Literatur

Eine insbesondere für die GmbH vertretene Meinung in der Literatur lehnt satzungsdurchbrechende Beschlüsse als eigene Beschlusskategorie nur dann ab, wenn der Beschluss über die konkrete Maßnahme hinaus einen von der Satzung abweichenden Zustand begründet. In diesen Fällen würde ohne Registereintragung des Beschlusses der Rechtsverkehr und die künftigen Gesellschafter nicht zutreffend über die gegenwärtigen Rechtsverhältnisse innerhalb der Gesellschaft informiert. Die Registerpublizität gebiete daher die Eintragung.[46] Beschlüsse, die sich auf eine einmaligen Abweichung von der Satzung beschränken und die darüber hinaus keine Wirkung mehr für die Zukunft entfalten, sollen hingegen grundsätzlich auch ohne Eintragung in das Handelsregister wirksam sein.[47] Eine Eintragung in das Handelsregister sei bei diesen „punktuellen" Satzungsdurchbrechungen nicht notwendig, da allein historische Vorgänge protokolliert würden. Die Registerpublizität habe ihre Rechtfertigung darin, dass sich der Rechtsverkehr über die gegenwärtige Verfassung der Gesellschaft informieren könne.[48] Abgeschlossene Geschehnisse könnten jedoch keine Auswirkungen auf die gegenwärtigen Rechtsverhältnisse in der Gesellschaft haben. Damit habe die Eintragung einer punktuellen Abweichung keinen Informationswert, der die Registerpublizität rechtfertigen könnte.[49] Auch die Rechtssicherheit gebiete in diesem Fall nicht, den Beschluss in das Handelsregister einzutragen. Zwar sei richtig, dass mit der Eintragung der Zeitpunkt des Wirksamwerdens des Beschlusses eindeutig bestimmt werden könne. Dies sei aber auch für andere Gesellschafterbeschlüsse nicht Voraussetzung der Wirksamkeit. Für die Rechtmäßigkeitskontrolle sei die nachträgliche Eintragung ebenfalls ohne Belang. Bei dem einzutragenden Beschluss handle es sich um einen bereits abgeschlossenen Vorgang. Rechte Dritter könnten davon nicht mehr berührt sein.[50] Die Beschlüsse seien auch nicht anfechtbar, soweit die übrigen für eine Satzungsänderung aufgestellten Form- und Verfahrenserfordernisse beachtet würden. Der Wegfall der drittschützenden Registereintragung rechtfertige die Anfechtbarkeit nicht.[51] Punktuell satzungsdurchbrechende Beschlüsse bildeten daher eine eigene Beschlusskategorie.[52]

---

46 *Priester*, ZHR 151 (1987), S. 40, 55 f. A.A. noch *Boesebeck*, der eine Eintragung des satzungsdurchbrechenden Beschlusses bereits dann als entbehrlich ansieht, wenn in Zukunft wieder die Satzungsbestimmungen gelten sollten, vgl. NJW 1960, S. 2265, 2267.

47 *Priester*, ZHR 151 (1987), S. 40, 54 f.; *Lawall*, DStR 1996, S. 1169, 1173.

48 *Priester*, ZHR 151 (1987), S. 40, 53 f.; *Lawall*, DStR 1996, S. 1168, 1173.

49 *Priester*, ZHR 151 (1987), S. 40, 53 f.; *Lawall*, DStR 1996, S. 1168, 1173.

50 *Lawall*, DStR 1996, S. 1169, 1173.

51 *Priester*, ZHR 151 (1987), S. 40, 54 f. Dabei kann davon ausgegangen werden, dass auch *Priester* bei einem fehlenden Bewusstsein der Gesellschafter, von der Satzung abzuweichen, die Anfechtbarkeit des Beschlusses annimmt, vgl. ZHR 151 (1987), S. 40, 48.

52 *Priester*, ZHR 151 (1987), S. 40, 45; *Lawall*, DStR 1996, S. 1169, 1173.

Eine neuere, von *Helmke* – allerdings ausschließlich für die GmbH – vertretene Auffassung wählt einen anderen Ansatz. *Helmke* geht zunächst davon aus, dass eine Charakterisierung der Satzungsdurchbrechung durch den Vergleich mit den beiden gesetzlich vorgesehenen Kategorien der Satzungsverletzung und der Satzungsänderung dem Anwendungsbereich der Satzungsdurchbrechung nicht gerecht werde. Die Satzungsdurchbrechung als eigene Beschlusskategorie rechtfertige sich bereits aufgrund des unbestreitbaren praktischen Bedürfnisses einer erleichterten einzelfallbezogenen Abweichung von der Satzung aus sich selbst heraus.[53] Da *Helmke* somit schon aus Gründen der Praktikabilität die Satzungsdurchbrechung als eigene Beschlusskategorie grundsätzlich anerkennt, stellt sich für sie nur noch die Frage, ob nach Sinn und Zweck der Registerpublizität im jeweiligen Einzelfall der satzungsdurchbrechende Beschluss in das Handelsregister eingetragen werden muss.[54] Dies entscheide sich jedoch nicht nach der schwer zu treffenden Differenzierung zwischen zustandsbegründender und punktueller Satzungsdurchbrechung, sondern danach, von welchen Vorschriften im Einzelnen abgewichen werden solle.[55]

Nach inzwischen insbesondere im Aktienrecht herrschender Meinung sind dagegen satzungsdurchbrechende Beschlüsse grundsätzlich nur dann wirksam, wenn sämtliche Voraussetzungen für eine Satzungsänderung – insbesondere die Eintragung ins Handelsregister – gegeben sind. Zwischen zustandsbegründenden und punktuellen satzungsdurchbrechenden Beschlüssen wird nicht unterschieden.[56] Begründet wird dies damit, dass zwischen zustandsbegründenden und punktuellen Satzungsdurchbrechungen im Einzelfall nur schwer unterschieden werden könne.[57] Des Weiteren sei zwar zuzugeben, dass die Eintragung einer bereits abgeschlossenen Maßnahme eine historische Begebenheit wiedergibt und für den Rechtsverkehr daher geringen Informationswert habe. Dies führe jedoch nicht dazu, dass die Eintragung insgesamt obsolet sei. Vielmehr sei das Eintragungserfordernis im Hinblick auf die Rechtssicherheit und den Rechtsschutz von besonderer Bedeutung. Mit der Eintragung sei zum einen der Zeitpunkt der Wirksamkeit des Beschlusses zweifelsfrei feststellbar. Zum anderen werde die registergerichtliche Kontrolle des Beschlusses gewährleistet. Damit sichere das Eintragungserfordernis auch den

53 *Helmke*, S. 52.

54 *Helmke*, S. 75.

55 *Helmke*, S. 90 f.

56 *Wiedemann*, in: Großkomm. AktG, § 179 Rn. 97 ff.; *Zöllner*, in: Kölner Komm. AktG, § 179 Rn. 98; *Hüffer*, AktG, § 179 Rn. 8; *Habersack*, ZGR 1994, S. 354, 367; *Semler*, in: Mü. Hdb. GesR AG, § 39 Rn. 58. A.A. *Tieves*, ZIP 1994, S. 1341, 1344 ff., der zwar ebenfalls annimmt, dass ein satzungsdurchbrechender Beschluss grundsätzlich in das Handelsregister einzutragen ist, bei einem Fehlen der Eintragung jedoch allein von der Anfechtbarkeit des Beschlusses ausgeht. Andernfalls werde der satzungsverletzende, aber wirksame Beschluss gegenüber dem satzungsdurchbrechenden Beschluss privilegiert.

57 *Semler*, in: Mü. Hdb. GesR AG, § 39 Rn. 58; *Habersack*, ZGR 1994, S. 354, 362 f.

Schutz der gegenwärtigen Gesellschafter und der überstimmten Minderheit.[58] Diese müssten darauf vertrauen können, dass ohne Einhaltung der strengen Verfahrens- und Formvorschriften der Satzungsänderung die Verfassung des Verbandes nicht verändert werden könne.[59] Insoweit wird auch darauf verwiesen, dass gerade Verfahrens- und Formvorschriften ihren Zweck verfehlten, wenn sie einer situationsbedingten teleologischen Reduktion unterworfen würden.[60] Im Ergebnis sieht diese Meinung satzungsdurchbrechende Beschlüsse nicht als eigenständige Beschlusskategorie, sondern als Unterfall einer Ad-hoc-Satzungsänderung an, weshalb alle formalen Anforderungen einer Satzungsänderung einzuhalten seien.[61]

2) Eigene Stellungnahme

Mit der herrschenden Meinung ist satzungsdurchbrechenden Beschlüssen der Charakter einer eigenständigen Beschlusskategorie abzusprechen. Dies gilt unabhängig davon, ob es sich um zustandsbegründende oder punktuelle Satzungsdurchbrechungen handelt. Vielmehr müssen in jedem Fall die für eine Satzungsänderung vorgesehenen Form- und Verfahrensvorschriften eingehalten werden. Insbesondere ist die Registereintragung nicht entbehrlich. Zwar ist der von *Priester* geprägten gegenteiligen Auffassung insoweit zuzustimmen, als sich der Inhalt der Eintragung regelmäßig auf die Wiedergabe historischer Geschehnisse beschränkt. Mit der Eintragung verbindet sich jedoch auch eine Rechtmäßigkeitskontrolle. Das Registergericht hat grundsätzlich die Pflicht, die Einhaltung des materiellen Rechts zu kontrollieren.[62] Insoweit ist nicht von der Hand zu weisen, dass ein Eintragungserfordernis disziplinierend auf die Hauptversammlungsmehrheit einwirken kann. Auch geht die Auffassung fehl, es bestünden keine Gefahren mehr für die Rechte und Interessen Dritter, da die Maßnahme in der Vergangenheit abgeschlossen sei.[63] Hiermit wird zum einen unterschlagen, dass durch die punktuelle Satzungsdurchbrechung

---

58 *Habersack*, ZGR 1994, S. 354, 367 f.; *Zöllner*, in: Kölner Komm. AktG, § 179 Rn. 98; *Tieves*, ZIP 1996, S. 1342, 1346 f.

59 *Habersack*, ZGR 1994, S. 354, 368.

60 *Wiedemann*, in: Großkomm. AktG, § 179 Rn. 99.

61 *Zöllner*, in: Kölner Komm. AktG, § 179 Rn. 98; *Habersack*, ZGR 1994, S. 354, 367; *Hüffer*, AktG, § 179 Rn. 8. *Habersack* weist insofern ausdrücklich darauf hin, dass für die Abgrenzung einer punktuellen „Satzungsdurchbrechung" zur Satzungsverletzung ein besonders strenger Maßstab hinsichtlich der Willensrichtung der Gesellschafter anzulegen sei, vgl. S. 368. Die Kenntnis der Abweichung von der Satzung reiche in solchen Fällen nicht für die Annahme aus, dass die Gesellschafter ihren Beschluss auch in besonderem Maße legalisieren wollten. Der auf eine punktuelle Satzungsänderung gerichtete Wille der Gesellschafter müsse daher positiv festgestellt werden.

62 *Hüffer*, in: Großkomm. HGB, 4. Aufl., § 8 HGB Rn. 54; *Bokelmann*, in: MüKo HGB, § 8 Rn. 73 f.

63 So aber *Lawall*, DStR 1996, S. 1169, 1173.

Rechte und Interessen Dritter bereits in der Vergangenheit verletzt worden sein können. Zum anderen stellt gerade das Eintragungserfordernis sicher, dass eine solche Beeinträchtigung ausgeschlossen wird, da der Beschluss bis zu seiner Eintragung gemäß § 181 Abs. 3 AktG unwirksam ist. Entscheidend ist schließlich, dass insbesondere in der Aktiengesellschaft das Gebot der Formstrenge die Anleger besonders schützt.[64] In der Tat bedingt eine situationsbedingte teleologischen Reduktion der an sich zwingenden Form- und Verfahrensvorschriften insoweit eine zu große Unsicherheit für die Anleger. Dies verkennt *Helmke*. Bereits die ihrer Auffassung zugrunde liegende Prämisse, die Satzungsdurchbrechung sei als eigene Beschlusskategorie allein aufgrund des praktischen Bedürfnisses anzunehmen, überzeugt jedenfalls für die Aktiengesellschaft nicht. Eine darüber hinausgehende Prüfung, ob die Eintragung in das Handelsregister nach dem Sinn und Zweck der Registerpublizität vorzunehmen sei, stellt das Prinzip der Formstrenge auf den Kopf.

Nach der hier vertretenen Auffassung stellt ein satzungsdurchbrechender Beschluss daher nur eine Sonderform der Satzungsänderung dar. Dies führt dazu, dass auch der satzungsdurchbrechende Beschluss bis zu seiner Eintragung gemäß § 181 Abs. 3 AktG unwirksam ist. Hierin liegt entgegen der Auffassung von *Tieves* auch keine Privilegierung der satzungsverletzenden Beschlüsse, die zwar rechtswidrig, aber immerhin wirksam sind.[65] Der wesentliche Unterschied besteht darin, dass nach dem Willen der Aktionäre der Beschluss legalisiert und damit unanfechtbar sein soll[66]. Dieses höhere Maß an Rechtssicherheit bedingt die gesteigerten formellen Anforderungen für die Wirksamkeit des Beschlusses.

III. Zusammenfassung und Bewertung für die Praxis

Der satzungsdurchbrechende Beschluss stellt neben satzungsändernden und satzungsverletzenden Beschlüssen der Hauptversammlung keine eigene Beschlusskategorie dar. Er ist vielmehr als eine Sonderform des satzungsändernden Beschlusses zu qualifizieren und hat demnach auch die hierfür gesetzlich vorgeschriebenen Voraussetzungen zu erfüllen. Ein satzungsdurchbrechender Beschluss ist daher im Ergebnis auch nicht das geeignete Mittel, um eine punktuelle disquotale Gewinnausschüttung umzusetzen. Der satzungsdurchbrechende Beschluss hat insofern die gleichen Schwächen wie die bereits im 4. Kapitel dargestellte rückwirkende Satzungsänderung.[67]

64 Vgl. auch *Wiedemann*, in: Großkomm. AktG, § 179 Rn. 97.

65 *Tieves*, ZIP 1994, S. 1341, 1344 f.

66 Vgl. *Zöllner*, in: Kölner Komm. AktG, § 179 RN. 99.

67 Vgl. oben 4. Kapitel C. So i. E. auch *Horbach*, AG 2001, S. 78, 81. Insoweit kann hier offen bleiben, ob die Rechtsfigur der Satzungsdurchbrechung auch auf dispositive Gesetzesregelungen Anwendung findet.

Ein mit der Zustimmung der betroffenen Gesellschafter gefasster Gewinnverteilungsbeschluss ist folglich nach den bisherigen Untersuchungen entweder sofort wirksam, aber anfechtbar oder als Satzungsänderung erst mit der Eintragung derselben und damit nach einer erheblicher Verzögerung wirksam. Es stellt sich daher die Frage, ob nicht in der Satzung selbst die Voraussetzungen für einen Gewinnverteilungsbeschluss der Hauptversammlung geschaffen werden können. Dies könnte dadurch geschehen, dass der Hauptversammlung in der Satzung zugestanden wird, in Ausnahmefällen den Gewinnverteilungsschlüssel durch einfachen Beschluss zu bestimmen. Dies führt zu der Frage, ob hinsichtlich der Gewinnverteilung Öffnungsklauseln in die Satzung aufgenommen werden können.

E. Gewinnverteilungsbeschluss aufgrund einer Öffnungsklausel

I. Begriff der Öffnungsklausel

Öffnungsklauseln sind statutarische Ausnahmevorbehalte. Sie ermöglichen es der Hauptversammlung, im Einzelfall durch einfachen Beschluss von den in der Satzung enthaltenen Regelungen abzuweichen,[68] ohne dass die Satzung selbst jeweils geändert werden muss. Ein Hauptversammlungsbeschluss, der auf einer Öffnungsklausel beruht, stellt keine Abweichung von der Satzung dar und ist folglich weder eine Verletzung noch eine Durchbrechung derselben.[69] Im Aktiengesetz ist die Zulässigkeit von Öffnungsklauseln allerdings nicht ausdrücklich geregelt.

II. Bedeutung für die Gestaltung der disquotalen Gewinnausschüttung

Für die Gestaltung einer punktuellen disquotalen Gewinnausschüttung hätte die Öffnungsklausel den Vorteil, dass die Hauptversammlung von der statutarischen Gewinnverteilung abweichen könnte, ohne dass der Beschluss als Verstoß gegen die Satzung anfechtbar wäre.[70] Die Zulässigkeit einer Öffnungsklausel vorausgesetzt, könnte der eingangs beschriebene Beschluss[71] von der Hauptversammlung auf der Grundlage eines solchen Ausnahmevorbehalts gefasst werden, der Großaktionär die disquotale Gewinnaus-

---

68 Vgl. *Zöllner*, in: Kölner Komm. AktG, § 179 Rn. 94; *Lawall*, DStR 1996, 1169; *Priester*, ZHR 151 (1987), S. 40, 41; *ders.*, in: FS für Welf Müller (2001), S. 113, 116 f.; *Helmke*, S. 10 f.; *Hüffer*, AktG, § 60 Rn. 6.

69 *Zöllner*, in: Kölner Komm. AktG, § 179 Rn. 94; *Lawall*, DStR 1996, 1169; *Priester*, ZHR 151 (1987), S. 40, 41; *ders.*, in: FS für Welf Müller (2001), S. 113, 116 f.; *Helmke*, S. 10 f.

70 Vgl. dazu oben C. II. 3).

71 Vgl. oben A.

schüttung kurzfristig umsetzen und dabei zugleich sicher stellen, dass der frei werdende Betrag nach seinen Vorstellungen verwandt wird.

III. Öffnungsklausel bei der Gewinnverteilung

Die Zulässigkeit von Öffnungsklauseln bei der Gewinnverteilung wurde bisher allenfalls im GmbH-Recht diskutiert. Ausgangspunkt war eine Entscheidung des BayObLG. Bevor die Zulässigkeit von Öffnungsklauseln hinsichtlich der Gewinnverteilung in der Aktiengesellschaft erörtert wird, soll daher der gegenwärtige Meinungsstand im GmbH-Recht dargestellt werden (1). Danach ist ein Überblick darüber zu geben, wie die aktienrechtliche Literatur Satzungsklauseln beurteilt, die der Hauptversammlung die Entscheidung über die Gewinnverteilung ermöglichen (2). Anschließend wird die Zulässigkeit einer Öffnungsklausel auch für die Gewinnverteilung der Aktiengesellschaft dargelegt (3).

1) Meinungsstand im GmbH-Recht

(1) Rechtsprechung

Wie bereits eingangs erwähnt, hatte zuletzt das BayObLG[72] darüber zu entscheiden, ob eine Öffnungsklausel, nach der die Gesellschafterversammlung im Einzelfall über die Gewinnverteilung entscheiden kann, zulässig ist. Im Rahmen einer Satzungsänderung sollte die Gewinnverteilung einer GmbH für die Zukunft gemäß § 9 Abs. 3 S. 1 der Satzung wie folgt geregelt werden:

„Der ausgeschüttete Gewinn steht den Gesellschaftern entsprechend ihren Geschäftsanteilen zu, soweit sie nicht unter Zustimmung des Betroffenen etwas Anderes beschließen.“

Das Amtsgericht München hatte in einer Zwischenverfügung beanstandet, dass § 9 Abs. 3 S. 1 der Satzung gegen § 29 Abs. 3 GmbHG verstoße. Als Begründung führte das Amtsgericht aus, der Maßstab eines von den gesetzlichen Regeln abweichenden Gewinnverteilungsschlüssels müsse in der Satzung selbst konkret vorgegeben werden.[73]

Die gegen diese Entscheidung eingelegte Beschwerde wies das LG München zurück.[74] Das LG stützte sich darauf, dass die Satzungsbestimmung unklar sei.[75] Die Frage nach der Zulässigkeit der Öffnungsklausel ließ das Landgericht offen. Es führte jedoch aus, dass der Wortlaut des § 29 Abs. 3 S. 2 GmbHG für die Aufnahme eines konkreten

72 DB 2001, S. 1981 f.

73 Zitiert nach der Sachverhaltsdarstellung des LG München in GmbHR, 2001, S. 114.

74 GmbHR 2001, S. 114 f.

75 Das LG vertrat insoweit die Auffassung, es werde nicht hinreichend deutlich, dass sich die Befugnis, den Gewinnverteilungsschlüssel festzulegen, lediglich auf das jeweils abgelaufene Geschäftsjahr und nicht auch auf zukünftige Geschäftsjahre beziehe.

Gewinnverteilungsschlüssels in die Satzung spreche. Ferner wies das LG München darauf hin, dass der BGH[76] für die Aktiengesellschaft die Auffassung vertrete, die Beschlussfassung der Hauptversammlung über die Gewinnverteilung stelle eine Kompetenzverlagerung von der Satzung auf die Hauptversammlung dar und sei daher unzulässig. Unabhängig davon merkte das LG München an, dass der Zweck des § 29 Abs. 3 S. 2 GmbHG – den eintretenden Gesellschafter vor überraschenden Klauseln zu schützen – nicht die Festlegung eines konkreten Gewinnverteilungsschlüssels in der Satzung erfordere. Es sei jedoch zu überlegen, ob eine Öffnungsklausel nicht gegen § 53 Abs. 3 GmbHG verstoße.

Die weitere Beschwerde gegen die Entscheidung des LG München hatte Erfolg. Zunächst legte das BayObLG im Einzelnen dar, dass die Satzungsregelung hinreichend klar sei. Danach begründete es seine bereits früher in einem obiter dictum geäußerte Auffassung[77], wonach Öffnungsklauseln im Zusammenhang mit der Gewinnverteilung zulässig seien. Dabei nahm es zu den vom Amtsgericht und LG München vertretenen Ansichten hinsichtlich der Zulässigkeit der Öffnungsklausel Stellung.[78]

Nach Auffassung des BayObLG steht § 29 Abs. 3 GmbHG der Zulässigkeit der Öffnungsklausel nicht entgegen. Zwar sei einzuräumen, dass sowohl im Rahmen des § 29 Abs. 3 S. 2 GmbHG als auch für den fast wortgleichen § 60 Abs. 3 AktG verlangt werde, dass sich der Gewinnverteilungsschlüssel direkt aus der Satzung ergeben müsse. Die streitgegenständliche Satzungsklausel beinhalte jedoch eine Öffnungsklausel, wonach die Gesellschafterversammlung durch Beschluss von bestimmten materiellen Satzungsbestandteilen abweichen dürfe. Daher stelle der Gewinnverteilungsbeschluss keine Satzungsdurchbrechung dar. Die besonderen Förmlichkeiten einer Satzungsdurchbrechung seien folglich nicht zu beachten. Die unbestreitbar geringere Publizität einer Öffnungsklausel gegenüber einer konkreten Regelung in der Satzung sei unschädlich. Dies gelte jedenfalls dann, wenn auch ein satzungsdurchbrechender Beschluss in der Sache zulässig wäre. Durch die Klausel werde der Rechtsverkehr hinreichend über die Gefahr einer von der Satzung abweichenden Bestimmung des Gewinnverteilungsschlüssels durch die Gesellschafter informiert.

Ein Kompetenzproblem sieht das BayObLG für die GmbH nicht. Die Gesellschafter seien gemäß § 46 Nr. 1 GmbHG für die im Rahmen der Öffnungsklausel zu fassenden Beschlüsse und insbesondere für die Festlegung des Gewinnverteilungsschlüssels zuständig. Auch inhaltlich bestünden keine Bedenken, da die Gesellschafter den einzelnen Gesellschafter mit dessen Zustimmung gemäß § 29 Abs. 1 S. 1 GmbHG ohne Angabe eines besonderen Grundes im Gesellschaftsvertrag ganz oder teilweise von der Gewinnverteilung ausschließen könnten. Schließlich sieht das BayObLG den Minderheitenschutz nicht ge-

---

76 BGHZ 84, 303, 311.

77 GmbHR 1988, S. 102, 104 f., mit Verweis auf eine Entscheidung des BFH Urteil vom 21.10.1981 I R 230/78, BStBl. II 1982, S. 139, 141.

78 DB 2001, S. 1981 f.

fährdet, da die abweichende Gewinnverteilung von der Zustimmung der betroffenen Gesellschafter abhängig gemacht worden sei.

Auf die Entscheidung des BGH[79], wonach die Hauptversammlung allein zur Festsetzung der Höhe des Ausschüttungsbetrags befugt sei, geht das BayObLG nicht ein. Auch einen möglichen Verstoß gegen § 53 Abs. 3 GmbHG thematisiert das BayObLG nicht.

(2) Literatur

In der Literatur zum GmbH-Recht wurde die Aufnahme von Öffnungsklauseln bereits vor der Entscheidung des BayObLG empfohlen.[80] Begründet wird dies unter anderem mit der Freiheit der Gesellschafter, sich über eine von den Beteiligungsverhältnissen abweichende Gewinnverteilung zu verständigen. Daraus sei zu folgern, dass auch eine Öffnungsklausel, die zu einer abweichenden Gewinnverteilung führe, vorgesehen werden könne.[81] *Priester*[82] hat die Entscheidung des LG München zum Anlass genommen, Öffnungsklauseln hinsichtlich der Gewinnverteilung näher zu untersuchen und ihre Zulässigkeit – im Gegensatz zum LG München – bejaht. Zur Begründung weist er zunächst darauf hin, dass durch Öffnungsklauseln anerkannter Maßen sowohl die Befreiung von Wettbewerbsverboten als auch eine Befreiung vom Verbot von Insichgeschäften nach § 181 BGB der Gesellschafterversammlung übertragen werden könnten.[83] Auch das Publizitätserfordernis hält *Priester* für gewahrt. Die Öffnungsklausel sei der Satzung zu entnehmen. Die Warnfunktion sei dadurch gewahrt, dass künftige Gesellschafter und der Rechtsverkehr kein Vertrauen mehr auf die ausnahmslose Geltung des statutarischen Gewinnverteilungsschlüssels haben könnten.[84] Der Wortlaut des § 29 Abs. 3 S.2 GmbH stehe dem nicht entgegen, da dieser dem Schutz der Gesellschafter untereinander diene.[85] Letztlich spreche auch die Entscheidung des BGH, wonach die Hauptversammlung grundsätzlich nicht zu einer Beschlussfassung über die Gewinnverteilung berechtigt sei, nicht gegen die Zulässigkeit einer Öffnungsklausel. Dieser Entscheidung habe ein Fall zugrunde gelegen, bei dem der Gewinnverteilungsschlüssel in der Satzung bindend festgeschrieben gewesen sei. Daher sei der BGH zutreffend davon ausgegangen, dass die Hauptversammlung nicht durch einfachen Beschluss eine hiervon abweichende Gewinnverteilung habe regeln können. Der BGH habe jedoch nicht über die Frage zu entscheiden gehabt, ob eine Öff-

79 BGHZ 84, 303, 311.

80 *Priester*, Die Gestaltung von GmbH-Verträgen, S. 53; *Heidemann*, INF 2000, S. 333, 334; *Helmke*, S. 145.

81 *Heidemann*, INF 2000, S. 333, 334.

82 In: FS für Welf Müller (2001), S. 113 ff.

83 *Priester*, in: FS für Welf Müller (2001), S. 113, 118 f; *ders.* zu Öffnungsklauseln bei Wettbewerbsverboten in DB 1992, S. 2411.

84 *Priester*, in: FS für Welf Müller (2001), S. 113, 119.

85 *Priester*, in: FS für Welf Müller (2001), S. 113, 119.

nungsklausel in der Satzung die Hauptversammlung zu einem entsprechenden Beschluss ermächtigen kann.[86]

Die Ausführungen des BayObLG wurden, soweit ersichtlich, bislang noch nicht eingehender diskutiert.[87]

2) Meinungsstand im Aktienrecht

Die herrschende Meinung in der aktienrechtlichen Kommentarliteratur geht davon aus, dass die Gewinnverteilung in der Satzung selbst abschließend geregelt werden muss und nicht einem Gesellschaftsorgan zur freien Entscheidung überlassen werden kann.[88] Diese Auffassung wird zum einen auf den Wortlaut des § 60 Abs. 3 AktG gestützt, wonach die Satzung eine andere Art der Gewinnverteilung „bestimmen" kann. Darin komme zum Ausdruck, dass allein die Satzung zur Festlegung des Gewinnverteilungsschlüssel berufen sei.[89] Zum anderen wird allgemein für die Aktiengesellschaft die Auffassung vertretenen, dass Gesellschaftsorgane durch die Satzung nur dann zu Entscheidungen über statutarische Regelungsgegenstände ermächtigt werden können, wenn eine entsprechende Befugnis im gesetzlichen Satzungsvorbehalt selbst zum Ausdruck komme. Spreche das Gesetz jedoch allein von einer Abweichung durch eine „Regelung in der Satzung", so müsse – wenn von dem im Gesetz eröffneten Gestaltungsspielraum Gebrauch gemacht werden soll – die Satzung eine abschließende Regelung enthalten.[90]

86 *Priester,* in: FS für Welf Müller (2001), S. 113, 118.

87 Ohne nähere Begründung pauschal zustimmend *Dietsch,* NotBZ 2001, S. 302 f.

88 *Hefermehl/Bungeroth,* in: Geßler/Hefermehl AktG Komm., § 60 Rn. 17; *Henze,* in: Großkomm. AktG, § 60 Rn. 18; *Hüffer,* AktG, § 60 Rn. 6; *Lutter,* in: Kölner Komm. AktG, § 60 Rn. 14.

89 *Hefermehl/Bungeroth,* in: Geßler/Hefermehl AktG Komm., § 60 Rn. 17; *Henze,* in: Großkomm. AktG, § 60 Rn. 18; *Lutter,* in: Kölner Komm. AktG, § 60 Rn. 14. So i. E. auch *Hüffer,* der allerdings ohne Bezugnahme auf den Wortlaut der Norm davon ausgeht, dass selbst bei der Existenz einer entsprechenden Satzungsklausel ein Gewinnverteilungsbeschluss nach § 243 Nr. 3 Var. 3 AktG nichtig sei. Als zusätzlicher Beleg für diese Ansicht wird auf die bereits zitierte Entscheidung des BGH in BGHZ 84, 303, 311 verwiesen, wonach die Hauptversammlung der AG (...) nur über den Gesamtbetrag des auszuschüttenden Gewinns entscheide; in welcher Höhe der einzelne Aktionär mit dem Beschluss ein Gläubigerrecht erwirbt, ergäbe sich aus der Satzung oder dem Gesetz. Ob diese Entscheidung auch für die Beurteilung der Zulässigkeit einer Öffnungsklausel relevant ist, wird an späterer Stelle zu erörtern sein.

90 *Zöllner,* in: Kölner Komm. AktG, § 179 Rn. 17. Zwar gesteht *Zöllner* ein, dass Einzelfallregelungen auch durch Hauptversammlungsbeschluss getroffen werden können. An anderer Stelle wird jedoch deutlich, dass *Zöllner* solche Einzelfallentscheidungen wohl nur dann zulassen will, wenn sie bereits im gesetzlichen Satzungsvorbehalt angelegt sind, vgl. Kölner Komm. AktG, § 179 Rn. 94 mit dem ausdrücklichen Rückverweis auf Rn. 17.

Die Zulässigkeit einer Öffnungsklausel wird in der aktienrechtlichen Kommentarliteratur hingegen nicht ausdrücklich behandelt. Zwar weist *Hüffer*[91] darauf hin, dass das BayObLG in der soeben dargestellten Entscheidung eine gelegentliche Abweichung von der gesetzlichen Gewinnverteilung auf der Grundlage einer Öffnungsklausel zugelassen hat. Ob sich *Hüffer* der Auffassung des BayObLG auch für die Aktiengesellschaft anschließt, lässt sich der Kommentierung jedoch nicht entnehmen.

Zusammenfassend lässt sich sagen, dass die aktienrechtliche Kommentarliteratur Satzungsregelungen, die der Hauptversammlung die Entscheidung über die Gewinnverteilung durch einfachen Beschluss zubilligen, für unzulässig hält. Aufgrund der anderslautenden Entscheidung des BayObLG für die GmbH erscheint es jedoch angebracht, die Zulässigkeit einer Öffnungsklausel für die Gewinnverteilung bei der Aktiengesellschaft näher zu untersuchen.

3) Stellungnahme und Entwicklung einer eigenen Lösung

Zunächst ist zu prüfen, ob eine Öffnungsklausel gegen ein allgemeines Delegationsverbot verstößt. Sodann gilt es, sich mit der Frage auseinander zu setzen, ob einem auf einer Öffnungsklausel basierendem Gewinnverteilungsbeschluss rechtliche Bedenken entgegen stehen, weil er weder in das Handelsregister eingetragen noch mit der für eine Satzungsänderung vorgeschriebenen Mehrheit gefasst wird. Darüber hinaus ist zu klären, ob eine auf die Gewinnverteilung bezogene Öffnungsklausel gegen die Kompetenzverteilung in der Aktiengesellschaft verstößt und mit dem Schutzzweck des § 60 Abs. 3 AktG in Einklang zu bringen ist. In einem letzten Schritt soll erörtert werden, welche inhaltlichen Anforderungen an eine Öffnungsklausel hinsichtlich der Gewinnverteilung zu stellen sind.

(1) Öffnungsklausel als Verstoß gegen allgemeines Delegationsverbot

Wie bereits erwähnt, sollen nach *Zöllner* die Gesellschaftsorgane nur dann Einzelfallentscheidungen auf der Grundlage von statutarischen Öffnungsklauseln treffen können, wenn dies bereits im Gesetz selbst vorgesehen ist.[92] Eine eingehendere Begründung für diese Auffassung bietet *Zöllner* nicht. Fraglich erscheint, ob diese Auffassung zutreffend ist.

Als Begründung für diese Annahme drängt sich das Gebot der Satzungsstrenge gemäß § 23 Abs. 5 AktG auf. Ziel der Satzungsstrenge ist es, für den Anleger die Mitgliedschaft in einer Aktiengesellschaft – jedenfalls was seine Stellung als Gesellschafter angeht – so berechenbar wie möglich zu machen. Mit ungewöhnlichen vom gesetzlichen Leitbild abweichenden Satzunsgregelungen soll der Aktionär nicht rechnen müssen. Zur Wahrung der Fungibilität der Aktie hat die Satzung so weit wie möglich ein „Standardprodukt“ zu

91 AktG, § 60 Rn. 6.

92 *Zöllner*, in: Kölner Komm. AktG, § 179 Rn. 17.

sein.[93] Die materiellen Satzungsregelungen dürfen daher nach § 23 Abs. 5 AktG nur dann von den gesetzlichen Vorgaben abweichen, wenn das Gesetz dies ausdrücklich zulässt. Daraus könnte in der Tat gefolgert werden, dass Sachverhalte, die laut Gesetz „in der Satzung" zu regeln sind nicht durch statutarische Öffnungsklausel einem Gesellschaftsorgan zur Entscheidung überlassen werden dürfen. Dies ist jedoch in dieser pauschalen Form nicht zutreffend.

Es entspricht bereits einer ersten Wertung des Gesetzgebers, dass er hinsichtlich bestimmter Regelungsgegenstände eine Abweichung von gesetzlichen Vorschriften durch die Satzung zulässt. Des Weiteren ist festzustellen, dass der Gesetzgeber den Umfang der statutarischen Gestaltungsmöglichkeiten von Fall zu Fall unterschiedlich weit gefasst hat. Während es Satzungsvorbehalte mit strikten inhaltlichen Vorgaben gibt[94], enthalten andere überhaupt keine ausdrücklichen Beschränkungen, die bei der Gestaltung der Satzung zu beachten wären. Zumindest in den letztgenannten Fällen akzeptiert der Gesetzgeber daher wohl, dass sich Aktionäre mit Gestaltungen konfrontiert sehen, die vom allgemeinen gesetzlichen Leitbild abweichen. Vor diesem Hintergrund erscheint es sachgerecht, in diesen Fällen hinsichtlich der Grenzen des im Gesetz gewährten Freiraums auf den Schutzzweck der Norm abzustellen, von der im jeweiligen Einzelfall abgewichen werden soll. Diese Auffassung vertritt der BGH in einer zu § 121 Abs. 5 S. 1 AktG[95] ergangenen Entscheidung.[96] Nach § 121 Abs. 5 S. 1 AktG soll die Hauptversammlung am Sitz der Gesellschaft stattfinden, wenn die Satzung nichts anderes bestimmt. In § 121 Abs. 5 S. 1 AktG ist damit eine Satzungsermächtigung enthalten, die – ähnlich wie § 60 Abs. 3 AktG – dem Satzungsgeber zunächst keine ausdrücklichen inhaltlichen Vorgaben darüber macht, wie er diese Gestaltungsmöglichkeit ausfüllen soll. Insbesondere wird dem Satzungsgeber nicht explizit die Befugnis eingeräumt, die Entscheidung über den nächsten Tagungsort der Hauptversammlung einem der Gesellschaftsorgane zu überlassen. Dennoch entspricht es allgemeiner Meinung, dass – aufgrund einer entsprechenden Ermächtigung in der Satzung – Vorstand oder Hauptversammlung zwischen verschiedenen in der Satzung genannten Hauptversammlungsorten auswählen dürfen. In der Satzung selbst muss daher keine abschließende Wahl getroffen werden.[97] Der BGH hat insoweit ausdrücklich festgestellt, dass nach dem Umfang der Ermächtigung in § 121 Abs. 5 S. 1

93 *Pentz*, in: MüKo AktG, § 23 Rn. 150; *Röhricht*, in: Großkomm. AktG, § 23 Rn. 167. Kritisch dazu *Mertens*, ZGR 1994, S. 426, 427 ff.

94 So z. B. §§ 78 Abs. 3 S. 1; 76 Abs. 2; 77 Abs. 1 S. 2, HS. 2 AktG.

95 BGH NJW 1994, S. 320 ff. Die Entscheidung beruhte noch auf § 121 Abs. 4 S. 1 AktG a. F. § 121 Abs. 4 S. 1 AktG a. F. entspricht dem § 121 Abs. 5 S. 1 AktG n. F. Im Rahmen der weiteren Ausführungen wird einheitlich die heute gültige Norm zitiert.

96 So i. E. auch *Pentz*, in: MüKo AktG, § 23 Rn. 154.

97 BGH NJW 1994, S. 320, 322. Inzwischen wohl herrschende Meinung, vgl. *Wiesner*, in: Mü. Hdb. GesR. AG, § 6 Rn. 10; *Pentz*, in: MüKo AktG, § 23 Rn. 154; *Hüffer*, AktG, § 121 Rn. 13; *Zöllner*, in: Kölner Komm. AktG, § 121 Rn. 34; A. A. noch *Werner*, in: Großkomm. AktG, § 121 Rn. 47.

AktG auch eine uneingeschränkte Delegation der Entscheidung auf eines (!) der Gesellschaftsorgane denkbar wäre. Damit lehnt der BGH implizit die Auffassung ab, dass es einer gesonderten gesetzlichen Ermächtigung bedürfe, um der Hauptversammlung materielle Regelungsgegenstände der Satzung zur Entscheidung durch einfachen Beschluss zu überlassen. Beschränkt werde die Übertragung der Entscheidung auf Vorstand oder Hauptversammlung nach Auffassung des *Senats* allein durch den Schutzzweck des § 121 Abs. 5 S. 1 AktG.[98] Wenn jedoch bei einer inhaltlich nicht näher bestimmten Satzungsermächtigung sogar eine uneingeschränkte Delegation auf Vorstand oder Hauptversammlung nur aufgrund des Schutzzwecks der jeweiligen Norm ausscheidet, kann nichts anderes für den enger gefassten Ausnahmevorbehalt gelten. In diesem wird schließlich die Entscheidung nicht grundsätzlich, sondern nur in Ausnahmefällen auf die Hauptversammlung übertragen.[99] Insgesamt spricht daher Einiges dafür, dass – in den Grenzen des Schutzbereichs der Norm – Ausnahmevorbehalte hinsichtlich materieller Satzungsregelungen auch ohne ausdrückliche gesetzliche Ermächtigung zulässig sind, soweit das Gesetz einen allgemeinen Satzungsvorbehalt enthält.[100] Dennoch wird man sich die Frage stellen müssen, ob ein statutarischer Ausnahmevorbehalt hinsichtlich der Gewinnverteilungsschlüssels nicht deswegen rechtlich problematisch ist, weil allein die Einführung der Öffnungsklausel, nicht aber der konkrete Gewinnverteilungsbeschluss im Handelsregister eingetragen wird.

(2) Fehlende Handelsregistereintragung der Öffnungsklausel

Dadurch, dass der von der statutarischen Gewinnverteilungsregel abweichende Gewinnverteilungsbeschluss der Hauptversammlung nicht in das Handelsregister eingetragen wird, erhält er keine Registerpublizität und wird keiner registergerichtlichen Rechtmäßigkeitskontrolle unterworfen.

a) Registerpublizität

Ziel der Registerpublizität ist es – wie bereits mehrfach erwähnt –, den Rechtsverkehr und künftige Gesellschafter über die Verfassung der Gesellschaft zutreffend und vollständig zu informieren.[101] Insoweit ist zuzugeben, dass durch eine Öffnungsklausel grundsätzlich

---

98 Vgl. BGH NJW 1994, S. 320, 321 f. Im Rahmen des § 121 Abs. 5 S. 1 AktG ist dies der Schutz der Kleinaktionäre davor, dass durch die Wahl von abgelegenen Tagungsorten ihre Teilnahme an der Hauptversammlung unverhältnismäßig erschwert wird.

99 In diesen Zusammenhang können auch die von *Priester* genannten Befreiungen vom Wettbewerbsverbot bzw. von § 181 BGB genannt werden.

100 Insoweit wohl a. A. *Zöllner*, in: Kölner Komm. AktG, § 179 Rn. 17, 94. Eine andere Frage ist, ob damit im Einzelfall gegen die Kompetenzverteilung in der Gesellschaft verstoßen wird. Dies wird zu einem späteren Zeitpunkt noch erörtert, vgl. unten E. III. 3) (4).

101 *K. Schmidt*, HandelsR., § 13 I, 1 a, S. 376.

weichen, ohne dass der Rechtsverkehr oder künftige Gesellschafter davon Kenntnis erlangen würden. Insoweit führt auch der Verweis des BayObLG auf die Möglichkeit einer Satzungsdurchbrechung in die Irre.[102] Wie bereits ausgeführt, ist mit der herrschenden Meinung in jedem Einzelfall einer Satzungsdurchbrechung die Eintragung derselben in das Handelsregister zu fordern.[103] Dennoch stehen Sinn und Zweck der Registerpublizität einer Öffnungsklausel nicht entgegen. Vielmehr ist dem BayObLG darin zuzustimmen, dass mit der Aufnahme einer sachlich genau umschriebenen Öffnungsklausel künftige Gesellschafter ausreichend vor überraschenden Beschlüssen geschützt sind.[104] Aus der Satzung können sie klar entnehmen, dass zwar ein allgemeiner Gewinnverteilungsschlüssel vorgesehen ist, von dem jedoch im Einzelfall durch Hauptversammlungsbeschluss abgewichen werden kann.[105] Dies wäre unter dem Gesichtpunkt der Registerpublizität nur dann unzureichend, wenn die Hauptversammlung eine abweichende Gewinnverteilung nicht nur für das abgelaufene Geschäftsjahr, sondern auch für die Zukunft beschließen könnte. In diesem Fall bestünde – unabhängig davon, dass dies, um wirksam zu sein, zwingend einer entsprechenden Satzungsänderung bedürfte – die Gefahr, dass der Anleger, ohne es der Satzung entnehmen zu können, eine Aktie erwirbt, die mit Zustimmung des ehemaligen Anteilseigners von der Gewinnbeteiligung ausgeschlossen wurde. Dies ist durch eine klare Fassung der Klausel zu vermeiden. In ihr muss deutlich werden, dass die Hauptversammlung nur über die Gewinnverteilung bezüglich des jeweils abgelaufenen Geschäftsjahrs entscheiden darf.[106] Besteht hierüber Klarheit, so bedarf der jeweilige Gewinnverteilungsbeschluss keiner gesonderten Registerpublizität.

Dass auch der BGH Hauptversammlungsbeschlüsse, die auf eine Öffnungsklausel in der Satzung zurückgehen, zumindest nicht unter dem Gesichtspunkt der fehlenden Registerpublizität ablehnt, zeigt die – allerdings zur GmbH ergangenen – *Süssen*-Entschei-

---

102 DB 2001, S. 1981.

103 *Semler*, in: Mü. Hdb. GesR. AG, § 39 Rn. 58; *Hüffer*, AktG, § 179 Rn. 8; *Wiedemann*, in: Großkomm. AktG, § 179 Rn. 99; *Hefermehl/Bungeroth*, in: Geßler/Hefermehl AktG Komm., § 179 Rn. 37; *Zöllner*, in: Kölner Komm. AktG, § 179 Rn. 98 f.; *Habersack*, ZGR 1994, S. 354, 367 f.

104 BayObLG, DB 2001, S. 1981 f.; *Priester*, in: FS für Welf Müller, 2001, S. 113, 120. Abzulehnen sind dagegen allgemeine salvatorische Klauseln, vgl. *Priester*, in: FS für Welf Müller (2001), S. 113, 199; *Helmke*, S. 119.

105 An dieser Stelle besteht ein deutlicher Unterschied zu nicht eingetragenen punktuellen Satzungsdurchbrechungen. Soweit diese nach einer Auffassung ohne Handelsregistereintragung als wirksam zu behandeln wären, würde der Rechtsverkehr über die Abweichung von der Satzung zu keinem Zeitpunkt informiert und damit auch über die punktuell abweichenden Rechtsverhältnisse in der Gesellschaft im Unklaren gelassen. Bei der Aufnahme einer Öffnungsklausel in die Satzung sind jedoch die Rechtsverhältnisse zu jedem Zeitpunkt, also auch bei einem Gewinnverteilungsbeschluss, zutreffend in der Satzung wiedergegeben.

106 *Priester*, in: FS für Welf Müller (2001), S. 113, 120.

dung.[107] Gegenstand des Rechtstreits war unter anderem ein in der Satzung vorgesehener Ausnahmevorbehalt, nach dem die Gesellschafterversammlung mit einfacher Mehrheit eine Befreiung vom Wettbewerbsverbot beschließen konnte. Der BGH spricht die fehlende Registerpublizität des Gesellschafterbeschlusses nicht einmal an.

b) Registergerichtliche Rechtmäßigkeitskontrolle

Bei einer Satzungsdurchbrechung stellt die Registerpublizität nur einen der Schutzmechanismen zugunsten der Minderheitsgesellschafter und der künftigen Gesellschafter dar. Daneben dient auch die mit der Eintragung der Satzungsänderung verbundene registergerichtliche Rechtmäßigkeitskontrolle des Beschlusses deren Schutz.[108] Es stellt sich daher die Frage, ob ein statutarischer Ausnahmevorbehalt nicht diesen Schutzmechanismus umgeht, da – nach der hier dargestellten Konzeption – der jeweilige Gewinnverteilungsbeschluss mangels Anmeldung zum Handelsregister gerade keiner Rechtmäßigkeitskontrolle durch das Registergericht unterliegt. Dies ist im Ergebnis nicht der Fall. Bereits bei der registergerichtlichen Prüfung der Öffnungsklausel selbst wird die Frage nach der Zulässigkeit der darauf basierenden Beschlüsse mit geprüft. Gerade der vom BayObLG entschiedene Fall zeigt, dass eine intensive Auseinandersetzung mit der neuen Satzungsregelung und den danach möglichen Beschlüssen stattfindet. Das Registergericht hat Klarheit und Zulässigkeit der Klausel auch im Hinblick auf die auf ihr aufbauenden Beschlüsse der Gesellschafterversammlung geprüft und so das Rechtsschutzinteresse der künftiger Gesellschafter und des Rechtsverkehrs gewahrt. Gleiches wird auch durch die Entscheidung des BGH zu § 121 Abs. 5 S. 1 AktG belegt. Der BGH hat in diesem Fall die Satzungsklausel gerade deshalb abgelehnt, weil die danach denkbaren Beschlüsse im Einzelfall die Interessen der Minderheitsgesellschafter hätten beeinträchtigen können.

(3) Mehrheitserfordernis

Für die Einhaltung des für eine Satzungsänderung notwendigen Mehrheitserfordernisses ergibt sich nichts anderes. Insoweit ist vielmehr festzustellen, dass es ausreicht, wenn die Dreiviertelmehrheit gemäß § 179 Abs. 2 S. 1 AktG bei der Einführung der Öffnungsklausel erreicht wird. Die Wahrnehmung des Ausnahmevorbehalts stellt für die Aktionäre keine größere Gefährdung dar, als wenn sie sogleich bindend über den Gewinnverteilungsschlüssel entscheiden. Ferner sind die Rechte jedes einzelnen Gesellschafters dadurch geschützt, dass ohne seine Zustimmung ohnehin nicht in sein Gewinnbeteiligungsrecht eingegriffen werden kann. Schließlich lässt sich im Aktienrecht auch an anderen Stellen eine vergleichbare Systematik von ermächtigender Satzungsregelung und ausführendem Be-

107 BGHZ 80, 61, 74.

108 So *Habersack*, ZGR 1994, S. 354, 367 f. für die registergerichtliche Kontrolle bei der Eintragung der Satzungsänderung.

schluss mit jeweils unterschiedlichen Mehrheitserfordernissen finden. So sieht beispielsweise § 58 Abs. 3 S. 2 AktG vor, dass die Hauptversammlung aufgrund einer entsprechenden Satzungsermächtigung den Bilanzgewinn einer anderen Verwendung als der Ausschüttung oder Thesaurierung zuführen kann. Der hierfür nötige Gewinnverwendungsbeschluss wird nach einhelliger Auffassung gemäß § 133 Abs. 1 AktG mit einfacher Mehrheit gefasst.[109] Aus diesem Grund reicht es auch aus, die satzungsändernde Mehrheit nur bei der Einführung des Ausnahmevorbehalts zu verlangen.[110]

(4) Unzulässigkeit wegen Eingriffs in Organkompetenzen

Zweifel hinsichtlich der Zulässigkeit könnten sich wiederum mit Blick auf das Kompetenzgefüge in der Aktiengesellschaft ergeben.[111] Diesbezüglich wurde jedoch schon an anderer Stelle dargelegt, dass durch den Gewinnverteilungsbeschluss der Hauptversammlung die Kompetenzen der anderen Gesellschaftsorgane nicht verletzt werden.[112] Gleiches muss für eine Satzungsregelung gelten, welche die statutarische Grundlage für einen solchen Beschluss bildet.

(5) Vereinbarkeit mit § 60 Abs. 3 AktG

a) Verstoß gegen den Wortlaut des § 60 Abs. 3 AktG

Wie bereits dargestellt, gebietet nach einigen Stimmen in der Literatur bereits der Wortlaut des § 60 Abs. 3 AktG die abschließende Regelung des Gewinnverteilungsschlüssels in der Satzung.[113] Fraglich ist demnach, ob es im Aktienrecht einen Grundsatz gibt, wonach dem Begriff „bestimmen“ ausschließlich die Bedeutung „inhaltlich abschließend festsetzen“ beizumessen ist. Dies ist wohl nicht der Fall. Als Gegenbeispiel lässt sich wiederum die gängige Auslegung des § 121 Abs. 5 S. 1 AktG heranziehen. Auch in diesem Fall spricht das Gesetz davon, dass die Satzung einen anderen Ort für die Hauptversammlung „bestimmen“ kann. Sowohl der BGH als auch die zitierte Kommentarliteratur legen diesen Wortlaut vollkommen anders aus als die Kommentarliteratur bei § 60 Abs. 3 AktG. Der Senat stellt ausdrücklich fest, dass dem Wortlaut allein nicht zu entnehmen sei, wie die darauf aufbauende Satzungsklausel zu gestalten sei. Wörtlich heißt es in der Entschei-

---

109 Vgl. statt aller nur *Claussen/Korth*, in: Kölner Komm. AktG, § 174 Rn. 4; *A/D/S*, § 174 Rn. 20.

110 So i. E. auch *Priester*, in: FS für Welf Müller (2001), S. 113, 121.

111 Für die GmbH stellt sich diese Frage nicht, da nach allgemeiner Meinung von einer Allzuständigkeit der Gesellschafter ausgegangen wird, vgl. *K. Schmidt*, in: Scholz GmbHG Komm., § 46 Rn. 1.

112 Vgl. oben C. II. 3) (2).

113 *Hefermehl/Bungeroth*, in: Geßler/Hefermehl AktG Komm., § 60 Rn. 17; *Henze*, in: Großkomm. AktG, § 60 Rn. 18.

dung: „(...) es könne auch eine Regelung getroffen werden, nach der die Festlegung des Orts, an dem die Hauptversammlung stattfinden soll, für den jeweiligen Fall dem Vorstand als Einberufungsorgan, dem Aufsichtsrat oder der Hauptversammlung überlassen wird“[114]. Eine abschließende Bestimmung des Orts der Hauptversammlung in der Satzung fordert weder der BGH noch die h. M. in der Kommentarliteratur.[115] Es bestehen also offensichtlich unterschiedliche Auslegungen des Begriffs „bestimmen“ bei § 121 Abs. 5 S. 1 AktG und § 60 Abs. 3 AktG. Somit ist der Wortlaut des § 60 Abs. 3 AktG kein stichhaltiges Argument gegen die Zulässigkeit einer entsprechenden Öffnungsklausel. Es soll daher als nächstes erörtert werden, ob aufgrund des Schutzzwecks des § 60 Abs. 3 AktG eine Öffnungsklausel hinsichtlich des Gewinnverteilungsschlüssel in der Aktiengesellschaft unzulässig ist.

b) Schutzzweck des § 60 Abs. 3 AktG

Nach der zitierten Entscheidung des BGH zu § 121 Abs. 5 S. 1 AktG stellt sich die Frage, ob es mit dem Schutzzweck des § 60 Abs. 3 AktG vereinbar ist, wenn die Hauptversammlung durch einfachen Beschluss und ohne Satzungsänderung den Gewinnverteilungsschlüssel für den Einzelfall festlegt. Entscheidender Maßstab hierfür ist Sinn und Zweck des § 60 AktG.[116] § 60 AktG können zwei Funktionen beigemessen werden: Zum einen enthält § 60 AktG – wie bereits mehrfach erwähnt – eine spezialgesetzliche Ausprägung des Gleichbehandlungsgrundsatzes.[117] Gegen einen Ausnahmevorbehalt hinsichtlich des Gewinnverteilungsschlüssels würde folglich sprechen, wenn hierdurch der Gleichbehandlungsgrundsatz gefährdet würde. Dies ist jedoch nicht der Fall. Die Hauptversammlung hat den Gleichbehandlungsgrundsatz gemäß § 53 a AktG auch bei einer Beschlussfassung über einen Gewinnverteilungsschlüssel zu beachten.[118]

Zum anderen ist mit dem BayObLG davon auszugehen[119], dass mit der konkreten Festlegung des Verteilungsschlüssels in der Satzung der eintretende Aktionär grundsätzlich vor Überraschungen bewahrt werden soll. Demnach wäre ein Ausnahmevorbehalt unzulässig, wenn der im Einzelfall über die Gewinnverteilung gefasste Beschluss der

---

114 BGH NJW 1994, S. 320, 321 f.; vgl. zu den weiteren Auslegungsmöglichkeiten auch *Werner*, in: Großkomm. AktG, § 121 Rn. 47.

115 BGH NJW 1994, S. 320, 321. Diese Auffassung wird geteilt von *Wiesner*, in: Mü. Hdb. GesR. AG, § 6 Rn. 10; *Pentz*, in: MüKo AktG, § 23 Rn. 154.

116 Auch der BGH NJW 1994, S. 320 ff., geht im Zusammenhang mit § 121 Abs. 5 AktG bei der Untersuchung der Zulässigkeit der Gestaltung von dem Zweck der gesetzlichen Regelung aus.

117 Vgl. statt aller *Hüffer*, AktG, § 60 Rn. 1.

118 *Hüffer*, AktG, § 53 a Rn. 4.

119 DB 2001, 1981, zum fast wortgleichen § 29 Abs. 3 S. 2 GmbHG. Dies ist genau genommen die Funktion einer jeden Satzungsregelung, vgl. insoweit zur Bedeutung der Satzung für die Organisationsstabilität der Gesellschaft, *Luther*, in: Freundesgabe für Hans Hengeler (1972), S. 167, 168.

Hauptversammlung die Interessen der künftigen Aktionäre beeinträchtigen würde. Dies ist jedoch keine Frage der Reichweite bzw. des Schutzzwecks des § 60 AktG, sondern der Formulierung der jeweiligen Öffnungsklausel und der Registerpublizität. Insoweit kann auf die obigen Ausführungen verwiesen werden.[120]

Der Schutzzweck des § 60 Abs. 3 AktG führt damit nicht dazu, dass der Ausnahmevorbehalt unzulässig ist. Dem steht – wie bereits *Priester*[121] festgestellt hat – auch das Urteil des BGH[122] vom 28. Juni 1982 nicht entgegen. Der BGH hatte einen Fall zu entscheiden, in dem die Satzung einen Gewinnverteilungsschlüssel bindend vorgeschrieben hatte. Die Hauptversammlung hatte bei ihrer Beschlussfassung gegen diesen verstoßen. In diesem Zusammenhang hat der BGH festgestellt, dass sich die Aufgabe der Hauptversammlung nach §§ 58, 174 AktG in der Festlegung eines für die Ausschüttung bestimmten Gesamtbetrags erschöpfe. Die Höhe der einzelnen Gläubigerrechte ergebe sich sodann aus der in der Satzung geregelten Gewinnverteilung.[123] Die Möglichkeit, eine Öffnungsklausel in die Satzung aufzunehmen, stand in diesem Fall nicht zur Entscheidung. Aus dem Urteil kann daher nichts über die Haltung des BGH zu der Zulässigkeit von Öffnungsklauseln entnommen werden.

(6) Zwischenergebnis

Nach der hier vertretenen Auffassung gibt es daher keine zwingenden Gründe, die gegen Öffnungsklauseln in der Satzung einer Aktiengesellschaft im Allgemeinen und gegen einen auf eine Öffnungsklausel basierenden Gewinnverteilungsbeschluss der Hauptversammlung im Speziellen sprechen würden. Abschließend bleibt damit zu klären, welche inhaltlichen Anforderungen an einen Ausnahmevorbehalt zu stellen sind.

(7) Inhaltliche Anforderungen an einen Ausnahmevorbehalt

Bei der Gestaltung des Ausnahmevorbehalts ist grundsätzlich zu beachten, dass jeder Beschluss über die Gewinnverteilung einen Eingriff in den Kernbereich der Mitgliedschaft darstellt. Er bedarf daher als solcher der Zustimmung der betroffenen Gesellschafter. Ausreichend ist insoweit, in der Öffnungsklausel die Zustimmung der betroffenen Gesellschafter als Wirksamkeitsvoraussetzung des ausfüllenden Beschlusses ausdrücklich zu nennen. Ferner muss bereits in der Öffnungsklausel hinreichend deutlich zum Ausdruck kommen, dass sich die Entscheidungsbefugnis der Hauptversammlung auf zeitlich und inhaltlich eng umgrenzte Ausnahmefälle beschränkt. Insoweit darf nicht aus den Augen verloren werden, dass Öffnungsklauseln per definitionem nicht dazu dienen, einen Ge-

120 Vgl. oben E. III. 3) (2) a).

121 In: FS für Welf Müller (2001), S. 113, 118. A. A. LG München, GmbHR 2001, S. 114, 115.

122 BGHZ 84, 303, 311.

123 BGHZ 84, 303, 311.

winnverteilungsschlüssel über Jahre hinweg festzuschreiben. Eine solche zustandsbegründende Regelung wäre grundsätzlich in die Satzung aufzunehmen.[124] Daraus folgt unmittelbar, dass sich der Ausnahmevorbehalt und der darauf aufbauende Beschluss immer nur auf das eben abgelaufene Geschäftsjahr beziehen können. Dies gebietet – wie bereits ausgeführt – auch der Schutz der in die Gesellschaft neu eintretenden Gesellschafter. Eine Öffnungsklausel kann daher nur dann als zulässig erachtet werden, wenn diese Einschränkung in ihr hinreichend klar zum Ausdruck kommt. Dies kann, wie *Priester*[125] vorschlägt, geschehen, indem in der Öffnungsklausel betont wird, dass sich die Gewinnverteilung für das abgelaufene Geschäftsjahr nach den gesetzlichen oder gegebenenfalls statutarischen Gewinnverteilungsregeln richtet, soweit nicht die Hauptversammlung *jeweils* etwas anderes entscheidet.[126]

4) Zusammenfassung

Im Ergebnis bleibt festzuhalten, dass nach der hier vertretenen Auffassung eine Öffnungsklausel hinsichtlich des Gewinnverteilungsschlüssels grundsätzlich zulässig ist. Ein hierauf aufbauender Gewinnverteilungsbeschluss der Hauptversammlung ist mit der Zustimmung der betroffenen Gesellschafter wirksam. In der Klausel muss jedoch deutlich gemacht werden, dass sich die Entscheidungsbefugnis der Aktionäre ausschließlich auf das jeweils abgelaufene Geschäftsjahr bezieht. Einer qualifizierten Mehrheit wie bei einer Satzungsänderung bedarf es bei Gewinnverteilungsbeschlüssen nicht.

F. Abschließende Zusammenfassung

Ein Gewinnverteilungsbeschluss der Hauptversammlung ist nur dann von Anfang an wirksam und rechtmäßig, wenn er sich auf einen entsprechenden Ausnahmevorbehalt in der Satzung stützen kann. Ein Gewinnverteilungsbeschluss ohne eine solche Grundlage bleibt auch bei Zustimmung der betroffenen Gesellschafter zunächst gemäß § 243 Abs. 1 AktG anfechtbar oder wird als „satzungsdurchbrechender“ Beschluss erst mit seiner Eintragung wirksam.

Ist in der Satzung ein Ausnahmevorbehalt hinsichtlich des Gewinnverteilungsschlüssels zugunsten der Hauptversammlung vorgesehen, kann der zu Beginn des Kapitels vorgeschlagene Beschluss – soweit die sonstigen Wirksamkeitsvoraussetzungen vorliegen –

124 Vgl. oben D. II.

125 In: FS für Welf Müller (2001), S. 113, 123.

126 Mit dem BayObLG ist davon auszugehen, dass die Klausel auch ohne einen solchen ausdrücklichen Hinweis wirksam ist. Dennoch erscheint die Klarstellung angebracht, um den Gesellschaftern die Grenzen ihrer Möglichkeiten zu verdeutlichen und Auseinandersetzungen mit dem Registergericht von vornherein zu vermeiden. So auch *Priester*, in: FS für Welf Müller (2001), S. 113, 123.

mit einfacher Stimmenmehrheit umgesetzt werden. Eine Öffnungsklausel stellt daher grundsätzlich ein geeignetes Mittel dar, um im Einzelfall eine punktuelle disquotale Gewinnausschüttung unter gleichzeitiger Bestimmung der Verwendung des an sich auf den Großaktionär entfallenden Betrags umzusetzen.

Der Weg über die Öffnungsklausel hat jedoch auch Nachteile: Zum einen muss die Öffnungsklausel schon vor der jeweiligen Hauptversammlung Satzungsbestandteil geworden sein. Einen Ausnahmevorbehalt per satzungsdurchbrechenden Beschluss einzuführen ist nicht zielführend, da – nach der hier vertretenen Auffassung – die Eintragung des satzungsdurchbrechenden Beschlusses abgewartet werden müsste. Zum anderen wird für die Einführung einer Öffnungsklausel, da sie eine Satzungsänderung darstellt, eine Dreiviertelmehrheit benötigt. Demnach wird der Aktionär, der über eine solche Mehrheit nicht verfügt, einen Ausnahmevorbehalt nicht allein durchsetzen können. Schließlich bedarf auch der Gewinnverteilungsbeschluss einer einfachen Stimmenmehrheit in der Hauptversammlung. Der Großaktionär kann daher auch im Rahmen eines Ausnahmevorbehalts die Thesaurierung oder Ausschüttung nur dann alleine durchsetzen, wenn er über eine entsprechende eigene Mehrheit in der Hauptversammlung verfügt.

6. Kapitel: Steuerliche Behandlung der disquotalen Gewinnausschüttung

A. Vorbemerkung

Bisher wurden aus dem Blickwinkel des Gesellschaftsrechts verschiedene Gestaltungsmöglichkeiten einer punktuellen disquotalen Gewinnausschüttung untersucht. Dabei standen die rechtliche Zulässigkeit und Praktikabilität einer möglichst kurzfristigen Umsetzung im Vordergrund. Bereits einleitend wurde darauf hingewiesen, dass mit disquotalen Gewinnausschüttungen häufig steuerliche Ziele verfolgt werden.[1] Entscheidend ist in diesen Fällen stets, dass die disquotale Gewinnausschüttung als solche steuerrechtlich anerkannt wird. Aber selbst wenn allein innergesellschaftliche Gründe für eine disquotale Gewinnausschüttung ausschlaggebend sind[2], müssen die steuerlichen Auswirkungen stets mit bedacht werden. Ein Dividendenverzicht wird nur dann ernsthaft in Erwägung gezogen werden, wenn der verzichtende Aktionärnicht quotal zur Besteuerung der ausgeschütteten Dividende herangezogen wird.

In jüngster Zeit ist die Diskussion darüber, wie eine disquotale Gewinnausschüttung steuerlich zu behandeln ist, in Bewegung geraten. Anlass hierfür war eine Entscheidung des *I. Senats* des BFH hinsichtlich des sogenannten Schütt-aus-Hol-zurück-Verfahrens.[3] Die Besonderheit bestand in dem zu entscheidenden Fall darin, dass sowohl die Ausschüttung als auch die Wiedereinlage disquotal erfolgt waren.[4] Der *I. Senat* des BFH hat diese Vorgehensweise für zulässig erachtet. Die Entscheidung ist in der Literatur überwiegend auf Zustimmung[5], aber auch auf Kritik[6] gestoßen. Das BMF hat der Finanzverwaltung die Anwendung des Urteils über den Einzelfall hinaus untersagt und zugleich festgestellt, dass eine disquotale Gewinnausschüttung nur unter besonderen Voraussetzungen anzuerkennen sei.[7] Der Nichtanwendungserlass wird von der

---

1 Vgl. Einführung C.

2 So beispielsweise die Sicherung einer Mindestdividende der Kleinaktionäre.

3 Urteil vom 19.08.1999 – I R 77/96, BStBl. II 2001, S. 43 ff.

4 Zu den Einzelheiten sogleich unter C. I.

5 *Lempenau*, KFR F. 3 EStG, § 20, 2/00, S. 97 ff.; *Ott*, StuB 2000, S. 385 ff.; *Görden*, GmbH-StB 2000, S. 120 f.; *Heidemann*, INF 2000, S. 333, 336; *Harle*, GmbHR 2000, S. 321, 323; *Gosch*, DStR 1999, S. 1853 f.; *Funke*, EstB 2000, S. 108 ff.

6 *Groh*, DB 2000, S. 1433 ff.; *Paus*, FR 2000, S. 197 f.

zungen anzuerkennen sei.[7] Der Nichtanwendungserlass wird von der überwiegenden steuerrechtlichen Literatur in erheblichem Maße kritisiert.[8]

Nachfolgend soll zunächst ein kurzer Überblick über die Besteuerung der Dividende auf der Ebene der Gesellschafter gegeben werden (B). Daran anknüpfend werden die unterschiedlichen Auffassungen über die steuerliche Behandlung der disquotalen Gewinnausschüttung gegenübergestellt (C). Hieran schließt sich eine eigene Stellungnahme an (D). Darauf aufbauend soll abschließend untersucht werden, ob die einzelnen bisher erörterten Gestaltungen einer disquotalen Gewinnausschüttung steuerrechtlich anerkannt werden können (E).

B. Besteuerung der Dividende auf der Ebene der Gesellschafter

I. Vorbemerkung

Für die Besteuerung der Dividende auf der Ebene der Gesellschafter ist zunächst entscheidend, ob und von welcher Person der Tatbestand der Einkommenserzielung verwirklicht wird. Das Steuerrecht trennt streng zwischen Einkommenserzielung und Einkommensverwendung. Die Besteuerung setzt allein bei der Einkommenserzielung an. Wie das Einkommen im Weiteren verwendet wird, ist dagegen für die Einkommensbesteuerung grundsätzlich unbeachtlich.[9] Diese Trennung hat zur Folge, dass es keine Auswirkungen auf die Besteuerung des Einkommens hat – die Steuerpflicht also insbesondere nicht wieder entfällt –, wenn einmal erzielte Einkünfte auf andere Steuersubjekte übertragen werden. Dies bedeutet, dass der Großaktionär bei Auszahlung der Dividende an die übrigen Gesellschafter steuerpflichtig bliebe, wenn trotz der disquotalen Gewinnausschüttung der Tatbestand der Einkünfteerzielung bereits mit dem Gewinnverwendungsbeschluss in seiner Person erfüllt wäre.

Vor diesem Hintergrund sollen zunächst die allgemeinen Grundsätze über Erzielung, Zurechnung und Zufluss von Einkünften aus Kapitalvermögen dargestellt werden (II). In einem weiteren Schritt wird auf die Höhe und Durchführung der Besteuerung einzugehen sein (III).

---

7 BStBl. I 2001, S. 47 f., zu den Einzelheiten sogleich unter C.

8 *Rose*, FR 2002, S. 1 ff.; *Breuninger/Krüger*, in: FS für Welf Müller (2001), S. 527, 545 ff.; *Schwedhelm/Binnewies*, DB 2001, S. 503, 504 ff.; *Bartmuß/Möser*, BB 2001, S. 1329 ff.; *Gschwendtner*, DStR 2001, S. 14, 18.

9 Ausnahmen dazu stellen zum einen solche Ausgaben dar, die für die Erzielung der Einkünfte notwendig waren. Diese sind als Werbungskosten bzw. Betriebsaugaben von dem erzielten Einkommen abzuziehen. Zum anderen können solche Ausgaben bei der Ermittlung des zu versteuernden Einkommens abgezogen werden, die als Sonderausgaben gemäß §§ 10, 10 b EStG bzw. als außergewöhnliche Belastungen gemäß § 33, 33 a EStG ausdrücklich als beachtliche Einkommensverwendung im EStG anerkannt sind.

II. Tatbestand der Erzielung von Einkünften, Zurechnung und Zufluss

Gemäß § 2 Abs. 1 S. 1 Nr. 5 EStG i. V. m. § 20 Abs. 1 EStG unterliegen Einkünfte aus Kapitalvermögen der Einkommensteuer. Einkünfte im Sinne dieser Vorschriften werden grundsätzlich erzielt, wenn durch die Nutzung von Kapitalvermögen am Kapitalmarkt Erträge erwirtschaftet werden.[10] Bei Beteiligungen an Kapitalgesellschaften i. S. d. § 20 Abs. 1 Nr. 1 EStG wird das Kapital dauerhaft und endgültig auf die Gesellschaft übertragen. Die Dividende ist der Ertrag aus der vermögensmäßigen Beteiligung an der Kapitalgesellschaft.[11] Die Einkünfte aus Kapitalvermögen beruhen daher auf einem Rechtsverhältnis, das ein Vermögensrecht vermittelt. Dieses Vermögensrecht ist folglich in der gesellschaftsrechtlichen Beteiligung an der Körperschaft begründet.[12] Dabei bleibt zu beachten, dass das EStG nicht die Fähigkeit, Einkünfte zu erzielen, oder ein reines Rechtsverhältnis der Besteuerung unterwirft, sondern ausschließlich den daraus tatsächlich erwirtschafteten Erfolg.[13] Das bedeutet nichts anderes, als dass nicht die Erwerbsgrundlage als solche[14], sondern der hierdurch tatsächlich erzielte Erfolg besteuert wird.[15] Schüttet die Kapitalgesellschaft keine Dividende aus, liegt demnach auch keine Einkünfteerzielung vor.[16]

Ferner setzt der Dividendenanspruch des Gesellschafters nicht voraus, dass er bereits das gesamte abgelaufene Geschäftsjahr[17] Anteilseigner war. Der Dividendenanspruch entsteht, wie bereits dargestellt, nicht kontinuierlich, sondern ad hoc mit dem Gewinnverwendungsbeschluss. Damit ist die Mitgliedschaft an der Gesellschaft im Zeitpunkt des Gewinnverwendungsbeschlusses notwendige aber auch ausreichende Bedingung für die Erzielung von Einkünften aus Kapitalvermögen.[18]

---

10 *Von Beckerath*, in: Kompakt Komm. EStG, § 20 Rn. 2; *Kirchhof*, in: Kirchhof/Söhn/Mellinghoff EStG Komm., § 2 Rn. B 160.

11 Vgl. statt aller *Zenthöfer/Schulze zur Wiesche*, K.6.2.1, S. 722.

12 *Von Beckerath*, in: Kompakt Komm. EStG, § 20 Rn. 4.

13 *Seibold*, StuW 1990, S. 165; *Kirchhof*, in: Kirchhof/Söhn/Mellinghoff EStG Komm., § 2 Rn. A 107.

14 Hier die Beteiligung an der Kapitalgesellschaft.

15 *Seibold*, StuW 1990, S. 165, 167; *Kirchhof*, in: Kirchhof/Söhn/Mellinghoff EStG Komm., § 2 Rn. A 105 ff. A. A. wohl *Wassermeyer*, StuW 1988, S. 283, 290; *ders.*, in: Kirchhof/ Söhn/Mellinghof EStG Komm., § 20 Rn. B 27.

16 So ausdrücklich *Seibold*, StuW 1990, S. 165, 168.

17 Im Steuerrecht wird das Geschäftsjahr als Wirtschaftsjahr bezeichnet. Aus Gründen der Einheitlichkeit soll hier die gesellschaftsrechtliche Terminologie beibehalten werden.

18 *Seibold*, StuW 1990, S. 165, 168; *Wassermeyer*, StuW 1988, S. 283, 290; *ders.*, in: Kirchhof/Söhn/Mellinghof EStG Komm., § 20 Rn. B 27; *Schlotter*, in: Littmann/Bitz/Pust Einkommensteuerrecht, § 20 Rn. 29. A. A. noch Scholtz, DStZ 1990, S. 547 ff., der einen eigenen Besteuerungstatbestand für Beteiligungserträge abgelehnt hat.

Diese Sichtweise entspricht der langjährigen Rechtsprechung des *I. Senats* des BFH.[19] Demgegenüber hat der *VIII. Senat* bis zum In-Kraft-Treten des § 20 Abs. 2 a EStG[20] die Auffassung vertreten, dass auch Einkünfte aus Beteiligungen an Kapitalgesellschaften letztlich auf einer entgeltlichen Überlassung von Kapital zur Nutzung auf Zeit beruhten und damit die Erträge pro rata temporis erzielt würden.[21] Der Streit zwischen den beiden Senaten hatte sich an der Zurechnung von Kapitalerträgen bei Übertragung von Gesellschaftsanteilen entzündet. Insbesondere ging es um die Frage, ob dem Veräußerer zeitanteilig Kapitalerträge zuzurechen sind und er diese daher auch zu versteuern hat. Da jedoch Einkünfte grundsätzlich demjenigen zuzurechnen sind, der den Tatbestand der Einkünfteerzielung in seiner Person verwirklicht hat[22], war Gegenstand der Auseinandersetzung auch der Tatbestand der Einkünfteerzielung. Letztlich entschieden hat den Streit der Gesetzgeber mit der Einführung des erwähnten § 20 Abs. 2 a EStG. Danach werden die Erträge demjenigen zugerechnet, dem die Gesellschaftsanteile zum Zeitpunkt des Gewinnverteilungsbeschlusses nach § 39 AO zuzurechnen sind. Nach § 39 Abs. 1 AO ist dies grundsätzlich der Eigentümer des Wirtschaftsguts, hier also der Anteilseigner. Bei § 20 Abs. 2a EStG handelt es sich zwar lediglich um eine Zurechnungsnorm.[23] Aufgrund des soeben dargestellten Zusammenhangs von Einkünfteerzielung und ihrer Zurechnung ist aus dieser Zurechnungsregel jedoch auch zu schließen, dass sich der Gesetzgeber hinsichtlich des Tatbestands der Einkünfteerzielung der Auffassung des *I. Senats* angeschlossen hat.[24]

---

19 Vgl. insbesondere BFH Urteil vom 16.12.1992 I R 32/92, BStBl. II 1993, S. 399, 400 (Hapimag) sowie BFH Urteil vom 21.05.1986 I R 190/81, BStBl. II 1986, S. 815 f.

20 Eingefügt mit Wirkung zum 01.01.1994 durch das StandOG v. 13.09.1993 (BGBl. I 1993, S: 1569).

21 So zuletzt BFH Urteil vom 14.12.1999 VIII R 49/98, BStBl. II 2000, S. 341, 342, m. w. N., wobei auf die Änderung der Rechtslage mit dem In-Kraft-Treten des § 20 Abs. 2 a EStG hingewiesen wird.

22 Argument aus § 38 AO. Vgl. auch *Wassermeyer*, StuW 1988, S. 283.

23 Allg. Meinung, vgl. statt aller *Harenberg*, in: HHR EStG Komm., § 20 Rn. 1. § 20 Abs. 2 a EStG knüpft allein an die entstandene Dividende an und ordnet diese entsprechend des mitgliedschaftlichen Gewinnbezugsrechts dem wirtschaftlichen oder rechtlichen Anteilseigner zu. Daher kann § 20 Abs. 2 a EStG auch nur die Aktien betreffen, die überhaupt dividendenberechtigt sind, vgl. *Dötsch*, in: Dötsch/Eversberg/Jost/Witt EStG Komm., § 20 Rn. 92 und Rn. 183.

24 So auch *Dötsch*, DB 1993, S. 1842 f.; *Raupach/Harenberg*, in: HHR EStG Komm., § 20 Rn. 40. Vgl. auch die Gesetzesbegründung in BT-Drucks. 12/5016, S. 87 f.: „Die Neuregelung stellt klar, dass ein Dividendenanspruch bis zum Zeitpunkt des Gewinnverwendungsbeschlusses unselbständiger Bestandteil des Stammrechts ist und daher von demjenigen als Kapitalertrag zu versteuern ist, dem im Zeitpunkt des Gewinnverwendungsbeschlusses das Stammrecht steuerlich zuzurechnen ist.“ Dies erkennt letztlich auch der *VIII. Senat* des BFH an, vgl. BFH Urteil vom 14.12.1999 VIII R 49/98, BStBl. II 2000, S. 341, 342.

III. Höhe und Durchführung der Besteuerung

Wenn die Gesellschaft die Kapitalertragssteuer trägt, beläuft sich der Steuersatz für den Aktionär gemäß § 43 a Abs. 1 Nr. 1 Alt. 1 EStG auf 20 % des Kapitalertrags (sog. Kapitalertragsteuer, nachfolgend KapESt[25]). § 43 a Abs. 2 S. 1 EStG stellt insoweit klar, dass Bemessungsgrundlage hierfür der Bruttokapitalertrag ohne Abzug von Werbungskosten, KapESt oder ausländischer Quellensteuer ist, wie er sich aufgrund des Gewinnverwendungsbeschlusses der Hauptversammlung nach § 60 AktG errechnet.[26]

Die KapESt wird gemäß § 43 Abs. 1 S. 1 Nr. 1 a EStG durch Abzug vom Bruttokapitalertrag von der Gesellschaft einbehalten und an das Finanzamt abgeführt. Der Steuerabzug wird folglich gemäß § 43 Abs. 1 EStG an der Quelle des Vermögenszuwachses vorgenommen. Die 50 - prozentige Steuerfreistellung aus § 3 Nr. 40 EStG (Halbeinkünfteverfahren) für natürliche Personen und Personenhandelsgesellschaften bleibt dabei gemäß § 43 Abs. 1 S. 1 Nr. 1 EStG zunächst ebenso außer Betracht wie die 100 - prozentige Steuerfreistellung für Kapitalgesellschaften nach § 8 b Abs. 1 KStG.[27]

Die nach dem weiteren Abzug des Solidarzuschlags verbleibende Nettodividende wird an den Anteilseigner ausgeschüttet. Auf der Ebene des Gesellschafters unterliegt die Nettodividende der Besteuerung nach dem individuellen Steuersatz unter Anrechnung der bereits einbehaltenen KapESt, § 36 Abs. 2 S. 2 Nr. 2 S. 1 EStG. Erst auf dieser Ebene realisieren sich die Freistellungen nach § 3 Nr. 40 EStG bzw. § 8 b Abs. 1 KStG.[28] Soweit zu Lasten des Anteilseigners keine anderweitigen Einkommenssteuerverbindlichkeiten bestehen, kann es zu einer Erstattung der zu viel gezahlten KapESt kommen.

C. Gegenwärtige Diskussion über die steuerliche Behandlung der disquotalen Gewinnausschüttung

Nachdem soeben kurz erläutert wurde, was als Kapitaleinkünfte bei wem in welcher Höhe besteuert wird, soll nun auf die steuerliche Behandlung der disquotalen Gewinnausschüttung eingegangen werden. Wie bereits erwähnt, war der Ausgangspunkt der gegenwärtigen Diskussion ein Urteil des *I. Senats* des BFH hinsichtlich einer jeweils disquotalen Ausschüttung und Wiedereinlage. In der Folge sollen zuerst die wesentlichen Gesichtspunkte des genannten Urteils des *I. Senats* dargestellt werden (I). Darauf folgt ein Über-

25 Die KapESt stellt – ähnlich wie die Lohnsteuer – eine Art der vorausgezahlten ESt bzw. KSt dar.

26 *Weber-Grellet* in: Schmidt EStG Komm., § 43a Rn. 11.

27 I. d. F. des Art. 4 Gesetz zur Änderung des InvZulG 1999 vom 20.12.2000 (BGBl. I 2000, S. 1850).

28 *Menk*, in: Blümich, § 8 b EStG Rn. 61; *Heinicke*, in: Schmidt EStG Komm., § 36 Rn. 8.

blick über die Reaktionen in der Literatur (II). Daran anschließend werden der Nichtanwendungserlass des BMF[29] (III) und die Stellungnahmen hierzu (IV) zusammengefasst.

I. Urteil des I. Senats zur Zulässigkeit des Schütt-aus-Hol-zurück-Verfahrens[30]

In dem vom *I. Senat* des BFH zu entscheidenden Sachverhalt waren an einer GmbH die Klägerin und eine Aktiengesellschaft (A) beteiligt. Beide hielten zunächst jeweils einen Anteil von 50 %, der sich jedoch durch Beitritt weiterer Gesellschafter auf jeweils 48 % reduzierte. Aufgrund einer Ergänzung des Gesellschaftsvertrages erfolgte in vier aufeinanderfolgenden Jahren eine disquotale Gewinnausschüttung.[31] Der A wurde jeweils der Hauptteil des zur Ausschüttung zur Verfügung stehenden Bilanzgewinns zugewiesen. Nach der Ausschüttung legte A den ausgeschütteten Betrag jeweils wiederum disquotal ein. Zu dieser Wiedereinlage hatte sich die A gegenüber der GmbH und der Klägerin verpflichtet. Die Wiedereinlage basierte auf entsprechenden Gesellschafterbeschlüssen. Durch diese Vorgehensweise sollten Verlustvorträge der A durch eine Verrechnung mit den ausgeschütteten Dividenden gemäß § 10 d EStG genutzt werden.[32] Für den Fall, dass das gewählte Verfahren steuerlich nicht anerkannt würde, hatten die Gesellschafter gesonderte Vereinbarungen über einen Ausgleich der Vor- und Nachteile getroffen. Die Wiedereinlage des ausgeschütteten Betrags war nach den Feststellungen der Vorinstanz zwingend notwendig gewesen, um der Gesellschaft das Kapital zur Verfügung zu stellen, das diese benötigte, um sich den Status einer gemeinnützigen GmbH zu erhalten. Bei kongruenter Gewinnausschüttung hätte die gebotene Kapitalzuführung nicht erreicht werden können.

---

29 Vom 07.12.2000, BStBl. I 2001, S. 47 f.

30 Vom 19.08.1999 I R 77/96, BStBl. II 1999, S. 43 ff.

31 Die Beteiligungsquoten waren von Jahr zu Jahr unterschiedlich. Dies legt den Schluss nahe, dass über den Gewinnverteilungsschlüssel im Rahmen einer Öffnungsklausel jährlich neu entschieden wurde. Diese Annahme wird zudem durch eine Bemerkung der Vorinstanz gestützt, die von „Gewinnverteilungsbeschlüssen" der Gesellschafter spricht, vgl. FG Köln, EFG 1997, S. 291.

32 Da zu diesem Zeitpunkt noch das sog. Anrechnungsverfahren Anwendung fand, wurde durch die Ausschüttung gemäß § 36 Abs. 2 S. 2 Nr. 3 EStG a. F. die Besteuerung auf der Ebene der Gesellschaft von 40 % auf 30 % reduziert und die Differenz – das sogenannte KSt-Anrechnungsguthaben – an den Aktionär geleistet. Die bereits auf der Ebene der Gesellschaft i. H. v. nunmehr 30 % des zu versteuernden Einkommens einbehaltene Steuer wurde bei der Bestimmung der Einnahmen aus Kapitalvermögen angerechnet. Durch die Verrechnung mit den bei der A vorhandenen Verlusten sollte eine Besteuerung der Dividende auf der Ebene der A vermieden werden. Demnach hätte die bereits durch die Gesellschaft abgeführte KapESt an A zurückgezahlt werden müssen.

Das Finanzamt sah in der disquotalen Gewinnausschüttung einen Missbrauch von Gestaltungsmöglichkeiten nach § 42 AO und rechnete der Klägerin die Ausschüttung entsprechend ihrer Beteiligung am Grundkapital als Einkünfte aus Kapitalvermögen zu, obwohl an diese keine Auszahlung erfolgt war. Das Finanzgericht gab der hiergegen erhobenen Klage statt.[33] Die Revision des Finanzamts wurde als unbegründet zurückgewiesen.

Die Begründung der Entscheidung des *I. Senats* des BFH basiert auf drei Argumentationslinien. Im Zentrum der Erörterungen des *I. Senats* steht die Auseinandersetzung mit dem angeblichen Missbrauch der rechtlichen Gestaltungsmöglichkeiten gemäß § 42 AO.[34] Des weiteren stellt der *I. Senat* die Frage, ob sich aus der gewählten Gestaltung eine rechtsgeschäftliche Abtretung des Gewinnanspruchs der Klägerin an die A schließen lasse. Dies hätte zur Folge gehabt, dass die Klägerin gemäß § 20 Abs. 1 Nr. 2a und Abs. 2a EStG zu versteuernde Einkünfte erzielt hätte. Schließlich befasst sich der *I. Senat* mit der Überlegung, ob der Klägerin der an die A ausgeschüttete Betrag unter dem Gesichtspunkt der Gewinnausschüttung an eine nahestehende Person zugerechnet werden könne.

1) Missbrauch der rechtlichen Gestaltungsmöglichkeiten nach § 42 Abs. 1 S. 1 AO

Bei der Beurteilung der Zulässigkeit der gewählten Gestaltung verweist der *I. Senat* zunächst auf die ständige Rechtssprechung des BFH. Danach sei eine Gestaltung nur dann rechtsmissbräuchlich i. S. d. § 42 AO, wenn sie zur Erreichung des angestrebten wirtschaftlichen Ziels unangemessen ist, ausschließlich der Steuerminderung dienen soll und sich nicht durch wirtschaftliche oder sonstige beachtliche außersteuerliche Gründe rechtfertigen lasse. Ferner muss die gewählte Gestaltung entsprechend der jeweiligen Wertungen des Gesetzgebers der Steuerumgehung dienen.

Vor diesem Hintergrund untersucht der *I. Senat* die Zulässigkeit einer disquotalen Gewinnausschüttung bei anschließender Verrechnung des ausgeschütteten Betrags mit dem Verlustvortrag, die nachfolgende disquotale Wiedereinlage und die Verknüpfung dieser Teilschritte unter Berücksichtigung der damit verfolgten Ziele.

(1) Zulässigkeit der disquotalen Gewinnausschüttung

Für die disquotale Gewinnausschüttung stellt der *I. Senat* zunächst fest, dass diese eine gesellschaftsrechtlich anerkannte Regelung der Gewinnverteilung darstelle. Sie sei in § 29 Abs. 3 S. 2 GmbHG ausdrücklich vorgesehen. Es bestünden daher keine Bedenken, sie auch steuerlich anzuerkennen. Des weiteren stelle nahezu jede verdeckte Gewinnausschüttung zugleich auch eine disquotale Gewinnausschüttung dar. In diesem Fall werde

33 FG Köln, EFG 1997, S. 291 f.

34 Zitiert im Folgenden in der durch das StÄndG vom 20.12.2001 (BGBl. I S. 3794) geänderten Fassung, durch die Abs. 2 neu eingefügt wurde.

die disquotale Gewinnausschüttung nach einhelliger Rechtsprechung anerkannt. Es bestünde daher kein Grund, offene disquotale Gewinnausschüttungen, die mit dem Gesellschaftsrecht im Einklang stünden, steuerlich anders[35] zu behandeln.[36]

Dem stehe auch nicht entgegen, dass Einkünfte aus Kapitalvermögen i. S. v. § 20 Abs. 1 Nr. 1 EStG derjenige erziele, dem die Anteile im Zeitpunkt des Gewinnverwendungsbeschlusses zuzurechnen seien. Hiermit werde allein an die formale Position des Anteilseigners angeknüpft, der den Einkunftserzielungstatbestand bei Entstehen des Ausschüttungsanspruchs erfülle. Das besage jedoch nicht, dass dieser Anspruch beteiligungsidentisch sein müsse.[37]

Auch wenn mit einer disquotalen Gewinnausschüttung die Abschöpfung eines Verlustvortrages gewährleistet werden soll, stehe das der Zulässigkeit der disquotalen Ausschüttung – bei isolierter Betrachtung – nicht entgegen. Die Abschöpfung von Verlustvorträgen stehe grundsätzlich im Einklang mit dem Prinzip der Besteuerung nach Leistungsfähigkeit. Nach der gesetzlichen Konzeption des § 10 d EStG sei auch nicht zu beanstanden, dass Gestaltungen gewählt würden, die einen umfassenden Verlustausgleich ermöglichen. Einschränkungen des Verlustausgleichs seien ausdrücklich und abschließend im Gesetz geregelt. Eine Gestaltung, die der Ausnutzung des Verlustvortrages diene, sei daher nicht geeignet, die Anwendung des § 42 Abs. 1 S. 1 AO zu begründen.

(2) Zulässigkeit der disquotalen Wiedereinlage

Hinsichtlich der Zulässigkeit der disquotalen Einlage beruft sich der *I. Senat* im Wesentlichen darauf, dass dies ein Unterfall des Schütt-aus-Hol-zurück-Verfahrens sei. Das Schütt-aus-Hol-zurück-Verfahren sei jedoch auch von der Finanzverwaltung als Gestaltungsmöglichkeit grundsätzlich anerkannt.[38] Zwar würden im vorliegenden Fall die Gewinne des Unternehmens in diesem gebunden, ohne sie mit dem Körperschaftsteuersatz für thesaurierte Gewinne zu belasten. Dieser Effekt ergebe sich jedoch unmittelbar aus dem körperschaftsteuerlichen Anrechnungsverfahren und sei daher gesetzes- und systemimmanent. Hinsichtlich des Anrechnungsguthabens sei entscheidend, dass dieses mit der Ausschüttung der Gewinne durch die Gesellschaft, also im Zuge der Einkommensverwendung der Gesellschaft, realisiert werde. Die Wiedereinlage des ausgeschütteten Betrags sei dagegen eine Einkommensverwendung des Gesellschafters. Beide Vorgänge müssten grundsätzlich voneinander getrennt gewürdigt werden.[39]

---

35 D. h. im Ergebnis schlechter.

36 BStBl. II 2001, 43, 44 f.

37 BStBl. II 2001, 43, 45.

38 Vgl. Abschn. 77 Abs. 9 S. 1 Nr. 1 KStR 1995.

39 In diesem Zusammenhang weist der *I. Senat* auf eine frühere Entscheidung hin, wonach eine an den herrschenden Gesellschafter geleistete, aus einer freien Rücklage stammende Ausschüttung von Gewinnen bei anschließender Wiedereinlage als rechtsmissbräuchlich angesehen wurde, vgl. BFH Urteil vom 11.07.1973 I R 144/71, BStBl. II 1973, S. 806, 807. Nach Ansicht

Ferner sei bei der Beurteilung der Zulässigkeit der disquotalen Einlage auch zu berücksichtigen gewesen, dass nur durch dieses Vorgehen die aufgrund des Status der Gemeinnützigkeit der Gesellschaft dringend gebotene und anders nicht zu beschaffende Kapitalzufuhr an die GmbH erreicht werden konnte.

(3) Verknüpfung von Ausschüttung und Wiedereinlage unter Ausschöpfung des Verlustvortrags

Schließlich setzt sich der *I. Senat* mit der Frage auseinander, ob die für das „Schütt-aus-Hol-zurück-Verfahren" typische Verknüpfung von Ausschüttung und Wiedereinlage auch dann steuerlich unbedenklich ist, wenn die Gesellschafter dabei nach einem „gemeinsamen Gesamtplan" zusammenwirken und hierdurch eine umfassende Verlustverwertung bei einem der Gesellschafter möglich wird. Im Ergebnis wird dies in der Entscheidung offen gelassen. Zwar deutet der *I. Senat* an, dass aufgrund der grundsätzlichen Zulässigkeit der einzelnen Gestaltungsschritte alle Schritte gemeinsam betrachtet für zulässig erachten werden könnten. Dies geschieht jedoch in einem obiter dictum.

Entscheidend ist für den *I. Senat*, dass sich jedenfalls im konkreten Fall an der Besteuerung der Klägerin nichts ändern würde, wenn sich das Schütt-aus-Hol-zurück-Verfahren hinsichtlich der A oder der GmbH als rechtsmissbräuchlich darstellen würde. Bei der Beurteilung der Zulässigkeit einer Gestaltung nach § 42 Abs. 1 S. 1 AO und den Auswirkungen einer rechtsmissbräuchlichen Gestaltung nach § 42 Abs. 1 S. 2 AO sei nämlich immer nur auf den Steueranspruch aus dem konkreten Steuerschuldverhältnis des einzelnen Steuerpflichtigen abzustellen. Danach sei es durchaus möglich, dass die Gestaltung für den einen steuerpflichtigen Gesellschafter eine rechtsmissbräuchliche Gestaltung, für den anderen jedoch rechtlich unbedenklich sei. Daraus folgt nach der Ansicht des *I. Senats*, dass bei einem Gestaltungsmissbrauch zugunsten der A allenfalls die Ausschüttung an diese und deren Verlustverrechnung einer wirtschaftlich angemessenen Gestaltung weichen müsste. Nach § 42 Abs. 1 S. 2 AO könnte zwar der missbräuchliche Vorgang neutralisiert, nicht aber ein Ersatzsachverhalt fingiert werden. Es sei daher nicht möglich, die fraglichen Beträge so zu behandeln, als seien sie der Klägerin zugeflossen.

An der Reichweite des § 42 Abs. 1 S. 2 AO ändere sich auch dadurch nichts, dass der Klägerin der Steuervorteil der A durch die Wiedereinlage des Gewinns ebenfalls mittelbar zugute gekommen sei. Zum einen begründe die reine (mittelbare) Beteiligung an einem Steuervorteil nach allgemeiner Rechtsprechung noch keinen Gestaltungsmissbrauch. Zum anderen sei die etwaige Wertsteigerung der Anteile ein reiner Rechtsreflex und führe nicht zu einem greifbaren Vermögensvorteil bei den Anteilseignern.

---

des *I. Senats* bestünden jedoch keine Gemeinsamkeiten, da in dem vorliegenden Fall keiner der beiden Gesellschafter herrschender Gesellschafter gewesen sei und die Ausschüttung auch nicht aus einer freien Rücklage, sondern aus dem laufend erwirtschafteten Gewinn stamme.

2) *Zurechnung aufgrund schuldrechtlicher Abtretung des Gewinnanspruchs*

Der *I. Senat* erwägt sodann, ob die disquotale Gewinnausschüttung auf einer schuldrechtlichen Vereinbarung der beteiligten Gesellschafter beruht hat. Insbesondere erörtert er, ob die Klägerin nicht ihren zukünftigen Gewinnanspruch gegen die Zusage einer ebenfalls inkongruenten Wiedereinlage an die A abgetreten hat.[40] Diese Frage ist für die Besteuerung der Klägerin insoweit von Bedeutung, als die Abtretung des Gewinnanspruchs in der Tat bereits eine Einkommensverwendung darstellen würde. Damit hätte von einer vorgeschalteten Einkommenserzielung der Klägerin ausgegangen werden müssen.

Der *I. Senat* sprach sich jedoch aus tatsächlichen Gründen gegen die vom beklagten Finanzamt vertretenen Annahme aus, die Klägerin habe ihren Gewinnanspruch an A abgetreten. Eine Verpflichtung zur Abtretung habe nach den Feststellungen des Finanzgerichts nicht bestanden. Zwar sei die Wiedereinlage in einer für die A verpflichtenden Form vereinbart worden. Auch sei das Verhalten der beiden Gesellschafter aufeinander abgestimmt gewesen. Eine synallagmatische Verknüpfung zwischen der Vornahme der disquotalen Gewinnausschüttung und der Verpflichtung zur inkongruenten Wiedereinlage habe es jedoch nicht gegeben.

3) *Zurechnung aufgrund Zuwendung des Ausschüttungsanspruchs an eine „nahestehende" Person*

Zuletzt beschäftigt sich der *I. Senat* mit der ebenfalls vom Finanzamt geäußerten Auffassung, wonach der Klägerin die Gewinnausschüttung in dem Umfang, in dem sie disquotal erfolgt ist, zugerechnet werden könne, da es sich insoweit um eine Zuwendung unter „nahestehenden Personen" handeln würde.[41] Nach den allgemeinen Regeln sei in diesen Fällen der Ertrag nicht bei der nahestehenden Person, sondern bei der zuwendenden Person quotal nach der Beteiligung am Nennkapital zu versteuern. Den Tatbestand des „Nahestehens" sah das Finanzamt deshalb als erfüllt an, weil die Beteiligten ein übereinstimmendes Interesse an einer maximalen Eigenkapitalstärkung der GmbH gehabt hätten.

Diese Überlegungen weist der *I. Senat* unter zwei Gesichtspunkten zurück. Zum einen sei bereits die Rechtsgrundlage für eine Aufspaltung der einheitlichen Gewinnausschüttung nicht ersichtlich. Der ausgeschüttete Gewinn werde grundsätzlich bei dem Anteilseigner versteuert, dem er gerade in seiner Eigenschaft als Anteilseigner zugeflossen sei. Darüber hinaus stellt der *I. Senat* ausdrücklich fest, dass Gesellschafter nicht schon deswegen zu „nahestehenden Personen" würden, weil ihrem Ausschüttungsverhalten gleichgelagerte Interessen zugrunde lägen.

---

40 BStBl. II 2001, S. 43, 46.

41 BStBl. II 2001, S. 43, 47.

4) Ergebnis

Damit war für den *I. Senat* des BFH die ausgeschüttete Dividende allein bei der A zu versteuern. Einer quotalen Zurechnung der Dividende erteilte der Senat eine klare Absage.

II. Reaktionen auf die Rechtsprechung des BFH in der Literatur

1) Zustimmende Stellungnahmen

Die Reaktionen auf die Entscheidung des *I. Senats* sind gespalten. Der überwiegende Teil der Literatur begrüßt die Entscheidung.[42] Aufbauend auf der Begründung des Urteils wird die disquotale Gewinnausschüttung als steuerlich zulässiges Mittel zur Realisierung von Anrechnungsguthaben[43] und – zumindest bei der GmbH – zur Gestaltung der Besteuerung der Gewinne bei einem unterjährigen Verkauf von Gesellschaftsanteilen empfohlen.[44] Gleichzeitig wird jedoch bereits auf die Grenzen der Gestaltungsmöglichkeiten hingewiesen. So seien Konstruktionen, bei denen die Wiedereinlage der ausgeschütteten Gewinne zu einer Wiederherstellung des gleichen Zustands wie vor der Ausschüttung führten, nach wie vor dem Verdacht ausgesetzt, eine missbräuchliche Gestaltung darzustellen.[45] Des Weiteren sei nicht auszuschließen, dass bei Familien- und Konzerngesellschaften der BFH auch in Zukunft trotz disquotaler Gewinnausschüttung die Besteuerung auf der Grundlage der quotalen Beteiligung am Grundkapital durchführen werde.[46]

2) Ablehnende Stellungnahmen

Besonders scharf hat *Groh* die Entscheidung des BFH kritisiert.[47] Ohne auf die Frage einer missbräuchlichen Gestaltung näher einzugehen, wählt *Groh* für die steuerliche Behandlung der disquotalen Gewinnausschüttung einen anderen Anknüpfungspunkt.

---

42 *Lempenau*, KFR F. 3 EStG, § 20, 2/00, S. 97 ff., der die Aussagen zu § 42 AO als „wohltuend" bezeichnet; *Ott*, StuB 2000, S. 385 ff.; *Görden*, GmbH-StB 2000, S. 120 f.; *Heidemann*, INF 2000, S. 333, 336; *Harle*, GmbHR 2000, S. 321, 323; *Gosch*, DStR 1999, S. 1853.

43 *Prinz*, GmbHR 2001, S. 125, 131 f.; *Schwedhelm/Olbig/Binnewies*, GmbHR 2000, S. 1173, 1175 f.

44 *Heidemann*, INF 2000, S. 333, 336. Schon vor der Entscheidung des BFH *Gollers/Tomik*, DStR 1999, S. 1169, 1172; *Herrmann*, BB 1999, S. 2054, 2059; *Lenz*, GmbHR 1999, S. 701, 703; *Funke*, EStB 2000, S. 108 ff.

45 *Gosch*, DStR 1999, S. 1853, Anm. zu BFH Urteil vom 19.08.1999 I R 77/96.

46 *Gschwendtner*, DStR 2000, S. 1430 f., Anm. zu BFH Urteil vom 28.03.2000 VIII R 68/96.

47 Nach seiner Ansicht ist der Ausgangsfall des *I. Senats* „falsch gelöst", vgl. DB 2000, S. 1433, 1438.

Nach *Grohs* Auffassung besteht die entscheidende Fehleinschätzung des *I. Senats* darin, dass er jede Ausschüttung als vom Gesellschafter erzielten Kapitalertrag i. S. d. § 20 Abs. 1 Nr. 1 EStG behandle, so dass die Frage, ob der Gesellschafter die Ausschüttung verdient habe, nicht erlaubt sei und allenfalls § 42 AO zu einem anderen Ergebnis führen könne.[48] Diese – seiner Meinung nach unzutreffende – Sichtweise basiere auf der schon früher vom *I. Senat* vertretenen Auffassung, wonach Beteiligungserträge nicht die Gegenleistung für eine Kapitalüberlassung bildeten, sondern allein aufgrund des Rechtsverhältnisses der Mitgliedschaft bezogen und besteuert würden. Demgegenüber habe der *VIII. Senat* zutreffend an der allgemeinen Regel festgehalten, wonach Gewinnanteile für die Überlassung der Kapitalnutzung gewährt würden.[49] Kapitalerträge könnten bei dem von der disquotalen Gewinnausschüttung begünstigten Gesellschafter nur in dem Maße vorliegen, in dem er selbst Beiträge zum Gesellschaftszweck geleistet und damit den Kapitalertrag „verdient" habe. Deshalb seien Ausschüttungen unabhängig davon, an wen sie im Einzelfall tatsächlich gezahlt würden, den Gesellschaftern grundsätzlich im Verhältnis ihrer Beteiligung am Stammkapital zuzurechnen. Nur wenn einer der Gesellschafter sich aufgrund zusätzlicher Leistungen zum Gesellschaftszweck einen über seine quotale Beteiligung hinausgehenden Kapitalertrag verdient habe, könne eine disquotale Gewinnausschüttung auch steuerlich anerkannt werden. Sollten keine zusätzlichen Leistungen erbracht worden sein, sei in der disquotalen Gewinnausschüttung im Ergebnis eine Einkommensverwendung desjenigen Gesellschafters zu sehen, dessen Anteil an der ausgeschütteten Dividende hinter seinem Anteil am Grundkapital zurückbleibt. Dieser habe entweder entgeltlich oder unentgeltlich über seine Einkünfte aus Kapitalvermögen verfügt.

Auch § 20 Abs. 2 a EStG zwinge nicht zu einer anderen Sichtweise. Diese Norm sei als Spezialnorm allein für die Zurechnung der Dividende bei einem unterjährigen Anteilsverkauf eingeführt worden. In diesem Zusammenhang sei zwischen dem *I.* und dem *VIII. Senat* des BFH streitig gewesen, ob die Dividende pro rata temporis zwischen dem Veräußerer und dem Erwerber aufzuteilen[50] oder allein dem Anteilseigner im Zeitpunkt der Entstehung der Dividende durch den Gewinnverwendungsbeschluss[51] zuzurechnen sei. Obwohl der Gesetzgeber mit der Einführung des § 20 Abs. 2 a EStG die Auffassung des *I. Senats* übernommen habe, sei damit kein allgemeines Prinzip festgelegt worden. § 20 Abs. 2 a EStG besage daher lediglich, dass Einkünfte aus Kapitalvermögen i. S. d. § 20 Abs. 1 Nr. 1 EStG, wenn sie denn vorliegen, demjenigen zuzurechnen sind, der im Zeitpunkt der Ausschüttung Anteilseigner ist.[52] Die Vorschrift enthalte jedoch nicht den

48 *Groh*, DB 2000, S. 1433, 1434.

49 *Groh*, DB 2000, S. 1433, 1434, mit Verweis auf BFH-Urteil vom 30.04.1991 VIII R 38/87, BStBl. II 1991, S. 574.

50 So der *VIII. Senat*, vgl. bereits oben B. II.

51 So der *I. Senat*, vgl. bereits oben B. II. Zu dem Gang der Rechtsentwicklung vgl. auch die detaillierte Darstellung von *Raupach/Hardenberg*, in: HHR EStG Komm., § 20 Rn. 36 ff.

52 *Groh*, DB 2000, S. 1433, 1435.

Grundsatz, dass Ausschüttungen beim Anteilseigner stets zu Kapitalerträgen führen müssten. Vielmehr gelte die allgemeine Regel, dass der Gesellschafter die Ausschüttungen societatis causa, also im Hinblick auf seine Gesellschaftsbeiträge, erlangt haben müsse. Dies könne auch für eine disquotale Gewinnausschüttung zutreffen, wenn damit etwaigen zusätzlichen Beiträgen der Gesellschafter Rechnung getragen werde.[53]

Als Beispiel dafür, dass nicht jede Ausschüttung tatsächlich auch einen steuerlichen Kapitalertrag darstellen müsse, nennt *Groh* die entgeltliche Abtretung des Dividendenanspruchs. In diesem Fall habe der Zedent das Entgelt für den Dividendenanspruch nach § 20 Abs. 2 Nr. 2 a EStG zu versteuern. Der Mitgesellschafter erhalte jedoch die über seine Quote hinaus an ihn ausgeschüttete Dividende nicht als Anteilseigner i. S. d. § 20 Abs. 2 a EStG, sondern als Zessionar.[54] Nichts anderes könne jedoch gelten, wenn nicht der schuldrechtliche Gewinnanspruch entgeltlich abgetreten wird, sondern die sich aus dem mitgliedschaftlichen Gewinnbeteiligungsrecht folgende Gewinnverteilung zugunsten eines anderen Gesellschafters abgeändert wird.[55]

Für den vom *I. Senat* zu entscheidenden Fall folgert *Groh* hieraus, dass die Zusage der A, den ausgeschütteten Gewinn wiederum inkongruent in die Gesellschaft einzulegen, als Entgelt für die Zustimmung zur disquotalen Gewinnausschüttung durch die Klägerin zu werten sei. Damit habe A den über ihre quotale Beteiligung hinausgehenden Ausschüttungsbetrag entgeltlich erworben. Nach dem zuvor Gesagten sei daher die Klägerin diesbezüglich gemäß § 20 Abs. 2 Nr. 2 a EStG steuerpflichtig und nicht A.[56]

Dies überträgt *Groh* sodann auf die unentgeltlich eingeräumte Mehrbeteiligung.[57] Bei dieser habe der Zedent die Ausschüttung nach § 20 Abs. 1 Nr. 1 EStG zu versteuern. Eine Abtretung der Dividende stelle sich als reine Einkommensverwendung dar. Dies gelte auch dann, wenn die Mehrbeteiligung auf einer Änderung der Gewinnverteilung beruhe. In diesem Fall würden durch den vom betroffenen Gesellschafter mitgetragenen Ausschluss der Gewinnbeteiligung letztlich die Früchte seiner Beteiligung auf die übrigen Gesellschafter übertragen. Damit handle es sich um eine Einkommensverwendung, die bei der Gewinnzurechnung nicht zu berücksichtigen sei.[58] Dies sei – so *Groh* – für Personen-

---

53 *Groh*, DB 2000, S. 1433, 1435.

54 DB 2000, S. 1433, 1435.

55 DB 2000, S. 1433, 1436.

56 Dieselbe Meinung vertritt im Ergebnis auch *Paus*, FR 2000, S. 197, 199. Wirtschaftlich gesehen habe die Klägerin ihren Gewinnanspruch an A entgeltlich abgetreten. Das Entgelt habe in der Wertsteigerung ihrer Anteile gelegen, die aus der inkongruenten Einlage der A erwachsen sei. Die steuerliche Beurteilung habe an dem wirtschaftlichen Gehalt der jeweiligen Vereinbarung anzuknüpfen und der Klägerin entsprechende Erträge aus der GmbH-Beteiligung zuzurechnen.

57 DB 2000, S. 1433, 1437.

58 Vgl. insoweit oben B. I.

gesellschaften anerkannt.[59] Es gäbe keinen Grund, diese Grundsätze nicht auch bei den Kapitalgesellschaften anzuwenden. Gleiches würde zudem im Schenkungsteuerrecht gelten, in dem die in Zuwendungsabsicht vorgenommene disquotale Gewinnausschüttung nach § 7 Abs. 1 bzw. Abs. 6 ErbStG als Schenkung des Gewinnübermaßes behandelt werde.

Den vom *I. Senat* angestellten Vergleich mit der verdeckten Gewinnausschüttung will *Groh* nicht gelten lassen. Auch bei der verdeckten Gewinnausschüttung fände eine teilweise Zurechnung des Ausschüttungsbetrages bei dem nicht begünstigten Gesellschafter statt.[60]

Über diese von *Groh* geäußerten Bedenken hinaus sieht *Paus*[61] gerade in dem vom *I. Senat* zu entscheidenden Fall den Tatbestand einer rechtsmissbräuchlichen Gestaltung i. S. d. § 42 Abs. 1 S. 1 AO erfüllt. Das Vorgehen der Parteien sei nach dem Maßstab des § 42 Abs. 1 S. 1 AO unüblich und kompliziert und sei nur aus steuerlichen Gründen gewählt worden. Das angestrebte Ergebnis sei aus Sicht des Gesetzes und insbesondere nach dem Prinzip der Individualbesteuerung zu missbilligen. Der BFH habe die Frage, ob sich bei der Gesamtbetrachtung der Konstruktion nicht ein Gestaltungsmissbrauch erkennen lasse, nicht deswegen offen lassen dürfen, weil sich nach § 42 Abs. 1 S. 2 AO selbst bei einer missbräuchlichen Gestaltung zumindest hinsichtlich der Besteuerung der Klägerin nichts ändern würde. Nach der Auffassung von *Paus* könne sich im vorliegenden Fall die Korrektur nach § 42 Abs. 1 S. 2 AO nicht allein auf A beschränken. Soweit zwei Steuerpflichtige im Rahmen einer missbräuchlichen Gestaltung in der Form zusammenwirkten, dass es zu einer zu missbilligenden Verlagerung von Einkünften komme, müssten diese – wie bei nahen Angehörigen – jeweils entsprechend der quotalen Beteiligung zur Besteuerung herangezogen werden.[62]

III. Der Nichtanwendungserlass des BMF[63]

Der Nichtanwendungserlass enthält zwei Kernaussagen. Zum einen soll eine disquotale Gewinnausschüttung grundsätzlich nur dann steuerlich anzuerkennen sein, wenn für die vom gesetzlichen Gewinnverteilungsschlüssel abweichende Gewinnausschüttung besondere Leistungen eines oder mehrerer Gesellschafter zugunsten der Gesellschaft ursächlich

---

59 *Groh*, DB 2000, S. 1433, 1437 mit Verweis auf BFH Urteil vom 23.08.1990 IV R 71/89, BStBl. II 1991, S. 172.

60 DB 2000, S. 1433, 1438.

61 FR 2000, S. 197, 198.

62 Dennoch hält *Paus* § 42 AO i. E. für nicht einschlägig. Dies liegt daran, dass er – wie *Groh* – bereits von einer Veräußerung der Dividende ausgeht, vgl. oben Fn. 56.

63 Vom 07.12.2000, BStBl. I 2001, S. 47 f.

sind.[64] Liegen solche besonderen Leistungen nicht vor, so seien die Ausschüttungen den Gesellschaftern im Verhältnis ihrer Beteiligung am Nennkapital der Gesellschaft zuzurechnen.

Des Weiteren stellt das BMF ausdrücklich fest, dass eine inkongruente Einlage nicht zu diesen besonderen Gesellschafterleistungen zähle. Werde eine inkongruente Gewinnausschüttung mit einer inkongruenten Einlage verbunden, so sei dies wie eine Veräußerung des Dividendenanspruchs zwischen den Gesellschaftern zu behandeln. Der über die Gewinnbeteiligung hinausgehende Ausschüttungsbetrag sei gegen Zusage einer disquotalen Einlage veräußert worden. Damit sei der Gesellschafter, dessen Dividende hinter seiner quotalen Beteiligung zurück bleibe, gemäß § 20 Abs. 2 Nr. 2 a EStG zur Besteuerung der Dividende heranzuziehen. Der Gesellschafter hingegen, dem die disquotale Gewinnausschüttung zugute kommt, sei als Erwerber der über seine quotale Beteiligung hinausgehend ausgeschütteten Dividende zu behandeln. Die über den kongruenten Anteil an dem Bilanzgewinn hinausgehende Ausschüttung stelle für ihn keine Einkünfteerzielung aus Kapitalvermögen dar. Vielmehr wird er so behandelt, als ob eine durch das Veräußerungsgeschäft entstandene Forderung realisiert würde. Damit ergäben sich für ihn keine Auswirkungen auf den zu versteuernden Gewinn.

IV. Kritische Stellungnahmen zum Nichtanwendungserlass in der Literatur

1) Vorbemerkung

Der Nichtanwendungserlass ist im Schrifttum bisher – soweit ersichtlich – ausschließlich auf Ablehnung gestoßen.

Zwar besteht Uneinigkeit darüber, auf welcher Grundlage das BMF der disquotalen Gewinnausschüttungen die steuerliche Anerkennung versagt. Überwiegend wird davon ausgegangen, dass das BMF disquotale Gewinnausschüttungen als rechtsmissbräuchliche Gestaltung i. S. d. § 42 Abs. 1 S. 1 AO ansieht.[65] Nach anderer Ansicht stellt der Nichtanwendungserlass eine Zusammenfassung des Beitrags von *Groh* dar[66], so dass es auf die Frage, ob eine disquotale Gewinnausschüttung rechtsmissbräuchlich ist, nicht mehr ankäme. Unabhängig von diesen unterschiedlichen Ausgangspunkten besteht jedoch Einigkeit darüber, dass dem Nichtanwendungserlass im Ergebnis nicht zugestimmt werden kann. Im Folgenden werden die gegen den Nichtanwendungserlass vorgebrachten Argu-

---

64 Als besondere Leistung wird z. B. eine unentgeltliche Nutzungsüberlassung eines Grundstücks an die Gesellschaft genannt, vgl. BStBl. I 2001, S. 47.

65 *Rose*, FR 2002, S. 1, 6; *Schwedhelm/Binnewies*, DB 2001, S. 503, 505; *Breuninger/Krüger*, in: FS für Welf Müller (2001), S. 527, 549.

66 *Bartmuß/Möser*, BB 2001, S. 1329, 1330, die jedoch an anderer Stelle einräumen, dass § 42 Abs. 1 S. 1 AO bei den Wertungen des BMF indirekt eine Rolle gespielt haben dürfte, vgl. S. 1331.

mente zusammenfassend dargestellt. Begonnen wird mit den Einwänden gegen die Behandlung disquotaler Gewinnausschüttungen als grundsätzlich rechtsmissbräuchliche Gestaltung (2). Anschließend folgt ein Überblick über die Vorbehalte, die gegen eine pauschale quotale Zurechnung der ausgeschütteten Dividende geltend gemacht wurden (3).

2) Kein grundsätzlicher Gestaltungsmissbrauch bei disquotaler Gewinnausschüttung

Wie der *I. Senat* des BFH, so spricht sich auch die h. M. in der Literatur gegen die Auffassung aus, bei einer disquotalen Gewinnausschüttung liege generell eine rechtsmissbräuchliche Gestaltung i. S. d. § 42 Abs. 1 S. 1 AO vor.

Der *I. Senat* des BFH habe zutreffend festgestellt, dass es sich bei einer disquotalen Gewinnausschüttung nicht um eine ungewöhnliche Gestaltung handle.[67] Auch das Motiv, Steuern zu sparen, mache eine Gestaltung an sich noch nicht missbräuchlich.[68] Auch eine („verdeckte") Veräußerung der Dividende i. S. d. § 20 Abs. 2 Nr. 2 a EStG sei bei der diesquotalen Gewinnausschüttung nicht gegeben. Sowohl Ausschüttung als auch Einlage seien zwar auf entsprechende Gesellschafterbeschlüsse zurückzuführen gewesen. Auch habe sich A zu einer Wiedereinlage gegenüber der Gesellschaft und der Klägerin verpflichtet. Eine synallagmatische von disquotaler Ausschüttung und disquotaler Einlage sei zwischen den Gesellschaftern jedoch, wie vom BFH richtig hervorgehoben, nicht vereinbart gewesen. Indem der BMF-Nichtanwendungserlass die Ausschüttung als Veräußerungsgeschäft zwischen den Gesellschaftern behandle, negiere er die Ebene der Gesellschaft und fingiere schuldrechtliche Verträge.[69]

Die Verpflichtung zur Wiedereinlage als Entgelt für die Veräußerung der Dividende anzusehen, sei zudem auch bei wirtschaftlicher Betrachtungsweise nicht tragfähig. Zum einen sei mit dem *I. Senat* des BFH anzunehmen, dass eine Wertsteigerung der Anteile allenfalls ein Reflex der Wiedereinlage sein könne. Darüber hinaus sei jedoch bereits fraglich, ob es überhaupt zu einer Wertsteigerung der Gesellschaftsanteile gekommen sei. Für den Anteilseigner ergebe sich nach der Wiedereinlage derselbe Wert des Anteils wie vor der Ausschüttung. Es werde lediglich in der Gesellschaft vorhandenes Körperschaftsteuerguthaben realisiert, welches sodann der Gesellschaft wieder zufließe. Es gehe daher auch nicht um eine entgeltliche Vermögensverschiebung auf der Ebene der Gesellschafter, sondern um die Schaffung von Liquidität auf der Ebene der Gesellschaft. Da somit keine Mehrung des Vermögens der Gesellschaft gegeben sei, könne auch keine unentgeltliche Zuwendung zwischen den Gesellschaftern angenommen werden.[70]

---

67 *Rose*, FR 2002, S. 1, 6 f.; *Schwedhelm/Binnewies*, DB 2001, S. 503, 505; *Breuninger/Krüger*, in: FS für Welf Müller (2001), S. 527, 549 f.

68 *Rose*, FR 2002, S. 1, 6 f.; *Schwedhelm/Binnewies*, DB 2001, S. 503, 505; *Breuninger/Krüger*, in: FS für Welf Müller (2001), S. 527, 549 f.

69 *Schwedhelm/Binnewies*, DB 2001, S. 503, 505 f.

70 *Schwedhelm/Binnewies*, DB 2001, S. 503, 505.

Gegen die Annahme einer rechtsmissbräuchlichen Gestaltung spreche zudem, dass das so praktizierte Schütt-aus-Hol-zurück-Verfahren notwendig gewesen war, um die Gesellschaft mit dem Eigenkapital auszustatten, das für den Status der Gemeinnützigkeit erforderlich war. Damit habe ein wirtschaftlicher Grund für die gewählte Vorgehensweise vorgelegen.[71]

Wie der *I. Senat* des BFH zutreffend ausgeführt habe, könne nach § 42 Abs. 1 S. 2 AO auch nicht ein Zufluss der Dividende bei der Klägerin fingiert werden. § 42 Abs. 1 S. 2 AO gestatte nicht die Konstruktion von Ersatzsachverhalten, nach denen Beteiligte, die aus der gewählten Gestaltung keinen Vorteil gezogen haben, zur Besteuerung herangezogen werden.[72]

Letztlich sei auch die vom *I. Senat* des BFH offen gelassene Frage, ob die Kombination von Ausschüttung und Wiedereinlage in ihrer Gesamtheit rechtsmissbräuchlich sei, zu verneinen. § 42 AO enthalte kein grundsätzliches Verbot, rechtliche Verhältnisse so zu gestalten, dass sich eine geringe steuerliche Belastung ergebe. Dabei könnten die Gesellschafter ihr Verhalten auch untereinander abstimmen.[73]

3) Keine grundsätzliche quotale Zurechnung von Ausschüttungen bei einer disquotalen Gewinnausschüttung

Diejenigen Autoren, die den Nichtanwendungserlass auch oder ausschließlich als Ausdruck eines grundsätzlichen Gebots zur quotalen Zurechnung einer disquotalen Gewinnausschüttung sehen, lehnen dies als unzutreffend ab.

Mit dieser Haltung widerspreche die Finanzverwaltung offen der ständigen Rechtsprechung des BFH zur verdeckten Gewinnausschüttung.[74] Es sei anerkannt, dass selbst bei Familien-Personengesellschaften verdeckte Gewinnausschüttungen nur dann den übrigen Gesellschaftern quotal zugerechnet würden, wenn nachgewiesen werden könne, dass nicht gesellschaftliche Gründe, sondern rechtliche oder tatsächliche Beziehungen ausschlaggebend für die verdeckte Gewinnausschüttung gewesen seien. Nur in diesen Fällen sei die Leistung als Zuwendung an den begünstigten Gesellschafter zu qualifizieren.[75]

Mit § 20 Abs. 2 a EStG sei eine generelle quotale Zurechnung nicht in Einklang zu bringen.[76] Nach § 20 Abs. 2 a EStG erziele allein der Anteilseigner Einkünfte aus Kapitalvermögen, dem nach § 39 AO die Anteile im Zeitpunkt des Gewinnverwendungsbeschlusses zuzurechnen seien. Eine von diesen Grundsätzen abweichende Zurechnung der

---

71 *Schwedhelm/Binnewies*, DB 2001, S. 503, 506.

72 *Schwedhelm/Binnewies*, DB 2001, S. 503, 506.

73 *Schwedhelm/Binnewies*, DB 2001, S. 503, 506.

74 *Rose*, FR 2002, S. 1, 6; *Gschwendtner*, DStR 2001, S. 14, 18; *Breuninger/Krüger*, in FS für Welf Müller (2001), S. 527, 548.

75 *Rose*, FR 2002, S. 1, 6; *Gschwendtner*, DStR 2001, S. 14, 18; *Breuninger/Krüger*, in FS für Welf Müller (2001), S. 527, 548.

76 *Rose*, FR 2002, S. 1, 6.

Dividenden nach der Beteiligung des Aktionärs am Nennkapital der Gesellschaft komme nicht in Frage.[77]

Eine quotale Zurechnung sei zudem allenfalls dann zu erwägen, wenn es den Gesellschaftern ursprünglich möglich gewesen sei, quotal an dem zu erwartenden Gewinn beteiligt zu werden. Nur unter dieser Prämisse könne in der Zustimmung zu einer disquotalen Gewinnausschüttung eine Disposition über ein Vermögensrecht und damit – wirtschaftlich betrachtet – eine Einkommensverwendung angenommen werden.[78] Dies sei nicht gegeben, wenn eine quotale Beteiligung am Bilanzgewinn schon bei der Gründung der Gesellschaft für einen der Gesellschafter nicht durchsetzbar gewesen sei. Als Beispiel wird hier die disquotale Gewinnverteilung zwischen Kapitalgeber und Existenzgründer genannt. Für den Fall, dass die Kapitalüberlassung hier nicht in der Form eines Kredites, sondern durch Beteiligung an der Kapitalgesellschaft erfolgt, werde regelmäßig der Kapitalgeber eine über seinen quotalen Anteil am Stammkapital hinausgehende Beteiligung am Bilanzgewinn fordern, um auf diese Weise eine angemessene Kapitalverzinsung zu erreichen.[79] Eine quotale Gewinnbeteiligung sei dann auch im Fremdvergleich nicht durchsetzbar.[80]

Auch seien die vom BMF genannten Beispiele für anerkennenswerte zusätzliche Leistungen des Gesellschafters nicht ohne weiteres geeignet, Einkommenserzielung und Einkommensverwendung zweifelsfrei gegeneinander abzugrenzen. Soweit der BMF darauf abstelle, dass sich der Gesellschafter durch die unentgeltliche Nutzungsüberlassung eines Grundstücks an die Gesellschaft die erhöhte Ausschüttung verdienen könne, liege der Schluss nahe, dass es sich dabei nicht um eine societatis causa beruhende Mehrausschüttung handle, sondern um eine im Verhältnis zu den Gesellschaftern erkaufte.[81]

Schließlich sei nicht nachvollziehbar, warum gerade eine inkongruente Einlage als besondere Leistung des Gesellschafters ausscheiden solle. So wolle das BMF zwar anerkennen, dass dem Gesellschafter bei der unentgeltlichen Überlassung eines Darlehens eine erhöhte Dividende gezahlt wird. Werde der gleiche Betrag aber darüber hinaus in die Gesellschaft als disquotale Einlage eingezahlt, so sei eine disquotale Gewinnausschüttung als Einkommensverwendung zu behandeln. Dies sei aus wirtschaftlicher Sicht nicht schlüssig. Für die übrigen Gesellschafter habe die unentgeltliche Nutzungsüberlassung zunächst denselben Effekt wie eine Einlage. Der wirtschaftliche Wert ihrer Einlagen erhöhe sich sowohl für den Fall, dass das Eigenkapital der Gesellschaft durch eine Einlage gestärkt wird, als auch dann, wenn der Gesellschaft Fremdkapital ohne die sonst notwen-

77 *Rose*, FR 2002, S. 1, 6.

78 *Bartmuß/Möser*, BB 2001, S. 1329, 1332.

79 Das gilt jedenfalls dann, wenn der Existenzgründer selbst keinen wesentlichen Beitrag zu der Kapitalausstattung der Gesellschaft leisten kann.

80 *Bartmuß/Möser*, BB 2001, S. 1329, 1332.

81 *Bartmuß/Möser*, BB 2001, S. 1329, 1332.

digen Zinsaufwendungen zur Verfügung gestellt wird.[82] In beiden Fällen fließe der Gesellschaft Kapital zu, ohne dass sie Zinsforderungen zu passivieren habe.

Letztlich führe die Prämisse des BMF auch bei der Ausgabe von Vorzugsaktien nach § 139 AktG zu keinen angemessenen Ergebnissen.[83] Die abweichende Dividende ergebe sich hier direkt aus dem Gesetz. Auch hier könne nur schwerlich von einer Einkommensverwendung gesprochen werden.[84]

4) Zusammenfassung

Ingesamt wurde mit den dargestellten Argumenten teils die Auffassung des *I. Senats* des BFH bestätigt, teils die unbefriedigenden Folgen des Nichtanwendungserlasses aufgezeigt. Der Nichtanwendungserlass wird dabei besonders deshalb als problematisch angesehen, weil er sich in vielen Punkten nicht mit anerkannten Leitlinien des Steuerrechts in Einklang bringen lässt.

D. Eigene Stellungnahme

Der Nichtanwendungserlass des BMF ist zu allgemein gefasst und vermag deswegen nicht zu überzeugen. Soweit der BMF-Nichtanwendungserlass davon ausgeht, bei einer disquotalen Gewinnausschüttung müssten die Gesellschafter entsprechend ihrer Beteiligung am Stammkapital zur Besteuerung herangezogen werden, wenn keine „besonderen" Leistungen der begünstigten Gesellschafter vorlägen, kann dem nicht gefolgt werden. Eine solche Sichtweise gebieten – wie im Folgenden gezeigt wird – weder die Regeln des Einkommensteuerrechts zur Erzielung oder Zurechnung von Einkünften noch das Verbot rechtsmissbräuchlicher Gestaltungen nach § 42 AO.

1) Kein allgemeiner Zwang zur quotalen Besteuerung disquotaler Gewinnausschüttungen

Ein Zwang zu einer quotalen Besteuerung disquotaler Gewinnausschüttungen wäre nach dem Einkommensteuerrecht dann geboten, wenn sich die Ausschüttung an den begünstigten Gesellschafter als Einkommensverwendung des bei der Gewinnausschüttung nicht berücksichtigten Gesellschafters darstellen würde.

Dies vertritt erkennbar *Groh*[85], wenn er davon ausgeht, dass eine disquotale Gewinnausschüttung entweder durch besondere Leistungen der begünstigten Gesellschafter oder

---

82 *Bartmuß/Möser*, BB 2001, S. 1329, 1332.

83 *Bartmuß/Möser*, BB 2001, S. 1329, 1332 f.

84 *Bartmuß/Möser*, BB 2001, S. 1329, 1332 f.

85 DB 2000, S. 1433 ff.

auf einer entgeltlichen oder unentgeltlichen Veräußerung des Gewinnanspruchs an den begünstigten Gesellschaftern beruht.

Über die bereits durch die steuerrechtliche Literatur vorgebrachten Kritikpunkte hinaus erscheint jedoch bereits der Ausgangspunkt dieser Auffassung problematisch. Indem nur solche disquotalen Gewinnausschüttungen als zulässig anerkannt werden, die auf einer zusätzlichen Leistung beruhen, wird im Grunde die Möglichkeit einer disquotalen Gewinnausschüttung für das Steuerrecht allgemein verworfen. Wirtschaftlich betrachtet handelt es sich nämlich bei einer disquotalen Gewinnausschüttung nach einer zusätzlichen Leistung um eine beitragskongruente und damit im Ergebnis wieder um eine „quotale" Gewinnverteilung. Insoweit wird negiert, dass es gerade bei Kapitalgesellschaften keinen Vorrang der quotalen vor der disquotalen Gewinnausschüttung gibt, sondern die entsprechenden gesetzlichen Gewinnverteilungsregeln dispositives Recht sind.[86]

Von dem Befund, dass die gesetzlichen Gewinnverteilungsregeln eine beitragskongruente Gewinnbeteiligung vorsehen, kann nicht abgeleitet werden, dass alleiniger anerkennenswerter Grund für eine disquotale Gewinnausschüttung die Erbringung zusätzlicher Leistungen sei. Diese Sichtweise unterstellt, dass es neben zusätzlichen Leistungen der Gesellschafter keine wirtschaftlich beachtenswerten Gründe für eine disquotale Gewinnausschüttung gibt. Diese Sichtweise geht an der wirtschaftlichen Realität vorbei. Nicht zuletzt wirtschaftliche Gesichtspunkte sind es, aus denen heraus Tracking-Stocks-Strukturen angestrebt werden.[87] Es verbietet sich folglich auch der einfache Umkehrschluss, dass hinter jeder disquotalen Gewinnausschüttung, die nicht von einer zusätzlichen Leistung des begünstigten Gesellschafters gedeckt ist, eine (entgeltliche oder unentgeltliche) Veräußerung der Dividende steht.

Auch die Rechtsprechung des *VIII. Senats* zur Erzielung von Einkünften aus Kapitalvermögen zwingt nicht – wie *Groh* meint – zu einer pauschalen quotalen Zurechnung disquotaler Ausschüttungen. Zwar hat der *VIII. Senat* bei den Einkünften aus Beteiligungen an Kapitalgesellschaften bis zum In-Kraft-Treten des § 20 Abs. 2 a EStG an seiner Auffassung festgehalten, wonach auch der schuldrechtliche Dividendenanspruch im Ergebnis pro rata temporis erworben wird.[88] Den Urteilen lagen jedoch jeweils andere Sachverhalte zu Grunde. Gegenstand der Entscheidungen war die Frage, wie bei rechtlicher oder wirtschaftlicher Nachfolge in eine Rechtsposition der Kapitalertrag zwischen dem alten und dem neuen Rechtsträger aufzuteilen sei.[89] Die Frage, ob zwei Gesellschafter ein unterschiedliches Entgelt für eine gleiche Einlageleistung erhalten können, wurde in diesem Zusammenhang nicht erörtert. Darüber, in welcher Höhe die jeweiligen Anteilseignern im

86 Vgl. statt aller *Lutter*, in: Kölner Komm. AktG, § 60 Rn. 2.

87 Vgl. *M. Tonner*, S. 15 ff., S. 63, 64.

88 Zuletzt ausdrücklich BFH Urteil vom 14.12.1999 VIII R 49/98, BStBl. II 2000, S. 341, 342, m. w. N.

89 BFH Urteil vom 14.12.1999 VIII R 49/98, BStBl. II 2000, S. 341, 342, m. w. N.

Falle einer disquotalen Gewinnausschüttung den ausgeschütteten Gewinn erzielen und er ihnen daher zuzurechnen ist, sagt die Rechtsprechung des *VIII. Senats* nichts.[90]

Anders könnte nach der vom *VIII. Senat* verwandten allgemeinen Formel unter Umständen der Fall zu bewerten sein, dass das Gewinnbeteiligungsrecht während des laufenden Geschäftsjahres zugunsten eines Gesellschafters geändert wird. In diesem Fall könnte argumentiert werden, dass der Gesellschafter bereits pro rata temporis einen bestimmten Teil der Einkünfte erzielt hätte und daher die disquotale Gewinnausschüttung zugunsten der übrigen Gesellschafter für ihn eine Gewinnverwendung darstelle. Aber selbst der *VIII. Senat* nimmt bei einer disquotalen Gewinnausschüttung nicht pauschal eine quotale Zurechnung der Dividende vor. In seiner Rechtsprechung zur verdeckten Gewinnausschüttung hatte er die anteilige Zurechnung der Dividenden zu den zustimmenden Gesellschaftern grundsätzlich abgelehnt.[91] Dabei ist nicht von der Hand zu weisen, dass verdeckte Gewinnausschüttungen regelmäßig zu einer disquotalen Beteiligung am Ergebnis der Gesellschaft führen.[92] Vielmehr geht auch der *VIII. Senat* bei der verdeckten Gewinnausschüttung entgegen seiner sonstigen Rechtsprechung nicht von einer pro rata temporis entstandenen Dividendenforderung aus. Hinsichtlich der Frage, ob in der Zustimmung zu der verdeckten Gewinnausschüttung eine Leistung an den anderen Gesellschafter liegt, führt er aus: „Es kann dahinstehen, ob in der Zustimmung zur Leistung (scil: der verdeckten Gewinnnausschüttung) der GmbH an den Vater die Abtretung künftiger Gewinnansprüche oder der Verzicht auf die Geltendmachung künftiger Gewinnansprüche zu sehen ist. Dies kann nämlich nicht zur Folge haben, dass der Klägerin in den Streitjahren entsprechende Einnahmen aus Kapitalvermögen zuzurechnen sind. Dies ist frühestens möglich, wenn die Ansprüche *entstanden*[93] sind".[94] Damit räumt der *VIII. Senat* jedoch ein, dass auch aus seiner Sicht der Dividendenanspruch noch nicht vor dem Gewinnverwendungsbeschluss entstanden ist. Dies deckt sich mit der allgemeinen Meinung, die in der Einführung des § 20 Abs. 2 a EStG eine gesetzgeberische Entscheidung gegen die Auffassung sieht, dass Dividendenerträge pro rata temporis entstehen.[95] Es kann daher nicht ohne weiteres davon ausgegangen werden, dass der *VIII. Senat* eine offene punktuelle disquotale Gewinnausschüttung anders behandeln würde.

---

90 Vgl. oben B. II.

91 BFH Urteil vom 29.09.1981 VIII R 8/77, BStBl. II 1982, S. 248, 249 f.

92 Dabei bleibt zu beachten, dass der *VIII. Senat* diese Aussage nicht auf langfristig vereinbarte verdeckte Gewinnausschüttungen beschränkt.

93 Hervorhebung durch den Verfasser.

94 BFH Urteil vom 29.09.1981 VIII R 8/77, BStBl. II 1982, S. 248, 249.

95 Vgl. dazu bereits oben B II. Die von *Groh*, DB 2000, S. 1433, 1435, geäußerte Auffassung, mit § 20 Abs. 2 a EStG sei nur ein Spezialfall der Zurechnung geregelt worden, ist angesichts der zitierten Gesetzesbegründung in dieser Form nicht haltbar und wird, soweit ersichtlich, auch sonst nicht vertreten. Zuzustimmen ist an diesem Punkt *Rose*, FR 2002, S. 1, 6, der darauf hinweist, dass mit § 20 Abs. 2 a EStG eine nunmehr zwingende gesetzliche Zurechnungsregel besteht.

Im Ergebnis kann daher nicht bei jeder punktuellen Änderung des mitgliedschaftlichen Gewinnbeteiligungsrechts, die ohne eine besondere Leistung des begünstigten Gesellschafters an diesen geleistet wird, automatisch von einer entgeltlichen Veräußerung oder unentgeltlichen Zuwendung des Gewinnanspruchs an die übrigen Gesellschafter ausgegangen werden.[96] Eine entsprechende Annahme führt zu unsachgerechten Ergebnissen. Dies gilt insbesondere für den Fall, dass der durch einen Verzicht des Großaktionärs frei werdende Betrag thesauriert werden soll. Hier käme es zu einer disquotalen Gewinnausschüttung allein deshalb, weil eine Gewinnausschüttung an den verzichtenden Aktionär vollständig unterbliebe. Da die übrigen Gesellschafter keine zusätzlichen Leistungen erbracht haben, müsste – nach den Regeln des BMF – eine Vermögensverschiebung zwischen den Gesellschaftern und dem verzichtenden Aktionär und damit eine Einkommensverwendung angenommen werden. Dies würde bedeuten, dass der in der Gesellschaft thesaurierte Teil des Bilanzgewinns für die Einkommensbesteuerung dem verzichtenden Aktionär zugerechnet werden müsste, ohne dass er je die Sphäre der Gesellschaft verlassen hätte.

In dem genannten Beispiel fällt es zudem schwer, eine Vermögensverschiebung zwischen den Gesellschaftern zu konstruieren. Eine solche könnte allein darin zu sehen sein, dass sich der Wert der Anteile der übrigen Gesellschafter erhöht hat. Im Schenkungsteuerrecht ist jedoch anerkannt, dass es für die Annahme einer freigiebigen Zuwendung bei sich einander als Fremde gegenüberstehenden Gesellschaftern nicht ausreicht, wenn die Werterhöhung der Gesellschafteranteile sich als „unvermeidbare" Folge der Gesellschafterleistung darstellt.[97] Eine freigiebige Zuwendung kann vielmehr nur dann angenommen werden, wenn besondere Umstände den Schluss zulassen, dass das Ziel der Gesellschafterleistung nicht die Förderung der Gesellschaft, sondern die Bereicherung der Mitgesellschafter ist.[98] In allen anderen Fällen ist die Werterhöhung Ausfluss der Gesellschafterstellung und beruht auf dieser. Diese vermittelt die Teilhabe der Gesellschafter am (erhöhten) Gesellschaftsvermögen.[99] Es bestehen dabei keine Bedenken, diese Sichtweise auch für die Einkommensbesteuerung heranzuziehen.[100] Damit erscheint auch *Grohs* Aussage, das Schenkungssteuerrecht stütze seine These von der grundsätzlichen quotalen Zurechnung disquotaler Gewinnausschüttungen, nicht haltbar. Im Urteil des BFH vom 27. Juli 1988[101] stellte der *I. Senat* vielmehr fest, dass eine Werterhöhung des Gesellschaftsanteils nicht als Entgelt für eine Einlageleistung des Gesellschafters angesehen werden könne. Die Wertsteigerung sei eine reine Reflexwirkung der Erhöhung des Gesellschaftsvermö-

---

96 So aber *Groh*, DB 2000, S. 1433, 1434 ff., und ihm wohl folgend das BMF in seinem Nichtanwendungserlass vom 07.12.2000, BStBl. I 2001, S. 47 f.

97 ErbStR 18 Abs. 3 S. 2.

98 ErbStR 18 Abs. 3 S. 3.

99 Vgl. BFH Urteil vom 25.10.1995 II R 67/93, BStBl. II 1996, S. 160 f; BFH Urteil vom 19.07.1996 II R 83/92, BStBl. II 1996, S. 616, 618.

100 So jedenfalls BFH Urteil vom 19.08.1999, I R 77/96, BStBl. II 2001, S. 43, 46.

101 BFH Urteil vom 27.07.1988, I R 147/83, BStBl. II 1989, S. 271, 273.

gens. Wenn jedoch die Erhöhung des Anteilswertes für den leistenden Gesellschafter nach dem Einkommensteuerrecht kein Entgelt für seine Leistung sein kann, so erscheint es nur konsequent, auch eine Vermögensmehrung der übrigen Gesellschafter aufgrund der Erhöhung des Gesellschaftsvermögens einkommensteuerrechtlich abzulehnen.

Letztlich nichts anderes kann sich vor diesem Hintergrund ergeben, wenn es aufgrund der Beschränkung des mitgliedschaftlichen Gewinnbeteiligungsrechts zu einer erhöhten Ausschüttung an die übrigen Gesellschafter kommt. Auch in diesem Fall bewirkt in erster Linie die mitgliedschaftliche Rechtsposition der Gesellschafter gegenüber der Gesellschaft den erhöhten Gewinnanteil, nicht die Änderung des Gewinnbeteiligungsrechts.

Allenfalls wenn konkrete Anhaltspunkte dafür vorliegen, dass ein verkürzter Leistungsweg über die Gesellschaft gewählt wurde, zum Beispiel, wenn eine direkte Ausgleichszahlung oder eine entsprechende synallagmatische Verpflichtung gegeben ist oder wenn nach den allgemeinen Regeln des Erbschaftsteuerrechts aufgrund familiärer oder anderer Verbundenheit von einer unentgeltlichen Zuwendung ausgegangen werden muss, erscheint eine Zurechnung des jeweiligen Betrags zum Zuwendenden vertretbar.[102] Schließlich ist auch gegenüber der Gesellschaft eine freigiebige Zuwendung abzulehnen, da in diesem Fall die Leistung der Förderung des Gesellschaftszwecks dient und ihren Rechtsgrund in der allgemeinen mitgliedschaftlichen Zweckförderungspflicht hat.[103]

2) Die disquotale Gewinnausschüttung als grundsätzlich rechtmäßige Gestaltung

Soweit das BMF im Nichtanwendungserlass zum Ausdruck bringt, dass eine disquotale Gewinnausschüttung ohne Hinzutreten besonderer Leistungen des Gesellschafters grundsätzlich rechtsmissbräuchlich i. S. d § 42 Abs. 1 S. 1 AO und damit unzulässig ist, kann dem nicht gefolgt werden.

Wie bereits der *I. Senat* in seinem Urteil ausgeführt hat[104], wird eine Gestaltung als rechtsmissbräuchlich angesehen, wenn sie ungewöhnlich ist, allein der Steuerminderung dient und dabei den Wertungen der einschlägigen Steuergesetze widerspricht.[105] Eine rechtsmissbräuchliche Gestaltungen liegt demnach vor, wenn durch sie – wirtschaftlich betrachtet – ein an sich steuerbarer Sachverhalt formal so strukturiert wird, dass er nach dem Wortlaut des Gesetzes nicht mehr steuerbar ist.[106] Vor diesem Hintergrund wird deutlich, dass – wie bereits ausführlich dargestellt – disquotale Gewinnausschüttungen nicht – wie im Nichtanwendungserlass geschehen – pauschal als unzulässig angesehen werden können, wenn keine spezifische Gegenleistung erfolgt ist. § 42 AO soll Steuerumgehungen verhindern. Eine Gestaltung kann daher allenfalls dann als rechtsmiss-

---

102 Vgl. zu den besonderen Voraussetzungen, ErbStR 18 Abs. 3 S. 4.

103 ErbStR 18 Abs. 2.

104 Urteil vom 19.08.1999 I R 77/96, BStBl. II 2001, S. 43 f.

105 Vgl. nur BFH Urteil vom 12.07.1988 IX R 149/83, BStBl. II 1988, S. 942 ff.; BFH Urteil vom 29.06.1995 VIII. R 68/93, BStBl. II 1995, S. 722, 724 f.

106 *Tipke/Kruse*, § 42 AO Rn. 1 f., 38 ff., 46.

bräuchlich i. S. d. § 42 Abs. 1 S. 1 AO angesehen werden, wenn sie in jedem Fall zu einer Steuerminderung führt.[107] Dies ist jedoch bei disquotalen Gewinnausschüttungen selbst dann nicht generell der Fall, wenn von dem begünstigten Gesellschafter keine zusätzlichen Leistungen an die Gesellschaft erbracht wurden. So können disquotale Gewinnausschüttungen im Vergleich zu einer quotalen Gewinnausschüttung auch zu einer gleichen oder sogar einer erhöhten Besteuerung führen. Verzichtet beispielsweise eine gemäß § 8 b KStG von der Steuer auf Dividendenbezüge befreite juristische Person auf ihre Dividende zugunsten einer natürlichen Person und kann diese gegen die Ausschüttung keine Verluste gegen rechnen, so führt das nach der hier vertretenen Auffassung bei der natürlichen Person zu einer vollständigen Besteuerung des disquotal ausgeschütteten Betrags nach ihrem individuellen ESt-Satz. Würde in diesem Fall hingegen der Nichtanwendungserlass angewandt, so hätte dies ein vermindertes Steueraufkommen zur Folge. Die übrigen Aktionäre müssten ihre Ausschüttung nur in der Höhe ihrer quotalen Beteiligung am Stammkapital versteuern. Die Kapitalgesellschaften wären trotz der Zurechnung der Dividende gemäß § 8 b KStG von einer Besteuerung der Dividende gänzlich befreit.

Fraglich könnte damit letztlich nur noch sein, ob ausschließlich langfristig vereinbarte oder auch punktuelle disquotale Gewinnausschüttungen steuerlich zulässig sind. Im Ertragsteuerrecht gilt der Grundsatz, dass Verträge eindeutig und auf Dauer abgeschlossen sein müssen. Daraus wird teilweise gefolgert, dass sich die Parteien auch hinsichtlich der Gewinnverteilung längerfristig festzulegen haben.[108] Aufgrund des Grundsatzes der Steuergerechtigkeit könne nicht gebilligt werden, dass die Gewinnverteilung nicht nach objektiven, nachprüfbaren Maßstäben erfolgt, sondern den jeweiligen Bedürfnissen eines Gesellschafters angepasst werde.[109]

Soweit ersichtlich, war in dem vom *I. Senat* des BFH zu entscheidenden Fall die Gewinnverteilung durch Gesellschafterbeschluss jedes Jahr aufs neue festgelegt worden. Nach der hier verwandten Terminologie handelte es sich daher um eine punktuelle disquotale Gewinnausschüttung. Auf die von *Schulze zur Wiesche* aufgeworfene Frage, ob dies gegen das Gebot einer eindeutigen und dauerhaften Regelung verstoße, geht der BFH nicht ein. Im Ergebnis lässt sich dies damit rechtfertigen, dass sich die Tatsache, ob die Gewinnverteilung nach objektiven, nachprüfbaren Maßstäben erfolgt ist, nicht allein danach beurteilt, ob sie auf einer langfristigen Vereinbarung zwischen den Parteien beruht. Eine langfristige, in der Satzung vorgesehene disquotale Gewinnausschüttung kann im Zweifel ebenso auf ein rechtsmissbräuchliches „Steuersparmodell" hinauslaufen, wie eine punktuelle disquotale Gewinnausschüttung aus gesellschaftlichen Zwängen geboten sein mag. Dies räumt letztlich auch *Schulze zur Wiesche* ein, wenn er – entgegen der von ihm selbst vertretenen Auffassung – die auf einen Dividendenverzicht beruhende disquotale

107 Ausdrücklich nochmals in jüngster Zeit BFH Urteil vom 20.06.2000 VIII R 57/98, BFH/NV 2001, S. 28, 30. *Tipke/Kruse*, § 42 AO Rn. 46.

108 *Schulze zur Wiesche*, DB 1973, S. 2420, 2423.

109 *Schulze zur Wiesche*, DB 1973, S. 2420, 2423.

Gewinnausschüttung dennoch steuerlich anerkennt. In diesem Fall begründet *Schulze zur Wiesche* dies damit, dass der Großaktionär keine privaten, sondern gesellschaftliche Zwecke verfolge.[110] Dies lässt jedoch meines Erachtens den Umkehrschluss zu, dass auch andere Gestaltungen einer punktuellen disquotalen Gewinnausschüttung steuerlich unbedenklich sind, wenn nach den dargestellten Maßstäben ein Rechtsmissbrauch i. S. d. § 42 AO ausgeschlossen werden kann. Für die steuerrechtlich Bewertung kommt es nicht darauf an, ob eine disquotale Gewinnausschüttung in einem konkreten Ausnahmefall oder auf Dauer ins Auge gefasst wird. Ein einzelfallbezogener Gewinnverteilungsbeschluss der Hauptversammlung ist hinsichtlich seines Inhalts für die Finanzverwaltung schließlich nicht weniger klar und eindeutig als ein vom Aktionär gegenüber dem Vorstand erklärter Verzicht.

Eine punktuelle disquotale Gewinnausschüttung ist daher grundsätzlich anzuerkennen.

Letztlich spricht viel dafür, dass sowohl das Finanzamt[111] als auch *Paus*[112] der Auffassung waren, dass in dem vom *I. Senat* zu entscheidenden Fall die disquotale Gewinnausschüttung lediglich aufgrund der gegebenen spezifischen Eigenheiten rechtsmissbräuchlich war, ohne dass daraus eine allgemeine Regel abzuleiten sei.[113] Wie der BFH selbst festgestellt hat, war nicht die disquotale Gewinnausschüttung und auch nicht die Verrechnung mit Verlustvorträgen bzw. die Realisierung von KSt-Guthabens der Auslöser des Rechtsstreits, sondern das konzertierte Vorgehen der Beteiligten.[114]

In der Tat scheint es zweifelhaft, ob ein derartiges Zusammenwirken der Beteiligten noch als angemessene rechtliche Lösung eines wirtschaftlichen Sachverhalts gewertet werden kann. Zwar wird nicht allein aus dem Zusammenwirken der Gesellschafter nach einem Gesamtplan allein schon auf ein rechtsmissbräuchliches Verhalten geschlossen werden können.[115] Denn Entscheidend ist nicht, ob ein Gesamtplan vorliegt, sondern ob das mit dem Gesamtplan verfolgte Ziel steuerrechtlich anzuerkennen ist.[116] So entspricht es beispielsweise inzwischen gefestigter Rechtsprechung des BFH, dass kombinierte Schenkungs- und Darlehensverträge zwischen Familienangehörigen, bei denen die Darlehensvaluta dem Darlehensgeber zuvor vom späteren Darlehensnehmer unentgeltlich zugewandt wurden, steuerlich nicht zu billigen seien. Dies wird damit begründet, dass es dem Darlehensnehmer aufgrund der vorgelagerten Schenkung tatsächlich nicht um eine echte Vermögensverschiebung auf den Darlehnsgeber gehe, sondern allein um den späte-

---

110 *Schulze zur Wiesche*, DB 1973, S. 2420, 2423.

111 Vgl. insoweit BFH Urteil vom 19.08.1999 I R 77/96, BStBl. II 2001, S. 43, 46.

112 FR 2000, S. 197, 198.

113 Dies zeigt erneut, dass der Nichtanwendungserlass im Ergebnis zu weit gefasst ist.

114 Urteil vom 19.08.1999 I R 77/96, BStBl. II 2001, S. 43, 46; *Paus*, FR 2000, S. 197, 198.

115 So zuletzt ausdrücklich BFH Urteil vom 20.06.2000 VIII R 57/98, BFH/NV 2001, S. 28, 30 f.

116 So auch *Rose/Glorius-Rose*, DB 2003, S. 409, 412.

ren Abzug der Darlehenszinsen als Betriebsausgaben.[117] Auf der anderen Seite werden auch aufwendige Konstruktionen als zulässig erachtet, soweit dadurch anerkennenswerte wirtschaftliche Ziele verfolgt werden.[118]

In dem vom *I. Senat* des BFH zu entscheidenden Fall waren solche anerkennenswerten Motive zumindest auf den ersten Blick nicht zu erkennen, da die Ausschüttung allein an A anscheinend ausschließlich das Ziel hatte, die Besteuerung der Ausschüttung zu verhindern. Bei genauer Betrachtung wird jedoch deutlich, dass die steuerlich günstige Vorgehensweise in diesem Fall notwendig für die Gewährleistung der Kapitalausstattung der Gesellschaft war. Insoweit war die jeweils disqotale Ausschüttung und Wiedereinlage sowie die Verrechnung des Verlustvortrags auch von nachvollziehbaren wirtschaftlichen, außersteuerlichen Gründen motiviert, so dass ein Missbrauch aus diesem Grund zu verneinen ist. Dies schließt jedoch nicht aus, dass bei Fehlen eines solchen besonderen wirtschaftlichen Grundes unter Umständen eine missbräuchliche Gestaltung vorliegen.[119]

In diesen Fällen wird auch die von *Paus*[120] aufgeworfene Frage nach der Rechtsfolge einer solchen rechtsmissbräuchlichen Gestaltung nach § 42 Abs. 1 S. 2 AO relevant. Bei eingehender Analyse stellt sich heraus, dass *Paus* und der *I. Senat* des BFH in dieser Frage nicht so weit auseinander liegen, wie es auf den ersten Blick erscheinen mag. Nach dem 4. Leitsatz des Urteils können nach § 42 Abs. 1 S. 2 AO Rechtsfolgen nur bei demjenigen Steuerpflichtigen vorgenommen werden, der aus der Gestaltung einen steuerlichen Vorteil gezogen hat. Dies hatte der *I. Senat* des BFH in dem konkreten Fall zwar bei der Klägerin verneint.[121] Es ist daher nicht gesagt, dass in einem anderen Fall[122] nicht auch der BFH eine Gesamtbetrachtung der Gestaltung vornehmen würde, wenn von mehreren

---

117 Urteil vom 22.01.2002 - VIII R 46/00, DB 2002, S. 1135 f.; Urteil vom 18.01.2001 IV R 58/99, DB 2001, S. 676 f.

118 *Tipke/Lang*, § 5 Rn. 100, sowie auch BFH Urteil vom 12.07.1988 IX R 149/83, BStBl. II 1988, S. 942, 943. Der *VIII. Senat* geht dabei in seinem Urteil vom 20.06.2000 VIII R 57/98, BFH/NV 2001, S. 28, 30 f. ebenso wie der *I. Senat* in seinem Urteil vom 19.08.1999 I R 77/96, BStBl. II 2001, S. 43, 46 davon aus, dass zulässige Einzelhandlungen in ihrer Kombination und „unter Berücksichtigung ihres beabsichtigten Ineinandergreifens" nicht anders zu qualifizieren seien, als dies bei der isolierten Betrachtung der Falls sei.

119 So wird, worauf auch der BFH in seiner Entscheidung hingewiesen hat eine Ausschüttung aus einer freien Rücklage und Wiedereinlage in eine freie Rücklage als rechtsmissbräuchliche Gestaltung angesehen, falls hieran ein herrschender Gesellschafter beteiligt ist, vgl. BFH Urteil vom 11.07.1973 I R 144 / 71, BStBl. II 1973, S. 806 f.

120 FR 2000, S. 197, 198.

121 Im übrigen wies der BFH eigens darauf hin, dass der Klägerin durch die Erhöhung des Werts des Gesellschaftsanteils kein Vermögen zugeflossen ist. Wie bereits gezeigt, kann das aber bei Fehlen außersteuerlicher Gründe nach ErbStR 18 auch anders sein.

122 Beispielsweise bei der direkten Weiterzahlung eines Teils des um das KSt-Guthaben erhöhten Ausschüttungsbetrags an den anderen Gesellschafter.

Beteiligten auch mehrere einen steuerlichen Vorteil aus der jeweiligen Gestaltung ziehen würden.[123]

3) Zusammenfassung

Zwar kann mag es Fälle geben, in denen eine disquotale Gewinnausschüttung als rechtsmissbräuchliche Gestaltung einzuordnen ist. Dennoch ist als Ergebnis festzuhalten, dass der Nichtanwendungserlass in seiner jetzigen Form nicht zu einer angemessenen steuerlichen Behandlung von disquotalen Gewinnausschüttungen führt. Die pauschale Ablehnung der disquotalen Gewinnausschüttung ist zwar verständlich, da bei den Einkünften aus § 20 Abs. 1 S. 1 Nr. 1 EStG ein latentes Missbrauchspotential vorhanden ist.[124] Das ändert jedoch nichts daran, dass sich der Nichtanwendungserlass nach geltendem Recht dogmatisch nicht begründen lässt.

Die Dividende ist bei einer disquotalen Gewinnausschüttung grundsätzlich bei demjenigen zu versteuern, dem sie aufgrund seines mitgliedschaftlichen Gewinnbeteiligungsrechts zuzurechnen ist. Davon abweichend ist die Dividende einkommensteuerlich nur dann anderweitig zuzuordnen, wenn sich im Einzelfall nachweisen lässt, dass der schuldrechtliche Anspruch auf die Dividendeauszahlung tatsächlich entgeltlich oder unentgeltlich abgetreten wurde. Die Prämisse, wonach auch bei disquotalen Gewinnausschüttungen eine Versteuerung allein nach der quotalen Beteiligung am Stammkapital zu erfolgen hat, lässt sich mit der geltenden Gesetzeslage nicht in Einklang bringen und führt in einer Vielzahl von Fällen nicht zu sachgerechten Lösungen.

Eine disquotale Gewinnausschüttung stellt zudem selbst dann nicht generell eine rechtsmissbräuchliche Gestaltung dar, wenn der begünstigte Gesellschafter keine zusätzliche Leistung an die Gesellschaft erbracht hat. Nach den allgemeinen zu § 42 AO entwickelten Prinzipien ist eine rechtsmissbräuchliche Gestaltung im jeweiligen Einzelfall nachzuweisen. Liegt eine solche vor, ist es jedoch nicht ausgeschlossen, dass eine quotale Zurechnung der Dividende nach § 42 Abs. 1 S. 2 AO erfolgt.

---

123 Für eine Gesamtbetrachtung vor allem *Rose/Rose-Glorius*, DB 1999, S. 1673, 1675; *diesselb.*, DB 2000, S. 1633, 1637, jedoch nunmehr einschränkend, vgl. DB 2003, S. 409, 412. Auch der *VIII. Senat* schließt in seinem Urteil vom 20.06.2000 VIII R 57/98, BFH/NV 2001, S. 28, 30, eine mehrere Personen umfassende Korrektur i. R. d. § 42 Abs. 1 S. 2 AO nicht ausdrücklich aus. Auch EStR 138 a Abs. 3, nach der eine quotale Zurechnung von disquotal ausgeschütteten Beträgen bei Familien-Personengesellschaften stattfindet, wenn sie dem Fremdvergleich nicht standhält, sieht i. E. eine Korrektur über mehrere Personen vor.

124 Insoweit muss davon ausgegangen werden, dass das BMF mit dem rechtlich nicht zu begründenden Nichtanwendungserlass allen denkbaren missbräuchlichen Gestaltungen, z. B. auch bei der Realisierung von KSt-Anrechnungsguthaben sowie der Umstellung vom Anrechnungsverfahren auf das Halbeinkünfteverfahren (sog. Rücklagenmanagement), einen Riegel vorschieben wollte, indem es das Risiko einer entsprechenden Gestaltung derart erhöht, dass sie nicht mehr empfohlen werden kann.

E. Auswirkungen auf die gesellschaftsrechtliche Gestaltung der punktuellen disquotalen Gewinnausschüttung

I. Vorbemerkung

In den vorangegangenen Abschnitten wurde dargelegt, dass eine punktuelle disquotale Gewinnausschüttung grundsätzlich auch steuerlich anzuerkennen ist. Auch besteht nach den Regeln des Einkommensteuerrechts kein Zwang, eine disquotalen Gewinnausschüttung den Aktionären quotal zuzurechnen. Damit stellt sich zuletzt die Frage, ob ein Wegfall der Einkünfteerzielung beim Großaktionär im Grundsatz vorbehaltlich eines Gestaltungsmissbrauchs im Einzelfall mit jeder der bereits erörterten zivilrechtlichen Gestaltungen erreicht werden kann. Mit anderen Worten: Es gilt zu klären, wie eine punktuelle disquotale Gewinnausschüttung zivilrechtlich zu gestalten ist, damit es nicht bereits vor dem Eingreifen der gesellschaftlichen Regelung zu einer steuerlichen Einkünfteerzielung kommt. Entscheidender Maßstab hierfür sind werden dafür die unter B. II. dargestellten Grundsätze der Einkünfteerzielung. Vor diesem Hintergrund sollen nunmehr die behandelten Gestaltungen einer disquotalen Gewinnausschüttung auf ihre steuerlichen Folgen hin untersucht werden.[125]

II. Punktuelle disquotale Gewinnausschüttung aufgrund Verzichts

1) Verzicht auf das konkrete mitgliedschaftliche Gewinnbeteiligungsrecht

Aufgrund eines Verzichts auf das konkrete mitgliedschaftliche Gewinnbeteiligungsrecht kann eine Besteuerung des verzichtenden Gesellschafters vermieden werden. Die Gestaltung ist gesellschaftsrechtlich zulässig und bewirkt, dass dem Gesellschafter im Zeitpunkt der Gewinnausschüttung kein mitgliedschaftliches Gewinnbeteiligungsrecht zusteht. Damit entsteht für die entsprechenden Anteile keine Dividende. Der Tatbestand der Einkünfteerzielung wird nicht verwirklicht. Der Gesellschafter unterfällt daher bei einer entsprechend gestalteten disquotalen Gewinnausschüttung nicht der Besteuerung.

2) Antizipierter Verzicht auf den schuldrechtlichen Dividendenanspruch

Auch bei einem antizipierten Verzicht auf den schuldrechtlichen Dividendenanspruch kommt es zu keiner Einkünfteerzielung. Zwar bleibt hier das Gewinnbezugsrecht des An-

125 Vorausgesetzt wird dabei stets, dass nach den bisherigen Ausführungen die disquotale Gewinnausschüttung im Einzelfall nicht nach § 42 AO rechtsmissbräuchlich ist oder aufgrund besonderer Umstände als entgeltliche oder unentgeltliche Zuwendung an die übrigen Gesellschafter zu qualifizieren ist.

teils unangetastet.[126] Die Einkünfteerzielung knüpft jedoch – wie bereits dargestellt – nicht an dem Gewinnbeteiligungsrecht, sondern an der Entstehung des Dividendenanspruchs an. Bei einem antizipierten Dividendenverzicht entsteht indes kein schuldrechtlicher Dividendenanspruch.[127] Hiergegen spricht auch nicht eine Entscheidung des Finanzgerichts Berlin.[128] Dieser Entscheidung lag ein Fall zugrunde, in dem die Gesellschafter einer GmbH untereinander schuldrechtliche Vereinbarungen über die Verteilung der Dividende getroffen hatten. Dabei hatte ein Gesellschafter dem anderen einen Teil seines Gewinnanspruchs überlassen. Hierdurch wurde die Entstehung des Gewinnanteils an sich nicht beeinflusst. Das Finanzgericht Berlin stellte zu Recht fest, dass die schuldrechtliche Vereinbarung über die Zuordnung des Gewinnanteils keine Auswirkungen auf die Entsheung und steuerliche Zurechnung des schuldrechtlichen Dividendenanspruchs hat und daher eine reine Einkommensverwendung darstellt.[129] Für die Einordnung dieses Urteils darf jedoch nicht aus den Augen verloren werden, dass die Vereinbarungen erst an dem bereits entstandenen Gewinnanspruch anknüpften und daher mit einem Verzicht auf denselben nicht vergleichbar sind.

III. Punktuelle disquotale Gewinnausschüttung aufgrund einer Satzungsänderung mit Rückwirkung

Problematischer ist es, für auf einer rückwirkenden Satzungsänderung basierenden disquotale Gewinnausschüttung zu begründen, dass keine Einkünfte erzielt wurden. Bei einer rückwirkenden Satzungsänderung entsteht für den Großaktionär mit dem Gewinnverwendungsbeschluss nämlich zunächst ein Anspruch auf Auszahlung der Dividende. Der Anspruch ist zwar auflösend bedingt, doch ist dies aufgrund des grundsätzlichen Rückwirkungsverbots gemäß § 38 AO für die Verwirklichung des Tatbestands der Einkünfteerzielung ohne Bedeutung.[130] Der nachträgliche Wegfall des schuldrechtlichen Dividendenanspruchs mit der Eintragung und damit der Wirksamkeit des neuen Gewinnverteilungsschlüssels ist folglich grundsätzlich steuerlich unbeachtlich. Dies gilt insbesondere für den bilanzierenden Großaktionär. Dieser hat die Dividendenforderung mit dem Gewinnverwendungsbeschluss zu aktivieren, so dass sie nach geltender Rechtsprechung gemäß § 11 Abs. 1 S. 1 EStG bereits als zugeflossen behandelt wird.[131]

Dies könnte nur vermieden werden, indem der Gewinnverwendungsbeschluss selbst unter der aufschiebenden Bedingung der Eintragung der Satzungsänderung gefasst wird. In diesem Fall wird der Gewinnverwendungsbeschluss erst mit der Eintragung des neuen

126 Vgl. insoweit ausführlich oben 3. Kapitel C. III.

127 Vgl. 3. Kapitel C. I.

128 EFG 2001, S 1324 f.

129 EFG 2001, S 1324, 1325.

130 *Tipke/Kruse*, § 38 AO Rn. 30.

131 *Heinicke*, in: Schmidt EStG Komm., § 20 Rn. 31.

Gewinnverteilungsschlüssels wirksam.[132] Erst zu diesem Zeitpunkt entsteht dann gegebenenfalls die Dividende, und erst hiermit ist auch der Tatbestand der Einkünfteerzielung verwirklicht. Eine tatbestandliche Rückwirkung wäre dann nicht gegeben. Da aber der Gewinnverwendungsbeschluss auf dem geänderten Gewinnverteilungsschlüssel beruht, entsteht für den Großaktionär gerade kein schuldrechtlicher Dividendenanspruch. Aus steuerlicher Sicht wird daher auch der Gewinnverwendungsbeschluss im Falle einer Satzungsänderung mit Rückwirkung immer aufschiebend bedingt zu fassen sein.

IV. Punktuelle disquotale Gewinnausschüttung aufgrund eines Gewinnverteilungsbeschlusses der Hauptversammlung

1) Satzungsverletzende Beschlüsse

Bei satzungsverletzenden Gewinnverteilungsbeschlüssen ergeben sich, soweit die betroffenen Gesellschafter zugestimmt haben, keine Bedenken für eine steuerliche Zulässigkeit. Die Beschlüsse sind in diesem Fall zwar anfechtbar, aber grundsätzlich wirksam und daher auch gemäß § 41 Abs. 1 S. 1 AO der Besteuerung zugrunde zu legen. Insoweit greift das Finanzgericht Berlin zu kurz, wenn es die Auffassung vertritt, dass von den gesetzlichen Gewinnverteilungsregeln abweichende Vereinbarungen nur dann gesellschaftsrechtlich wirksam sind, wenn sie in den Gesellschaftsvertrag aufgenommen wurden.[133] Da aufgrund des Gewinnverteilungsbeschlusses für den Gesellschafter in diesem Fall kein Dividendenanspruch entsteht und der Gesellschafter somit keinen Ertrag aus seiner Kapitalanlage erwirtschaftet hat, liegt keine Einkünfteerzielung vor, die zu versteuern wäre.

2) Satzungsdurchbrechende Beschlüsse

Nach der hier vertretenen Auffassung stellen satzungsdurchbrechende Beschlüsse im Ergebnis lediglich eine Sonderform von satzungsändernden Beschlüssen dar.[134] Hinsichtlich der Auswirkungen von satzungsdurchbrechenden Beschlüssen auf die Einkommenserzielung kann daher auf die Ausführungen zur Satzungsänderung verwiesen werden.[135]

3) Gewinnverteilungsbeschluss aufgrund von Öffnungsklauseln

Schließlich führen auch auf Öffnungsklauseln beruhende Gewinnverteilungsbeschlüsse nicht zur Entstehung eines schuldrechtlichen Dividendenanspruchs zugunsten des jewei-

132 Vgl. Palandt/*Heinrichs*, Einf. vor § 158 Rn. 8.

133 EFG 2000, S. 1324, 1325.

134 Vgl. oben 5. Kapitel D. II. 2).

135 Vgl. oben II.

ligen betroffenen Gesellschafters und damit zu keiner Einkünftererzielung. Steuerlich entspricht die Rechtslage derjenigen bei einem satzungsverletzenden Beschluss. Allein aus gesellschaftsrechtlicher Sicht haben die auf einer Öffnungsklausel beruhenden Beschlüsse, wie eingehend dargestellt, den Vorteil, dass sie von Anfang an nicht nur wirksam, sondern auch rechtmäßig und damit unanfechtbar sind.[136]

F. Zusammenfassung

Punktuelle disquotale Gewinnausschüttungen sind grundsätzlich steuerlich zulässig und führen zu einer Besteuerung beim Ausschüttungsempfänger. Dies gilt unabhängig davon, welche der hierfür denkbaren gesellschaftsrechtlichen Gestaltungsmöglichkeiten gewählt wird. Allein bei der auf einer Satzungsänderung mit Rückwirkung beruhenden Änderung des Gewinnverteilungsschlüssels und bei einem entsprechenden satzungsdurchbrechenden Beschluss kann aus steuerlicher Sicht das Rückwirkungsverbot nach § 38 AO dazu führen, dass der Großaktionär quotal zur Besteuerung des ausgeschütteten Bilanzgewinns herangezogen wird. Dies kann jedoch vermieden werden, indem der Gewinnverwendungsbeschluss aufschiebend bedingt auf die Eintragung der Satzungsänderung bzw. des satzungsdurchbrechenden Beschlusses gefasst wird.

136 Vgl. oben 5. Kapitel E. II.

Wesentliche Ergebnisse in Thesen

1. Das Recht auf Gewinnbeteiligung ist nicht nur in einen schuldrechtlichen Dividendenanspruch und ein mitgliedschaftliches Gewinnbeteiligungsrecht zu unterteilen. Im Rahmen des mitgliedschaftlichen Gewinnbeteiligungsrechts muss weiter zwischen einem allgemeinen mitgliedschaftlichen Gewinnbeteiligungsrecht und einem konkreten mitgliedschaftlichen Recht auf Gewinnausschüttung unterschieden werden.
2. Der Aktionär kann nur auf das konkrete mitgliedschaftliche Recht auf Gewinnausschüttung und den schuldrechtlichen Dividendenanspruch verzichten. Das allgemeine mitgliedschaftliche Gewinnbeteiligungsrecht des Aktionärs ist zwingend in der Satzung zu regeln.
3. Der Verzicht auf das konkrete mitgliedschaftliche Gewinnbeteiligungsrecht kann vom Aktionär einseitig gegenüber der Gesellschaft erklärt werden. Die Gesellschaft wird in diesem Fall vom Vorstand vertreten. Für den antizipierten Verzicht auf den schuldrechtlichen Dividendenanspruch ist zwischen der Gesellschaft, vertreten durch den Vorstand, und dem Aktionär ein Vertrag abzuschließen.
4. Aufgrund des Verzichts auf das konkrete mitgliedschaftliche Gewinnbeteiligungsrecht kann der durch den Verzicht frei werdende Betrag an die übrigen Aktionäre ausgeschüttet oder thesauriert werden.
5. Der Verzicht auf den schuldrechtlichen Dividendenanspruch führt nicht dazu, dass sich die schuldrechtlichen Dividendenansprüche der übrigen Gesellschafter erhöhen. Eine Ausschüttung des durch den Verzicht frei werdenden Betrags an die übrigen Gesellschafter ist daher nicht möglich; er ist vielmehr als Gewinnvortrag zu behandeln.
6. Der Großaktionär kann weder beim Verzicht auf das konkrete mitgliedschaftliche Gewinnbeteiligungsrecht noch beim Verzicht auf das schuldrechtliche Dividendenrecht die Verwendung des frei werdenden Betrags durch einfache Erklärung gegenüber der Gesellschaft verbindlich festlegen. Im Falle des Verzichtes auf das konkrete mitgliedschaftliche Gewinnbeteiligungsrecht kann der Großaktionär seinen Verzicht immerhin unter der Potestativbedingung erklären, dass der frei werdende Betrag durch den Vorstand bereits bei der Auf- und Feststellung des Jahresabschlusses im der gesetzlichen und statutarischen Vorschriften des Zulässigen in die Rücklagen eingestellt wird.
7. Statutarische Gewinnverteilungsregelungen scheiden für die einzelfallbezogene Gewinnverteilung aus praktischen Gründen aus. Die für Satzungsregelungen typische Starrheit und der große zeitliche Aufwand für ihre Änderung verhindern eine hinrei-

chend flexible und kurzfristige Umsetzung einer disquotalen Gewinnausschüttung im Einzelfall.

8. Ein einfacher Gewinnverteilungsbeschluss der Hauptversammlung gegen bestehende gesetzliche oder statutarische Gewinnverteilungsregeln ist zwar nicht als Kompetenzverletzung nichtig, jedoch als Eingriff in den Kernbereich der Mitgliedschaft unwirksam und als Verstoß gegen Gesetz oder Satzung gemäß § 243 Abs. 1 AktG anfechtbar. Während die Zustimmung der betroffenen Aktionäre den Beschluss wirksam werden lässt, beseitigt sie nicht dessen Anfechtbarkeit. Für den Großaktionär bleibt damit grundsätzlich die Gefahr der Anfechtung des Beschlusses.
9. Auf der Basis einer Öffnungsklausel in der Satzung der Gesellschaft kann die Hauptversammlung eine vom statutarischen Gewinnverteilungsschlüssel abweichende Gewinnverteilung beschließen und damit eine punktuelle disquotale Gewinnausschüttung herbeiführen. Ein derartiger Ausnahmevorbehalt, nach dem der Hauptversammlung ein Gewinnverteilungsbeschluss ermöglicht wird, ist zulässig. Er verstößt weder gegen das Kompetenzgefüge in der Aktiengesellschaft noch wird durch ihn der Schutz der Minderheitsrechte beeinträchtigt. Schließlich sprechen auch Sinn und Zweck des § 60 AktG nicht gegen eine entsprechende Öffnungsklausel.
10. Eine punktuelle disquotale Gewinnausschüttung ist aus steuerlicher Sicht in Übereinstimmung mit dem *I. Senat* des BFH grundsätzlich anzuerkennen. Disquotale Gewinnausschüttungen stellen grundsätzlich keine rechtsmissbräuchliche Gestaltung i. S. d. § 42 AO dar. Die allgemeinen Regeln der Einkommenserzielung erfordern zudem keine steuerliche Zurechnung der Dividende auf die Gesellschafter entsprechend ihrer Beteiligung am Nennkapital der Gesellschaft. Folglich hat der Großaktionär den an sich auf seine Beteiligung entfallenden Teil des Bilanzgewinns grundsätzlich nicht zu versteuern. Die im BMF-Nichtanwendungserlass zum Ausdruck kommende gegenteilige Auffassung lässt sich de lege lata nicht begründen.

Ralf Schremper

Aktienrückkauf und Kapitalmarkt

Eine theoretische und empirische Analyse deutscher Aktienrückkaufprogramme

Frankfurt am Main, Berlin, Bern, Bruxelles, New York, Oxford, Wien, 2002.
XXVII, 298 S., 39 Abb., zahlr. Tab.
Bochumer Beiträge zur Unternehmungsführung und Unternehmensforschung.
Herausgegeben vom Direktorium des Instituts für Unternehmungsführung und Unternehmensforschung der Ruhr-Universität Bochum. Bd. 63
ISBN 3-631-39356-3 · br. € 56.50*

Seit 1998 können deutsche Aktiengesellschaften den Erwerb eigener Aktien als Instrument der Finanzierungspolitik nutzen. Über hundert deutsche Gesellschaften haben bereits davon Gebrauch gemacht. Allerdings gehen die Meinungen über Sinn und Nutzen von deutschen Rückkaufprogrammen noch weit auseinander. In dieser Arbeit wird daher zunächst analysiert, welche Rahmenbedingungen deutsche Gesellschaften beim Erwerb eigener Anteile berücksichtigen müssen. Darauf aufbauend werden erstmals die tatsächlichen Kursreaktionen deutscher Aktienrückkaufprogramme empirisch untersucht. Schließlich werden mögliche Erwerbsmotive zur Durchführung von Rückkäufen systematisiert sowie empirisch eruiert, inwieweit diese Motive die gemessenen Kursreaktionen erklären können. Die Arbeit richtet sich zum einen an Wissenschaftler auf dem Gebiet der empirischen Kapitalmarktforschung und zum anderen an Investmentbanker, Unternehmensberater sowie Mitarbeiter börsennotierter Gesellschaften aus den Bereichen Finanzen, Rechnungswesen, Unternehmensplanung und Investor Relations.

Aus dem Inhalt: Institutionelle Rahmenbedingungen für Aktienrückkäufe in Deutschland · Rechtliche Rahmenbedingungen · Publizitätspflichten · Bilanzierung eigener Aktien · Steuerliche Behandlung des Aktienrückkaufs